Die Hirnsteinsammlung

2500 Sprüche und Denkhappen,
grenzenloses Puzzle über Gott und die Welt

Über den Autor

Er bezeichnet sich selbst als »Sonntagsdenker und Montagsdichter« (Jahrgang 42). Beruflich ein Mann des Vertriebs, kam er erst spät über den Werbetext zur Schriftstellerei. Sein besonderes Interesse gilt den unausweichlichen Fragen, die zeitgemäß zu beantworten sind. Dazu stellt er Gedankengut der Philosophie, der Psychologie, sowie lyrisches Talent bereit und er hält edle, großherzige Gedanken, die wir in uns hegen, für die wahren Juwelen des Menschen. Der Autor schätzt die Fantasie als wichtiges Werkzeug beim »Handwerk« des Schreibens, denn ihr verdankt er seine oft ungewöhnlichen Einfälle.
Im vorliegenden Band gelangt eine Leidenschaft des Autors zur Veröffentlichung:
sein im Laufe des Lebens verfasstes Schriftwerk, »Die Hirnsteinsammlung«.

Gerhard Oppel

Die Hirnsteinsammlung

2500 Sprüche und Denkhappen,

grenzenloses Puzzle über Gott und die Welt

Bookmundo

Impressum

»Die Hirnsteinsammlung«
2500 Sprüche und Denkhappen
grenzenloses Puzzle über Gott und die Welt

1. Auflage September 2022
ISBN: 9789403674513

Cover-Gestaltung, Foto, Satz und Korrektur durch den Autor; seine Webseite: www.oppelweb.de

Selfpublishing-Portal: Bookmundo Rotterdam
Gedruckt in Deutschland

Bibliografische Informationen der Deutschen Nationalbibliothek sind abrufbar: http://dnb.d-nb.de

Inhaltsverzeichnis

Vorwort

Die vorliegende »Hirnsteinsammlung« war nie geplant. Sie kam durch eine Marotte zustande, die darin besteht, seit Jahrzehnten allerlei Gedanken und Einfälle auf Zetteln zu notieren und in ein Schubfach zu legen.

Damit wuchs im Laufe der Zeit ein kunterbuntes Durcheinander zu einem beachtlichen Stapel heran, der, je höher er wurde, mir umso größeres Unbehagen bereitete. Er fragte mich nämlich jedes Mal, wenn ich ihn erblickte:

»Was treibst du da für ein Spiel, was soll das eigentlich?« Und er fügte vorwurfsvoll hinzu:

»Wenn du das nicht beantworten kannst, so mache dir wenigstens die Mühe, Ordnung in dieses Chaos zu bringen – tu endlich etwas, Faulpelz!«

Können Sie sich vorstellen, was die schwierigste Aufgabe bei diesem Bestreben gewesen ist? Es war der Versuch, die Unmenge von Tausenden Sprüchen und Denkhappen zu ordnen, sie in ein Schema zu bringen. Schließlich war ja beabsichtigt, *ein Universum von Themen und Ideen* an einem Orte zu versammeln, wobei die Texte so kurz und bündig wie nur möglich zu sein hatten. Da diese im Laufe eines Lebens entstanden, kann die Sammlung schon deswegen nicht homogen sein, weder inhaltlich noch stilmäßig; da liegen vielleicht mal fünfzig Jahre dazwischen. Bei meiner Beschäftigung mit den Texten war ich gelegentlich verwundert über alte Ansichten, die ich längst hinter mich gelassen hatte, wiederum war ich auch sehr überrascht über manche frühen

Einsichten, welche ich mir ehrlicherweise kaum selbst zugetraut hätte. Neben inhaltlichen Ungereimtheiten, gar Widersprüchlichkeiten, eröffnet sich aus Themen, wie sie unterschiedlicher nicht sein könnten, dennoch ein faszinierendes Gedankenkaleidoskop, welches in allen erdenklichen Farben hoffentlich prächtig schimmern möge.

Aufgrund seines Facettenreichtums und der verkürzten, teilweise abstrakten Form wird sich darin naturgemäß immer Rätselhaftes finden. Viele Gedanken führen ins Leere, können keine endgültige Antwort bieten. Andererseits bleiben gegebene Ansichten immer anfechtbar, sind gefährdet, wenn wir uns in grüblerische Gefilde begeben. Neben tiefgründigem Ernst haben auch Humor und Nonsens Platz gefunden, wie es auch im Leben das eine nicht ohne das andere geben kann.

Der Entschluss zur Veröffentlichung dieser Gedankenessenz geschieht in der Hoffnung, Anregung und Anstoß zu geben, um neben den kleinen, leichten, bunten *Kieseln*, mit denen man einfach nur ganz unbeschwert spielen kann, vielleicht auch gewichtige *Hirnsteine* ins Rollen zu bringen. Dabei sind die schweren Brocken auch die kostbarsten, es sind die *gottgefälligen Hirnsteine*. Wer sich unvoreingenommen an die Texte heranwagt, könnte einiges verlieren, jedoch weit mehr gewinnen. Dies ist die Absicht, und für beide Seiten jede Mühe wert, finde ich. Bei allem Bemühen, letztendlich eine hohe Moral zu preisen, sollte keinesfalls der Eindruck entstehen, der Autor hätte diese für sich gepachtet und schwebe gewissermaßen über der Sache. Nein, es geht ihm im übertragenen Sinne wie dem echten Fußballfan, der zwar höchste Ansprüche an das Spiel im Stadion stellt, selbst aber leider nur mittelmäßig herumbolzt – zum eigenen Leidwesen.

Bevor ich mich an das Buch wagte, musste ich mich regelrecht von schweren geistigen Ketten befreien, die ich als eher mittelmäßiger Notensammler einst im Fach Deutsch mit mir fast lebenslang herumschleppte. Stark behindernd empfand ich die vogelwilde Grammatik. Sie ist mir im Grunde bis heute ein allgegenwärtiger Hemmschuh beim Schreibhobby geblieben. Damit haben wir uns vorsichtig meiner Bitte an die Leserin, den Leser genähert, bei entdeckten Schwachstellen im Text doch Nachsicht zu üben. Glücklicherweise kommt es beim Schreiben vor allem auf Inhalt und Ideenreichtum an. Mangelt es daran, kann selbst die tadelloseste Grammatik nicht helfen, und auch kein richtig gesetztes Komma. Als exemplarischer Sturkopf gegenüber dieser, für mich konfliktträchtigen deutschen Grammatiklehre, dürfte ich eigentlich weder Gedicht noch Text veröffentlichen, wegen unzureichender Kenntnisse akademischer Spielregeln. Vermutlich möchten jetzt abertausende studierte Germanisten heftig mit den Köpfen nicken? Ätsch! Ich riskiere es trotzdem, und zwar ohne mit dem Buch durch eine grammatische Waschstraße zu fahren, wo Lektoren eifrig Texte schrubben. Das war es schon; es ist raus!

Viel Vergnügen, Anregung und aufwühlende Gedanken beim Lesen, wünscht Ihnen der Verfasser!

Zur Rechtfertigung:
Was wollen diese Sprüche und Denkhappen bezwecken? Werben sie um Zuspruch, Widerspruch, Nachdenklichkeit? Zielen sie ab auf Gedankenfreiheit, Begnügung, Unmöglichkeiten?
Ja.

*

Die »Hirnsteinsammlung« hat genügend Ecken und Kanten, woran der Intellekt sich stoßen und reiben wird: Wer darin liest, handelt auf eigene Gefahr und wird weder finanziell entschädigt noch mitleidig bedauert! Kommt aber eine gedankliche Entschädigung zustande, so verdankt man die sich selber.

*

Übrigens, das Buch ist genderfrei, weil der Verfasser überzeugt ist, dass Frauen klug genug sind, zu wissen, wann sie angesprochen sind – unserer schönen Muttersprache zuliebe!

A1 – Mensch & Alltag

Ich bin einer, dem der Tafelschwamm noch aus dem Schulranzen hing. Also kann ich glaubhaft versichern: Die Welt hat sich seither nicht zu ihrem Vorteil gewandelt; die Ellenbogen werden heute rabiater eingesetzt. Und das Wischen der Schiefertafel damals – oder heutzutage über ein Display, ist kein wirklicher Fortschritt bei solcher Rückschau. Verzweifelt wird die Forderung nach mehr Menschlichkeit in die Welt gebrüllt, gleichsam an eine Felswand, doch es kommt kein Widerhall! Sie bleiben eben lieber Schurken und Verbrecher.

Sprüche, die leicht über die Lippen gehen, weil sie nur oberflächlich glänzen, werden vielleicht zu Volksweisheiten. Aber umstrittene, herausfordernde, bizarre Gedanken, welche uns die Haare sträuben lassen, müssen nachdenklich machen, sonst taugen sie nichts.

Glück hat viele Gesichter: Der eine ist froh, endlich auf dem Operationstisch zu liegen, den ein anderer niemals im Leben zu sehen wünscht.

Um das Glück zu packen, fehlt uns häufig das Händchen; um es zu halten, ein Quäntchen Mumm.

Früher arbeitete man sich zu Tode, heutzutage kann man sich sogar zu Tode langweilen.

Solange unser Leben nur aus F-Wörtern besteht: Fernsehen, Futtern, Fußball, Fortpflanzen, Finanzen, verpassen wir den Rest von A-Z.

Wurdest du zum Narren gemacht, tröste dich mit dem Bild des Bühnennarren: Huscht der nicht völlig normal in die Kulisse?

Verknüpfe deine Rückschläge mit einem Tennisspiel und freue dich über deinen guten Mitspieler, denn ohne Rückschlag ist das Spiel zu Ende.

Die Kumpel des Misserfolges sind Fehleinschätzungen.

Das ahnt sogar der Unbedarfte: Eine Menge Leute reden so gescheit, als ob sie was wüssten.

So ist's Brauch auf der Welt: Den Hennen geht man an die Eier, den Leuten ans Geld.

So ändern sich die Zeiten: Einst schlugen Lehrer ihre Schüler, heute schlägt der Schüler seinen Lehrer.

Kann denn sein, was nicht möglich ist? Ja doch, selbst Steine können fliegen, wenn man sie wirft.

Einer Wahrheit auf die Spur zu kommen, erfordert Infragestellung.

Gäbe es auch nur ein Thema, zu dem keine gegensätzlichen Ansichten möglich wären, implodierte zuvor wohl eher das Universum.

So sind nun mal die Menschen: Die einen schlagen dich mit Knüppeln tot, die anderen mit Argumenten.

Lieber eine alte schöne Wiederholung als eine neue böse Erfahrung!

Blätterte ein Außerirdischer in unseren TV-Programmen, müsste er uns für Kriminelle halten.

Ein Leben steht unter dem gleichen Motto wie der Werbespruch: »Beton – es kommt darauf an, was man daraus macht«.

Möchtest du eine Hornhaut an den Füßen vermeiden, dann creme dir täglich die Fußsohlen ein und das nicht drei Monate, auch nicht drei Jahre, sondern ein Leben lang! So halte es mit allen deinen Vorsätzen.

Redefloskeln werden zuverlässig entkräftet, indem man sie ins Gegenteil setzt. Spricht da einer von *ehrlicher Überzeugung*, so denke: Er hat doch gar keine! Oder er fabelt von *tiefer Sorge*, dann übersetze: Ihm ist es schnurzegal. Dass du damit falsch lägest, widerspräche jeder Lebenserfahrung.

Es kam neulich ein Handwerker, der einen Kollegen im Ort einen »blöden Kerl« nannte. Als er ging, gab ihm der Hausherr insgeheim denselben Titel mit auf den Weg.

Meistens gibt es viele Wege, die zum Ziele führen, doch schonmal gibt es eben nur einen einzigen.

Das Charakterschwein ist in zahlreichen Ställen zuhause; es ist nur die Frage, wie viele Tiere jeweils im Laufe des Lebens darin aufgezogen werden und ob der Stallriegel geöffnet wird und sie freikommen?

Intelligenz und Intellekt machen einen Menschen nicht vollkommen. Es ist vor allem die prägende Kraft der Güte und Hilfsbereitschaft, die einer selbstlosen Person solchen Glanz verleiht, dazu die bedingungslose Liebe, sie erst schenkt Vollkommenheit.

Mit Unsichtbarem tun sich alle schwer: Das verschmutzte Meer nimmt man wahr, doch einen zugemüllten Äther ignoriert man, selbst wenn Tinnitus in allen Ohren klänge.

Da sinniert jemand vor einem Stapel gefällter Baumstämme über deren Zukunft, was denn im wahrsten Sinne des Wortes aus ihnen werden wird. Hierzu gibt es Möglichkeiten in Fülle. Geht man dagegen durch einen Friedhof, fällt einem vermutlich zu dieser sinnverwandten Frage wenig bis gar nichts ein.
Also – Mensch, plage deine Fantasie!

Weshalb man Friedhof sagt, also den *Hof des Friedens* meint, und nicht sprachlich einen friedvollen Garten bevorzugt? Das ist verdächtig: Die meisten Höfe lassen uns doch nur an Quälereien denken, wie Schulhof – Fabrikhof – Schlachthof. Welche quälerische Zukunft erwartet uns im Friedhof? Ein bange Frage, auf lange Zeit.

Ein Zustand völliger Kraftlosigkeit dürfte allgemein nachfühlbar sein. Es ist, als wäre einem Akku der Strom ausgegangen. Da hilft nur das Nachladen an der Steckdose und beim energielosen Menschen, die Verbindung zum Lebensgeist.

Den *Stock*, der dich im Alter stützen sollte, den hast du übermütig fortgeworfen? Doch wenn du in die Zeit gekommen bist, gekrümmt vom Druck des Lebens, suchst du ihn vergebens. Noch ist Zeit, ihn wieder aufzunehmen, dich hineinzuleben, damit er sich verinnerlicht und dereinst am Totenbett entbehrlich ist, bei deiner großen Wanderung.

Das größte Wunder ist, wenn du MENSCH geworden bist. Die größte Schuld, wenn dieser Mensch nicht menschlich ist.

Unser Lebenspuzzle kann niemals komplett sein und wird immer Teile enthalten, die noch nicht zusammenpassen. Legen wir solche einfach an die unvollständigen Lücken und gedulden uns, denn das Leben ist Teil einer unendlichen Aktion.

Der Mensch, wie auch der Edelstein, erhält erst durch den Schliff seinen wahren Wert. Wenn Menschen solche Veränderungen als Schicksalsschläge empfinden, tun sie gut daran, sich ihre Wertsteigerung bewusst zu machen.

Vertrauen wir der Heilkraft Gottes, der uns erschuf, oder tanzen wir lieber ums Goldene Kalb – den Arzt und die Pharmazeutik?

Was in meinem Auto manchmal zirpt, wird keine Werkstatt finden, befürchtest du. Was in mir zirpt, wird der Arzt schon finden, glaubst du?

Vertrauen beruht auf der oft trügerischen Hoffnung, dass uns der Betreffende wohl in den eigenen Kram passen wird.

Anfangs werden wir im Taumel nach dem Glücke jagen; am Ende ist das Büßen unser Los, dazwischen liegt Enttäuschung.

Im übertragenen Sinne kannst du deine bescheidene Brotsuppe empört aus dem Blechnapf fressen oder genüsslich aus einem hübschen Bauernteller löffeln.

Beliebt ist es schon immer, eine fremde Meinung zu vertreten, weil man keine eigene zu haben braucht und sich auch leichter als von der persönlichen Meinung verabschieden kann.

Einigen Menschen ergeht es wie Einlegesohlen: Sie werden mit Füßen getreten und wenn sie verschlissen sind, wirft man sie einfach weg.

Wer die erbärmlichen Kreaturen einer Hähnchen-Massenhaltung gesehen hat, kann als menschliches Wesen unmöglich noch darauf Appetit verspüren; nur Raubtiere stürzten sich auf diese lebenden Kadaver.

Sechs bekommt, wer in der Schule nicht aufpasst; eins bekommt, wer beim Sex nicht aufpasst.

»Sie sind eben gewissermaßen ein Versager …«, sagte die Kapazität nach dem OP-Pfusch zum Patienten. (Jugendliche HNO-Selbsterfahrung)

So denkt der Pessimist: Je näher der Sommer rückt, umso näher kommt der Winter.

Im Hilfsbedürftigen erhältst du die Chance, dich selbst zu verbessern!

Was nützt uns denn die große Tat, wenn man sie erlogen hat?

Seine Worte klangen ansprechend und liebenswürdig; aber erst beim Nachfragen spürte man eine erschütternde Unnachgiebigkeit, die alle Sympathie zunichtemachte.

Aus seinem Versteck, der Hirnschale, agiert das menschliche Gehirn wie ein Marionettenspieler. Statt an Fäden zieht der an Nerven- und Muskelsträngen, lässt die Körperpuppe darstellen, wonach ihm gerade verlangt. Bekommt das Bürschchen aber Schwierigkeiten, spielt das Hirn mit der Zunge und gibt Lügen aus.

Der *signifikante Typus* hat zwei bis drei Dutzend fremdsprachliche Modevokabeln in seinem Hirnstübchen vorrätig, und damit prahlt er, wie mit seinen bunten Kreditkarten.

Der feine Unterschied: Einen Lastenträger drückt die Bürde, der Würdenträger schwebt vor Würde.

Auch das ist Relativität: Wenn bedeutende Persönlichkeiten im entscheidenden Kern ihres Charakters Schwächlinge sind, unscheinbare Menschen aber hierin außerordentliche Größe verbergen.

Wer härteste Kritik nicht scheut, hat's später oft bereut.

Wie viel leichter ist es, sein Ego mit Misstrauen und Kritik gegenüber den Mitmenschen zu füttern, als es einer entsprechenden Entziehungskur auszusetzen.

Ich kann mir alles leisten, was ich will, wenn ich die Entscheidung nur dem Geldbeutel überlasse.

Wer viel säuft und raucht, sich nicht um hohes Alter kümmern braucht.

Mancher müsste fleißig saufen, bis er die Fantasie entwickelt, die einige Zeitgenossen nüchtern haben.

Wie soll der Unglückliche es fassen, wenn euphorisches Glück ihn plötzlich anbrüllt?

Dass es wenigstens nur weitergehen möge, ist nicht immer vorteilhaft: Innehalten kann uns auch vor dem schnellen Weg ins Unglück bewahren.

Die letzte Bewährungsprobe findet der Optimist in seiner Todesstunde.

Wer im Streit böse auf den anderen ist, wohlwissend im Unrecht zu sein, ist bösartig oder dumm.

Mühsal, Not und Schrecken – das sind Waffen, die uns strecken.

Wem der Ehrgeiz Pate steht, dem besser aus dem Wege geh.

Achten wir darauf, dass in unserem Hinterstübchen nicht Rambos und Chaoten hausen, denn mit solcher Denkausstattung gibt es beim großen Finale keinen Einlass zu festlicher Pracht.

Wenn Menschen sich nicht vertragen, sollten sie sich ein Beispiel an gepanschtem Wein nehmen: Der verträgt sich problemlos.

Schließe nicht vom Schatten, den die Abendsonne von dir wirft, auf deine tatsächliche Größe; ebenso halte es mit dem Gerede anderer, wenn sie dir schöntun.

Das Geschwätz der Leute vergeht wie das Jahr.

Blauäugigen Menschen kann nur Nachdenklichkeit oder großes Unglück helfen.

Wer sein Geld im Schlaf verdient, kann es am Tage locker ausgeben.

Sind wir fähig, die Meisterprüfung des Lebens abzulegen, wenn wir nicht einmal gelernt haben, das Werkzeug zu gebrauchen?

Glück in einer Hinsicht kann auch Unglück in anderer Hinsicht bedeuten.

Narren und Genies gibt es so viele, wie es Menschen gibt, versteckt in einem jeden.

Wer durchs Leben hetzt, kommt am Ende auch früher an.

Ein starker Antrieb für uneigennütziges Tun ist Lob und Anerkennung. Warum sind wir damit so sparsam?

Der Mensch darf viel weniger, als er glaubt zu dürfen, und er müsste andererseits viel mehr tun, als er meint, tun zu müssen.

Wie der Herpes, steckt das Böse in jedem, doch nicht immer kommt das Virus zum Zuge und glücklicherweise auch das Böse nicht.

Wie ein Flitzbogen spannt der Bauch – zu viel gegessen – weh tut's auch!

Was du hast im Magen, musst du nicht mit Händen tragen.

Gerichtsprozesse sind die Geschwüre unserer Gesellschaft.

Moralische Verrohung wuchert wie Unkraut; nur hilft dagegen keine Vernichtung, sondern das gute Vorbild.

Ein Geher muss nicht zwangsläufig ein Ziel haben; und wer ein Ziel hat, braucht sich nicht dorthin zu bewegen: So handeln anscheinend die meisten Menschen.

Auch Unverschämtes kann wundervoll sein, vor allem, wenn es die eigene Schadenfreude nährt.

So spricht der Mensch: Einmal bin ich Musik und Ohr, ein andermal Auge, gelegentlich Geist.

Der Sterbende war betroffen darüber, es völlig vergessen zu haben, ein aufrichtiges Leben zu führen.

Eine Sau am Futtertrog hat kein größeres Ziel, als zu fressen; ganz anders der Mensch – oder?

Manche Menschen scheinen dazu geboren, um zu leiden; sie tun es auch.

Es spricht der Pessimist zum Optimisten: Ich sehe was, was du nicht siehst, und das ist schwarz.

Mord und Totschlag liegen in der Luft, wenn zwei sture Ehrenmänner aneinandergeraten.

In jedem Herzen wird über Tod und Leben diskutiert und die Entscheidungsfindung kann sogar ein Gesicht prägen, in der Art, ob es einen harten oder einen gütigen Eindruck macht.

Hat sich ein Leben dann nicht gelohnt, wenn sich darüber kein Buch schreiben ließe? Tausendmal nein!

Wir erwarten häufig vom Nächsten, dass er uns versteht, bevor wir ihn verstehen.

Geld ist etwas ganz Trauriges, wenn man es nicht hat.

Sprach der Fahnenflüchtige: Eine Frau ist eben stärker als ein Bataillon!

Fesseln dich die Beine einer Frau, gib auf deine eigenen acht, damit du nicht strauchelst.

Übernommene Ansichten sollten bearbeitet werden, damit sie zur Einsicht werden.

Sei stark, hilf den Schwachen!

Jeder verabscheut den Widerling, doch bemerkt ihn niemand in sich selbst.

Bauernschlau, wie der Klopapierfabrikant, der den Pappkern seiner Rollen vergrößert.

Was nützt die respektabelste Galionsfigur, wenn der Schiffsrumpf leck ist.

Leben heißt, mitspielen beim großen Mensch-ärgere-dich-nicht.

Menschliche Sensibilität – eine lange Skala, die aufzeigt, ob jemand selbst schlimmste Kriegsgräuel schadlos übersteht oder bereits an der Alltagsbrutalität zerbricht.

Gibt es ein größeres Kunststück, als anderen zu erzählen, was man selbst nicht weiß? Viele tun das, sie lügen!

Konfrontation mag uns zwar nach errungenem Sieg stärken, sie kann uns aber auch vernichten, wenn wir unterlagen, deshalb ist der Kompromiss die klügere und nicht zuletzt die menschlichere Lösung.

Ein verführerischer Gedanke: Menschen mit Glühbirnen zu vergleichen, die auch nicht ahnen, welche Kraft sie zum Leuchten bringt.

Wer seinen Kopf in jede Angelegenheit steckt, lässt auch Haare.

Dummheiten sind selten billig.

Heutzutage steht man auf vier Rädern im Leben.

Des Zornes Feuer stärker brennt, als unsereiner arglos denkt.

Fernseher, die Hausaltäre der Gegenwart?

Was man ihnen oft genug in den Medien vorgeführt hat, das werden sie tun!

Wunderbar, einen Vorsatz mit in den Schlaf zu nehmen, von dem man weiß, dass er einen nicht betrügen wird.

Besonderer Umsicht bedarf es, nicht mit geistigen Gütern zu prahlen; mit materiellem Besitz ist das ja üblich.

Es ist schmeichelhaft, zu denken, wir spielten im Leben eine Rolle. Wer möchte keine Rolle spielen – nur, wer schrieb das Drehbuch?

Wenn du dich erkennen willst, schaue in deinen Bücherschrank, sieh dir deine Festplatte an.

Da jeder sein eigener Fährmann zwischen Leben und Tod ist, trägt er auch die Verantwortung für sein Vehikel.

Unser größtes Problem ist die massenhafte Zunahme von Problemen.

Hetze und Hast verlangen auch mal Rast!

Im Grunde erfordert unser Alltag, Gedanken und Fähigkeiten anzuwenden oder aufzugeben.

Die begehrteste Sache verliert mit der Bemängelung ihren Reiz, und ein Grund zur Reklamation steckt latent in jedem Gut.

Kommt man mit seinem Lebensroulette nicht klar, sollte wenigstens der gute Wille als Einsatz dienen.

Besäße jeder Mensch nur einen einzigen, sich selbsterfüllenden Wahlspruch – wie möchte deiner lauten?

Zu zeigen, ich lasse allen höflich Vortritt und bleibe selber außerhalb, ist nicht die feine Art, aber oft das Gescheiteste, was man tun kann.

Für den *Geisterfahrer des Unterbewusstseins* scheint Übermotorisierung, Markenzeichen, Felgenprotz, Auspuffdurchmesser, Kühlergrill und Heckpartie eines Wagens von entscheidender Wichtigkeit zu sein. Der bedauerliche Autokäufer hat dagegen wenig auszurichten, wie man an den Fahrzeugen auf unseren Straßen leicht feststellen kann.

Es soll Nachbarn geben, die es nicht übers Herz bringen, ihre Hecken und Büsche zu stutzten, doch selbst gehen sie regelmäßig zum Friseur.

Wer möchte nicht gerne im Schatten stehen, wenn sich die bessere Hälfte wie eine gnadenlose Sonne benimmt?

Am Badestrand käme niemand auf die Idee, mit einem Schmorbraten zu tauschen, dabei sind es viele bereits.

Manche Leute erinnern an unser Wetter: überwiegend garstig und launisch.

Es ist kein Leichtes, mit vollem Bauch große Sprünge zu machen, aber mit knurrendem Magen will es auch nicht recht gelingen; also, bei Appetit springt sich's am besten!

Wer untätig auf bessere Zeiten warten will, ist wie einer, der so lange die Luft anhalten möchte, bis sie sauberer geworden ist.

Früher war beim Einkauf das Geld ein Problem, heute ist es der zu kleine Kofferraum; diese Widrigkeit löst sich von selbst, wenn das Geld wieder zum Problem geworden ist.

Jemand, der zwischen gestern und übermorgen lebt, verpasst garantiert den Augenblick.

Durch eine Brille zu gucken, heißt noch lange nicht, klarer zu denken, weil man klarer sieht.

Üblicherweise muss man lange suchen, ehe man in der Masse sich selbst als Schuldigen entdeckt.

Wie kann man schenken, was man selbst nicht hat? Auch das Gefühl der Liebe muss erworben sein, um es schenken zu können.

»Ich habe dich aus der Verteilerliste gestrichen«, zischte aus dem Sterbebett der Erblasser zum Erblassenden.

Du meinst, in deiner Kindheit seien die Früchte größer gewesen? Vergiss nicht, deine Hände sind gewachsen!

Jedes Kalenderblatt, welches wir umschlagen, ist wie ein zu buchender Beleg in unserer persönlichen Buchhaltung der Niederlassung Erde.

Viel Schlimmes lässt sich damit erklären, zur rechten Zeit am falschen Ort gewesen zu sein: Geben wir Acht bei der Tourenplanung!

Sprachgewaltig, wie er war – am Ende war er sprachlos gar.

Wer sich gesund fühlt, kann dennoch sehr krank sein – also kann jemand auch gefühlsmäßig krank sein, obwohl er eigentlich gesund ist; solches entscheiden die Gedanken im Kopf.

Möchten alle das Gleiche, wäre das Leben um einiges stressiger und gefährlicher, als es schon ist.

Mit Alkohol lassen sich negative Gedanken gut in den inneren Gully spülen, und sie gelangen leider nur selten ins Klärwerk, weil ein solches fast immer fehlt; stattdessen schädigen sie die Gedankenwelt und womöglich noch die Innereien.

Hauptsache, die Nebensächlichkeiten wurden ausgiebig diskutiert, so lautet das Fazit erfolgloser Besprechungen.

Wer kennt das nicht: ein Gerät, so unbrauchbar wie seine Bedienungsanleitung!

Hattest du ihn bemerkt, diesen Klotz, in seinem teuren Anzug, mit dem Dollarzeichen im Auge, seine offenen Krallen? Ein Handel mit ihm wird sich für dich nicht lohnen!

Gut, wenn die Mimik natürlich und ehrlich ist. Schlecht, wenn sie vor dem Spiegel antrainiert wurde. Dies zu entlarven, bedarf großer Menschenkenntnis – besser noch, eines sechsten Sinnes.

Durchschaut der Mensch um sich herum die Fassaden seiner Mitmenschen, gefällt ihm seine eigene Bude doch immer am besten.

Wer mit der Wahrheit nicht zimperlich umgeht und Lügen daraus macht, hat das Berufsbild kreativer Lügengestalter.

Da unsere Gesichtsmuskeln sehr stark über Erfolg und Misserfolg, Glück und Unglück entscheiden, gibt es Mimikkünstler und Scharlatane, die diesen Umstand zu ihrem Vorteil ausnützen.

Solange auch auf Holz- oder Betonköpfen Haare und Bärte wachsen, wird man weiterhin auf sie hereinfallen.

Den rechten Lebenssinn bekommt niemand in die Wiege gelegt. Jeder muss ihn sich erwerben, ihn ausdauernd suchen und sein Leben lang sorgsam behüten. Gewiss wird der Mensch am Ende seines Lebens ahnen, ob er danebenliegt. Jene aber, die sich ihrer Sache sicher sind, waren erfolgreich in der Umsetzung.

Die Hausmaus liebt den Käse – die Internetmaus offensichtlich auch.

Setze vor Evolution ein R und es wird klar, wie in ihr bereits kleine Veränderungen Dynamik entwickeln können.

Die inneren Werte hält ein jeder Mensch in gleicher Menge vorrätig, nur will nicht jeder gleich viel davon wissen.

Es gibt zu denken, was ohne solches, alles gesagt werden kann.

Wäre doch der Vogel scheu, den manche haben, und würde er nicht immer dazwischen zwitschern!

Lasst euren Geifer nicht auf die Schuhe tropfen, er brennt euch Löcher ins Leder!

Selbst der Blauäugige schämt sich, wenn er ein ums andere Mal schwarzsehen muss.

Alle reden vom kalten Kaffee, aber wer redet vom kalten Tee? Der schmeckt doch viel besser!

Sag niemals: »Ich könnte mich ohrfeigen!« Hört es der Falsche, möchte er dir den Gefallen tun.

Absurd ist es, sich etwas früher wecken zu lassen, um weiterdösen zu können, auf die Gefahr hin dann zu verschlafen.

Wenn der Bürger häufig schwankt, ist was krank in einem Land.

Solange sich jemand noch für seinen Rausch schämen kann, steht er den Nüchternen um Haaresbreite näher als den Säufern.

Endlich etwas zu machen, was man doch immer schon tun sollte, scheitert häufig daran, nur nicht recht zu wissen, was.

Unser Leben als Bewährungszeit verstehen, wäre das Klügste, was wir machen könnten.

Das Paradies - auch ein Ort ohne kilometerlange Regale mit Druckertinten, Akkus, Adaptersteckern, Filterbeuteln und ähnlichem Variantenirrsinn.

Niemand denkt gerne daran, all sein Erspartes zu verlieren, obwohl jede Generation ein Lied davon singen könnte. Ebenso ungern denkt man an den Tod, dem noch niemand davongelaufen ist. Wie lautet deshalb die Devise? Es ernst nehmen und Vorkehrungen treffen.

Die Planung einer Reise kann Mühen kosten, die nur die Reise selbst noch überbieten kann, gekrönt vom hohen Preis dafür.

Ebenso, wie die Früchte des Feldes zu ihrer Zeit reifen, wird auch im Herbst des Lebens die Ernte eingefahren, die in der Lebensmitte heranreifte. Der Lebenswinter aber sollte unser Augenmerk schon auf den Neuanfang lenken.

Jeder Mensch hat seine Erwartungen: Warum aber sollte die Erwartung ein Garnichts sein?

In Gedanken und Absichten steckt oft mehr, als Worte verraten, sodass Schweigen als ein ehrliches Wort zu werten ist.

Die Fügung des Lebens ist nichts anderes als der Weg, den man gegangen ist.

An den abgelaufenen Absätzen erkenne den langen Weg; im Ernst des Gesichts die Sorgen langer Zeit.

Das Leben ist leicht zu bekommen und leicht zu verlieren: Warum also nimmt man es so schwer?

Durch die Tränen eines Kindes findet der Erwachsene am leichtesten zu sich selbst.

Als er klein war, trug man ihn zu den Sportlern.
Als er groß genug war, ging er zu den Sportlern.
Als er dick geworden war, fuhr er zu den Sportlern.
Als er alt war, trug er die Ehrenabzeichen der Sportler. An seinem Grab standen die Sportler Spalier.

Hätte einer gewusst, was andere schon immer wussten, wäre er auch nicht gescheiter!

Ein Ereignis muss in die dafür richtige Zeit fallen, damit es uns passt. Kurzum: Glück zu meiner Zeit!

Ob man sich angesichts der erdrückenden Armut und Not in der Welt einen provozierenden Luxus leisten will, ist eine Frage, die vom inneren Schweinehund fast immer bejaht wird, doch dieser Berater ist ein fieser Bursche, wie man weiß.

Wenn hemmungsloser Luxus im Grunde das ist, was anderen vorenthalten oder abgenommen wurde, kann kein rechtschaffener Mensch sich damit wohlfühlen.

Besäße Tinte Verstand, würde sie bei vertraglichen Unterzeichnungen manches nicht mitmachen und schleunigst in einen Klecks flüchten.

Kann eine Welt besser sein, als ihre denkenden Bewohner?

Darf man immer nur das Beste von anderen fordern, wenn man selbst nur Mittelmaß ist?

Kaum etwas, das mehr zum Himmel stinkt, als ein stinkfauler Mensch.

Die Wenigsten wissen es: Auch der Mensch besitzt eine Stand-by-Schaltung, im buchstäblichen Sinne von »Beistehen«, nur ist diese Version leider sehr selten aktiviert.

Sei froh! Die kleine Beule im Kotflügel bereitet dir schlaflose Nächte, aber ein Totalschaden hätte dir womöglich die ewige Ruhe gebracht.

Um zehn Kilo abzunehmen, musst du vorher ordentlich reinhauen!

Nur Kamele saufen auf Vorrat.

Einbrecher und Ausbrecher sind gelegentlich identische Personen.

Den Bienen und Hummeln zugeschaut, wie sie noch im späten Tag unermüdlich in der bunten Blütenpracht ihr täglich Brot verdienen und nachgefühlt, wie unglücklich dagegen die rotbekappten Demonstranten mit ihren Trillerpfeifen sein müssen, die gegen ein paar Stunden längere Wochenarbeitszeit pfeifen und buhen.

Hornhaut an den Ellenbogen bildet sich allmählich bei denen, die überwiegend sinnend oder dösend am Schreibtisch sitzen. Ihren schweren Kopf tief in die Arme gestützt, trägt der Ellenbogen die volle Belastung, und schon hat man Grüblernaturen und Beamte vor Augen.

Gib dem Beamten ein Formular, er wird was Nettes damit machen.

Demonstranten, deren Argumente Pflastersteine sind, erhielten zu anderen Zeiten im Steinbruch Gelegenheit, solche zu brechen; bei entsprechendem Bedarf sogar lebenslang.

Jener Demonstrant mit Transparent, der einst vor Petrus hat geflennt, weil der ihn wies von Himmelstür, der steht inzwischen wieder hier.

Auf einem Baumstumpf sitzt der alte Knabe, dieser Arbeitslose. Fragt sich, was er vom Leben habe? Spürt Hartz 4 und Harz an seiner Hose.

Niemand kann tadellos mehreren Herren gleichzeitig dienen. Wird also der gestresste Mensch von vielerlei Aufgaben beherrscht, die er alle zeitgleich lösen soll, lautet die Lösung: Tue eines nach dem anderen und nie zwei Dinge auf einmal!

Was das Auge sieht, wird erst im Kopf zu dem, was man zu sehen glaubt, und darum kann ein anderer dasselbe völlig anders gesehen haben.

Kein Mensch sucht gern andauernd Ausreden, deshalb ist ein Sündenbock immer willkommen.

Für extrem Wetterfühlige ist Valentins Kalauer nur ein schwacher Trost: »Lieber so ein Wetter, als gar keines.«

Mit klugen Sprüchen mag vielleicht jemand berühmt werden, aber reich ist damit noch niemand geworden; das gelingt wohl nur mit dummen Phrasen.

Nicht alles ist bekömmlich, was durch den Magen geht, und nicht alle Gedanken sind's, die durch den Kopf gehen.

Des Menschen Freuden sind des Himmels Sorgen.

Das Mittelalter unserer Lebenszeit bedeutet nicht Halbzeit, wie beim Fußball: Es kann jederzeit abgepfiffen werden, aber auch ein langes Nachspiel haben.

Ob giftgespritztes Obst oder bestrahlte Lebensmittel zu rätselhaften Symptomen in den Arztpraxen beitragen, weiß weder der Medizinmann noch der Kuckuck. Der Verbraucher aber sollte es ahnen!

Denkt man an die Jäger der Steinzeit und unsere Einkäufe im Supermarkt, möchten vermutlich die meisten, anstatt zu jagen, lieber in den Höhlen hocken und darauf warteten, was ein paar Hansel zum Futtern anschleppen.

Steigt die Lebenserwartung auch weiterhin kräftig an, wird man sich an die vierten Zähne gewöhnen müssen, falls man die sich dann noch leisten kann.

Das Ideal der Ehe sieht vor, zwei Individuen miteinander zu verschweißen. Das gelingt aber nur selten, denn die meisten Paare lassen sich nur zusammenheften und können sich glücklich schätzen, wenn der Heftfaden nicht minderwertig ist.

Wer sich äußerlich nicht wäscht, kann nicht ganz sauber sein; Gleiches gilt für die Reinigung von einer Schuld, die das Bereuen und Gutmachen einer üblen Tat erfordert.

Wären Gedanken bereits jetzt sichtbar, könnte jeder sehen, wie viel Plunder in den wahren Schatztruhen der Menschen liegt.

Welche Fügung des Schicksals erschiene uns günstiger – als wohlhabender Raffer zu enden oder als verarmter Wohltäter?

Lebensmüdigkeit oder Todessehnsucht klopft leise an, wenn Schlaf einem mehr bedeutet als das Wachsein. Womit aber die Wenigsten rechnen, dass dem Tode ein noch tristeres Leben folgen könnte, beruhend auf Ursache und Wirkung, auch Karma genannt.

Der Weg zur Gewalttat lässt sich als Schema beschreiben: Erfahrungen von empfundener Schmach und persönlicher Niederlagen bilden die Basis. Schlechte Vorbilder und der Umgang mit solchen bieten scheinbaren Halt und Schutz. Die Medien fördern mit gewalttätigem Schund die Gewissenlosigkeit. Das allesamt formiert sich in der Spitze zur Untat. Wer trägt da hauptsächlich Schuld?

Den Verstand herausgeputzt, zum ehrenwerten Haus, tief drinnen im Gemäuer, sieht's nicht immer rosig aus.

Nach menschlichem Maßstab gibt es gewiss massenhaft Leute, die weder Gott noch der Teufel mag; sie sitzen also zwischen den Stühlen?

Arglistig heißt, arge List anzuwenden, leider eine gängige Praxis.

Eine grundsätzliche Erfolgsfrage: Was bringt uns voran, was bremst?

Der Größte in seinem Fach ist zugleich ein Kleiner auf anderem Gebiet.

Ist's ein Narr, wer sich an die Erde klammert? Ein Glückspilz, der sie nur erträgt? Die Wahrheit kennt der Wind, der unser Lebenssegel bläst.

Dem *Können und Wollen* sollte der Schritt zur Tat folgen.

Je älter der Mensch, umso weniger genügt die Welt.

Verrate mir, was du von Menschen mit angewachsenen Ohrläppchen hältst, und schon sehe ich deine Ohren.

Erst das Geschenk eines tiefen Schlafes macht unzähligen Menschen das Leben erträglich.

Jemanden mit seiner Meinung abzustempeln, wäre ja nicht verwerflich, solange der Text nicht ehrenrührig ist. Aber wer wüsste gleich, wo nette Stempel erhältlich sind?

Um Schwimmen zu lernen, benötigt man den Bademeister, für die Einkommensteuer, den Steuerberater, aber in den Himmel kommt man ohne jede Hilfe?

Wer Lob vermisst, der frage sich, ob er denn selbst nicht Lob vergisst.

Da ist einer, der erst zittert, wenn die Erde bebt.

Wird über eine Person etwas gesagt, das völlig anders ist, als man sie selbst kennt, erinnert dies an ein vertrautes Produkt im Regal, das einen falschen Untertext erhielt. Bei Letzterem geschieht dies aus Versehen, im Falle der Nachrede aber meist mit Absicht.

Knoblauch stinkt uns nur von anderen.

Ohne Gießen kein Sprießen.

Jeder Streit ist eine persönliche Niederlage, wenn er nicht beigelegt werden kann.

Dünkt eine Gesellschaft sich erlaucht, hat sie sich verbraucht.

Man kann heutzutage schon froh sein, wenn der Alltagssinn nicht in Unsinnigkeit ausartet. Lebenssinn aber ist für sehr viele Menschen ein ferner Traum.

Was anderen schmeckt, kann uns gleichgültig sein. Gilt das auch dafür, was andere denken?

Das Leben ist ein langes Spiel, und manchem wird's beim Spiel zu viel.

Wer Geduld hat, besitzt am ehesten das Glück der Einsicht, nicht auf etwas warten zu müssen, sondern darauf warten zu dürfen.

Lesen ist Silber, Denken ist Gold.

Destruktivität und Gemeinheit fällt nicht aus blauem Himmel, sondern werden von Fleisch und Blut geboren.

Der Teufel steckt nicht im Detail, sondern im Menschen. Im Durchschnitt wohl zu reichlich, abschätzbar am bösartigen Geschehen in der Welt.

Für eine Person, die der Pünktlichkeit immer hinterherrennt, läuft die Zeit offensichtlich schneller.

Was nicht in Notiz gefasst, ruckzuck du gleich vergessen hast.

Ist Ängstlichkeit nicht auch ein Zeichen starker Fantasie? Der Fantasielose könnte nämlich fragen, wovor er denn Angst haben sollte?

Einer stürmischen Jugend läuft die Zeit nicht schnell genug. Die Zeit zurückzudrehen, wünschte sich dagegen so manches Greisenhaupt.

Berechnendes Schöngetue, glitschig, wie Schneckenschleim, findet erstaunlicherweise immer ein offenes Ohr.

Das Herz ist eine große Truhe und birgt immer Interessantes; nur Herzlichkeit ist rar darin.

Mit vier ärztlich verordneten Mühlsteinen am Auto, bekäme mancher Verkehrsteilnehmer vielleicht Lust, sich aufs gesunde Fahrrad zu schwingen.

Entscheidend ist doch nicht, welche Farbe die Kappe des Filzstifts besitzt, wohl aber, in welcher Farbe er schreibt. Dieses Kriterium ist auch bei Mitmenschen angebracht.

Einschlafrezept: Hineinhorchen in sich, bis man vor Langeweile eingeschlafen ist.

In Bildern spricht sich vieles leichter, aber ohne Worte geht es eben doch nicht.

Mit guten Zutaten lässt sich ein leckerer Kuchen backen und mit guten Voraussetzungen ein sinnvolles Leben führen – aber ein Rezept ist in beiden Fällen nötig.

Der Schwerstverbrecher unserer Tage kann überaus zufrieden sein mit einer augenverbundenen Justitia. In früheren Zeiten wäre er gerädert, gevierteilt oder in Stücke gerissen worden. Niemand hätte ihm ein relativ behagliches Leben hinter sicheren Mauern ermöglicht.

Fragen zu stellen, ist das wichtigste Werkzeug eines Verkäufers. Auch im Alltag ist dieses nützlicher als der verbale Vorschlaghammer eigener Ansichten.

Je mehr man sich selbst wichtig nimmt, umso größere Macht erlangen die persönlichen Probleme und Seelennöte über einen. Darum pfeif und lache über dich und es geht dir besser!

Mit zunehmendem Alter begibt man sich sozusagen auf immer dünneres Eis, und eines Tages wird man einbrechen, das ist gewiss! Gut dran ist, wer dann die seichte, sichere Stelle unter seinen Füßen weiß.

Es wird immer Menschen geben, die allzu viel kritisieren und auch gar nichts hinnehmen wollen, wie es die breite Mehrheit zu tun pflegt. Die vielen Beweggründe scheinen oft rätselhaft, doch wer solche ergründet hat, wird vermutlich selbst zum Nörgler.

Luxuriöser Reichtum ist nicht verwerflich; es sind der Hunger und die bodenlose Armut in der Welt, die ihn anrüchig machen.

Auch wenn im Alter vieles rückläufig und abnehmend ist – die moralische Qualität der Gedanken, die in der Güte ihren Adel findet, sie sollte zunehmen, einmal abgesehen von geistiger Beeinträchtigung, wie Demenz oder Alzheimer.

Menschen sind so unterschiedlich, wie etwa die Haustüren in Häusern. Da gibt es die schlichte Türe und ebenso das repräsentative Portal wie den schäbigen Eingang. Während aber Türen einen Sinn haben und ihren Zweck erfüllen, tut sich der Mensch dahinter schwer, seinen eigenen Sinn und Zweck zu erkennen oder gar danach zu leben.

Mit Kopf und Hand zu tun, wozu man fähig ist – mehr ist nicht zu leisten? Richtig, wenn dabei ein selbstloses Herz schlägt.

Sind die Alten tatsächlich nur Verbraucher im letzten Stadium?, ein Edel-Eichensarg das letzte Objekt der Begierde?

Leute, die alles super finden, können total nervig sein, aber sie tun sich im Leben leichter als jene, denen alles scheißegal ist. Welchen würde es wohl eher gelingen, mit dir zu frühstücken?

Kriminalistik: Mit dem Nachspüren ist es nicht getan. Es bedarf des Aufspürens. Aber zuvor muss aufgerührt, umgerührt und alle Erkenntnisse nachgeführt werden, ehe aufgeklärt und abgeführt werden kann.

Wer ein wichtiges Thema ignoriert oder ungeprüft ablehnt, wirft die Türe ins Schloss, obwohl er noch keinen Schlüssel hat.

»Denk dir nichts dabei!,« – ein Schnuller für den Verstand.

Im Alter ist man derselbe Esel, der man schon gewesen ist, auch wenn die großen Ohren jetzt nicht mehr so gut hören wie früher.

Nicht die Ohren sind es, die hören, und nicht die Augen, welche sehen: Es ist das Gehirn. Nicht die Bomben und Gewehre sind es, die töten: Es ist der Mensch.

In der sogenannten Kinderstube tollen gar nicht wenige Erwachsene herum, guckt man da mal neugierig rein.

Gängige Praxis ist es, dass auch Vorbilder Vorbildern folgen! Deshalb suche sich eines, wer Bedarf hat; es soll noch welche geben. Das Problem aber bleibt, dass Leute gemeinhin als Vorbilder gehandelt werden, die in Wahrheit gar keine sind. Denn man bewertet gerne nur Äußerlichkeiten, übersieht dabei die inneren Werte, und das führt zur Ernüchterung, sobald sich dort der Mangel zeigt.

Erst die Böswilligkeit lässt die Güte erstrahlen.

Wenn's schlecht dir geht, du kaum noch kannst, dein Leibteufel vor Freude tanzt.

Wertvolles erscheint dem Narren wertlos und Wertloses hält er für begehrenswert.

Kein Narr wird einen anderen Narren mundtot machen; das ist Standesehre!

Wenn's dies nicht ist, soll's jenes sein – oder vielleicht das? Man weiß halt oft nicht, was.

Gut und Böse ist in der Welt kaum einen Steinwurf weit voneinander entfernt. Und in einem selbst liegt es wohl viel näher, als man es wahrhaben möchte.

Was ist eigentlich das »Böse«, das im Buch ja häufig angesprochen ist? Der Begriff kommt so abstrakt daher und sein Urgrund scheint so fern. Tatsächlich ist das Böse uns schier zum Greifen nahe und kristallklar zu durchschauen. Seine Wurzel ist das Streben nach Eigennutz, gleich welcher Art, in einer Bandbreite von leicht bis ungeheuerlich. Der Mitmensch wird dabei auf jede geeignete Weise übervorteilt, belogen, betrogen, geschädigt und gar beseitigt, wenn das dem eigenen Vorteil dient. Das ist vordergründig bereits alles.
Im finsteren Hintergrund ist noch die Abneigung zum Guten zu nennen, der gegensätzlichen Selbstlosigkeit; und auf geistiger Ebene der Hass auf Gott.

Worin besteht im Kern das »Gute«?
Die Beantwortung ist schwieriger, weil das Alltags-Ego des Menschen so weit davon entfernt liegt, dass ihm dieses »Gute« geradezu gegen den Strich gehen kann. Das wird sogar verständlich, wenn der Mensch völlig ohne Hintergrund und Perspektive gesehen wird. Ja, dann wäre jede Handlung gegen seine Eigennützigkeit eben nur Dummheit. Folglich fußt egomanische Verhaltensweise meist auf Unwissenheit. Getreu der Gleichung: Egomanie sei Unwissenheit – im Gegensatz zum Guten, was Wissen um die Folgen bedeutet. (Zumindest geht es ums ahnen, glauben, fühlen).
Dieser Zusammenhang gilt auch für GOTT, dem absolutes Wissen um die Folgen zugebilligt werden kann. Gott ist als Wissender klug genug, dem »Guten« unbedingten Vorzug zu geben; wir tun gut daran, es ebenso zu halten!

Ein Wesen darf sich glücklich schätzen, das gütige, verständige Menschen eine Zeit lang um sich wusste.

Die Ahnungslosen haben ihre Fenster auf der falschen Seite.

Beide dachten, es wird schon nichts passieren ... aber es passierte doch, darum gibt es so viele Menschen. Andere denken: Es wird passieren ... aber es passiert eben nicht, darum ist Lotto das beliebteste Spiel unzähliger Verlierer.

Ellenbogenmenschen rennen und hetzen bildlich in einer sich nach hinten verbreitenden Formation; die brutalsten bilden die Spitze. Wird man als Trödelfritze von ihnen überrannt und niedergetrampelt, ist das sehr unangenehm. Aber man hat ja die Chance, sich ganz hinten wieder anzuschließen, falls es dann noch geht – oder?

Wenn du eine hilfreiche Hand brauchst, dann suche sie am Ende deines eigenen Armes; so ein orientalisches Sprichwort. Unser Volksmund sagt Ähnliches: Hilf dir selbst, so hilft dir Gott. Der Montagsdichter beschreibt einmal die andere Seite der Medaille: Hilfsbereitschaft ruht auf Schätzen, welche nur die Hilfe mehren kann.

Wer traurig ist, hat nur die Freud vergessen. Doch wer von Hass erfüllt, hat solche nie besessen.

Glücklich sein – welch großes Wort! Die meisten wären schon froh, zufrieden zu sein.

Wird der Druck zu groß, geht's sozusagen in die Hos.

Jemand, der es vorteilhaft findet, sich vor einen anderen stellen zu müssen, hat auch das Hintergangenwerden bereits einkalkuliert.

Zufriedenheit findet sich gerne dort, wo man sie am wenigsten vermutet.

Wenn du nichts Besseres hast, bleibst du der Erde Untertan – zerfallend in ihrem Boden.

Die meisten sehen ihr ICH in Großbuchstaben und das DU schreiben sie in Kleinschrift, wo es doch genau umgekehrt sein sollte, wie jeder vom anderen erwartet.

Der Jugend fällt es leicht, zu denken, später sei noch genügend Zeit. Doch wer sich diese Ausrede angewöhnt, wird sie womöglich behalten, bis schließlich alles zu spät ist.

Einige Menschen, die charakterlich wie Echtholz wirken, sind nur Furnier, und die übelste Sorte ist dabei auch noch billiges Imitat.

Es gibt keine Automatik, die uns die Sorgen mindert – es sei denn, wir erfinden sie, ein jeder für sich.

Wie groß ist unser Herz? Umschließt es die Familie, unser Land, die Welt? Und reicht es darüber hinaus?

Wie sich eine Situation darstellt, ist oft nicht zu ändern. Doch wie man sie bewertet und auslegt, liegt glücklicherweise bei einem selbst.

Der wahre Könner fühlt sich nicht als Opfer, er spielt es nur.

»Wer in den Spiegel guckt, kann sich den Schulterblick sparen«, wollte der Abbieger beim Fahren noch sagen und brachte sich um Kopf und Kragen.

Die Sucht wohnt im Kopf. Von dort wirf sie raus!

Auswahl und Aufnahme von Lesestoff ähneln der Wahl von Speisen und ihrem Verzehr. Daran ist zu denken, auch an die Unbekömmlichkeit, wenn man wieder einmal wahllos etwas in sich hineinschlingt.

Betrachte ein Problem als Momentaufnahme einer Szene, damit wird es umso unbedeutender, je länger und besser der ganze Film ist.

Ein Hammer, der den Nagel trifft, wird auch den Daumennagel finden.

Verstehen möchte man es schon, aber anhören kann man es schon lange nicht mehr.

Lässt man jede Plattheit weg, gibt's nicht viel zu sagen.

Wer niemandem traut, der traue auch sich selbst nicht!

Erst steht die Zeit, dann rennt sie sehr, so denkt der Mensch und täuscht sich schwer.

Vertrauliches wird aufgegabelt und überall herumgeschnabelt. Gar mit Lügen aufgefrischt, bevor Gerücht wird aufgetischt.

Wahre Selbstsicherheit entspringt ohne unser Zutun aus einer geheimnisvollen inneren Quelle, ähnlich dem Brunnen, der klares Grundwasser aus den Erdschichten der Tiefe spendet. Gespielte Selbstsicherheit entspricht dagegen einem Brackwasserkreislauf, den eine energiezehrende Pumpe bewirkt.

Eine gute, überzeugende Argumentation braucht allein deswegen nicht richtig zu sein. Sie macht aber die Entscheidung für eine Sache leichter, auch Fehleinschätzungen und ihre Folgen erträglicher. Wer nicht den leisesten Zweifel in einer Argumentation verspürt, sollte aber immer sehr vorsichtig sein.

So ergeht es wohl den meisten: Die Schule sitzt noch gut im Kopf, doch geht man in sie rein, ist nicht mehr viel zu holen.

Es macht ja auch Spaß, fantasievoll daherzureden. Aber wenn es unmöglich wird, sein Gerede selbst zu glauben, dann ist das der bunte Stoff, mit dem sich die Lüge kleidet.

Ebenso wenig Spielraum ein Schütze gegenüber Kimme und Korn hat, wenn er treffen will, hat auch der Ehrliche, wenn er die Wahrheit sagt.

Nicht jeder Fahrer weiß es: Am dümmsten kann es sein, ordentlich was »Gescheites« zu trinken.

Wie der Krug zum Brunnen, geht auch der Gast so lange zur Theke, bis er bricht.

Gesellschaftstipp: Erst sittsam nippen, dann unbemerkt kippen!

Das erbauliche Gespräch sollte sich schöpferischer Inspiration bedienen, selbst auf die Gefahr hin, einmal unsinnig zu werden; Konversation ist doch nur eine Konserve aus dem Vorratslager.

Wie's gesagt, sieh drüber weg. Was gesagt, prüf's nach dem Zweck.

Durch beständiges Lebensglück gelangt niemand zur Vernunft, ebenso wenig durch andauerndes Unglück. Die Mischung macht's! Bleibe gelassen im Glück wie im Unglück und nehme Veränderung hin, denn sie ist wahres Leben. Beeinflusse dich zum Guten, denn das ist wirkliches Glück.

Die Hoffnung des Täters, bei seinen Verbrechen unentdeckt zu bleiben, könnte sich sehr leicht als trügerisch erweisen. Wenn er erkennen muss, dass auch die Schöpfung eine Art Videoüberwachung vorgesehen hat, die im Gegensatz zur menschlichen Technik absolut genial und lückenlos sein dürfte.

Nichts ist so langweilig wie die Sensation von gestern und nichts so spannend wie das Unwahrscheinliche von morgen.

Tiefe innere Freude ist etwas Außergewöhnliches, denn werden wir damit beschenkt, können wir kaum erklären, was wir da empfinden.

Es soll Menschen geben, die erst zufrieden werden, wenn sie glücklich sind; gerade deshalb sind sie frustriert und unglücklich.

Im Geschick zeigt sich der Meister – im Ungeschick vielleicht sogar ein künftiger.

Das Verhalten von Insekten, die sich hinter Glasscheiben selbst gefangen halten, verrät uns die Lösung: Versuchen wir die Befreiung aus scheinbar auswegloser Lage doch mit einer Umkehr!

Jemand, der knöcheltief in seinen garstigen Gedanken watet, kritisiert sehr leicht einen anderen, der schon bis zum Halse darin steckt und er übersieht dabei, dass damit auch sein Pegel weiter ansteigt.

Einmal abgesehen von Geltungsbedürfnis und menschlicher Eitelkeit, ist ein Handeln ohne finanzielle Absicht wohl der simpelste Beweis für Glaubwürdigkeit.

Die einen klagen darüber, sich keine Namen mehr merken zu können, die anderen ertappen sich immer öfter, mit offenem Hosenladen herumzulaufen. Was ist schlimm dabei? Wenn Letztere ihn nicht wieder schließen.

Wer Sorgen hat, trägt schwer Gewicht, nur Leichtfuß kennt Beschwernis nicht.

Hätte ein Mensch weder technisches Fluggerät noch fliegende Kreatur gesehen, müsste er doch die Möglichkeit des Fliegens für pure Phantasterei halten. Auch was wir selbst sinngemäß als Hirngespinst abtun, darf uns durchaus nachdenklich machen.

Zuerst siegen und jubilieren erfahrungsgemäß die voreiligen Schnösel; hernach haben meist immer die Besonnenen allen Grund zum Feiern, falls sie es noch erleben.

Böswilliger Irrsinn verträgt sich selten mit Normalität, und dazwischen liegt oft nur der Gartenzaun oder eine Staatsgrenze.

Auch die Bosheit wächst nicht in den Himmel; eines Tages ruht sie in der Erde.

Wird man mit hochgiftiger Meinung konfrontiert, ist das sehr unangenehm; handelt es sich dabei um versprühte Dummheit, ist's zum Trost nur ärgerlich.

Die Soldat-Schwejk-Strategie: Schlau genug sein, um nötigenfalls als Dummkopf dazustehen, das ist eine clevere Art, die niemandem schadet, aber einem selbst sehr nützlich sein kann.

Besonders schmerzhaft ist der Sturz über Prügel, die man gedankenlos auf einen Weg geworfen hat, den man einmal unbeschwert gehen wollte.

Nicht zu sollen, steigert das Wollen.

Die kleine Gaunerei an uns begangen – berührt uns das nicht stärker als das große Verbrechen am Nächsten?

Die größte Gefahr des Menschen ist der selbst.

Sprüche sollten sein wie Schnappschüsse, die man ja auch gern mal herumzeigt.

Die öffentliche Meinung gleicht einem verdreckten Fluss, worin alle ungeklärten Abwässer landen, während die Verursacher in ihren rein gewaschenen Westen verständnislos auf Vorwürfe reagieren.

Der, um den es im Gerüchte geht, es meistens falsch und selten ganz versteht.

Sparsamkeit ist die beste Übung gegen die Not.

Wer eine große Waffel hat, entlässt auch viel Geschwafel.

Bis zum Kragen hinauf ist alles tipptopp, aber dann geht's schnell zu Ende, dachte der Kopf daneben.

Hörst du den Pessimisten bedenken: »Alles ist doch viel schlimmer, als es scheint; eine böse Überraschung wird unausweichlich folgen.« Und vernimmst das Geständnis des Optimisten: »So günstig und vielversprechend, wie es aussieht, kann es letztlich nur noch besser werden!« Dann setze auf die goldene Mitte.

Ist Offenheit von einer Person zu erwarten, wenn sie etwas zu verbergen hätte oder nur innere Leere bieten könnte? Rechne nur mit dem, was auch gegeben werden kann.

Mit der richtigen Neurose hat man immer Grund genug, sich zu sperren oder zu verweigern. Dann steckt aber keine böse Absicht dahinter, sondern schlicht neurotischer Zwang.

Niemand sollte einen Schuh anziehen, der nicht passt oder gar damit herumtanzen, wie andere das gerne hätten.

Die Armen schont der Gauner gern, den Reichen aber tut er weh.

Geburtstage – sind das nicht diese magischen Bälle, die uns, einer nach dem anderen, auf den Kopf fallen? Anfangs sind es niedliche bunte Gummibällchen, kaum zu spüren, doch sie werden von Jahr zu Jahr größer, bis es schwere Medizinbälle sind. Am Ende genügt die Angst vor der massigen Abrissbirne, um jede Lebensfreude zu ersticken.

Mein Vater entsprach einer anderen Generation und hatte naturgemäß andere Ansichten als ich, und deswegen tat ich ihm häufig unrecht, was ich heute zutiefst bedaure. Leider ist das nicht mehr gutzumachen; er ist seit Jahrzehnten tot. Warum ich das schreibe? Vielleicht erkennt jemand die Chance, noch rechtzeitig zu handeln.

Wenn nebensächlicher Hirnmüll überbordet und wie Unkraut über Sinnvollem wuchert, ist es vernünftig, ihn zu stutzen, indem man ignoriert, ruhen lässt, vergisst. Besser wäre es allemal, nutzlose Gedanken erst gar nicht aufzugreifen und einzulagern.

Schon immer waren die kleinen Leute eine Beute hoher Herrn.
So war es einst und ist es heute, nur hören will das niemand gern.

Die Gefahr, sich zu wiederholen, steigt mit dem Alter und der Anzahl der Äußerungen, bis schließlich alles Wiederholung oder bestenfalls Variation ist. Menschheitsgeschichte ist Variation.

Wenn die Blätter sich verfärben und von den Bäumen fallen, die Äcker geschoren oder schon umgepflügt sind, dann wird es Zeit für den Bauern, ans neue Saatgut zu denken. Und der Wirt sollte sich rechtzeitig nach den passenden Sonnenschirmen für seinen Biergarten umsehen, die er unter strahlender Frühlingssonne aufzuspannen gedenkt. Ist aber der Mensch im Lebensherbst ergraut und beginnt erst jetzt, sich Gedanken über seine Zukunft zu machen, ist das nicht viel zu spät?

Ständige Zeitnot sei uns ein Wink mit dem Zaunpfahl, sich endlich Zeit zu nehmen. Nur wie? Einfach einiges sausen lassen, was selber rennen kann!

Tage gibt's, da empfinde ich unser verordnetes Alltagsdenken wie ein Wühlen im Unrat. Andauernd unter solchem Zwang zu leben, wäre mir unerträglich, fände sich nicht ab und zu Gelegenheit, diesen Gedankenmüll zu trennen, aufzuarbeiten und teilweise zu verwerten. Zurzeit kommt jede Menge Kleingedrucktes von den Versicherungen; ich werde mir diese unleserliche Zumutung gewiss nicht antun, sondern vorschriftsmäßig für die nächste Papiersammlung bereithalten.

Schlechte Zeiten entfalten vor allem durch das Verhalten der Leute ihre vernichtende Wirkung. Denn je weniger zu verteilen ist, umso stärker wird um das Wenige mit harten Bandagen gekämpft.

Werden Änderungen notwendig, bieten sich oft Alternativen; nur dem Starrsinn bleibt keine Wahl.

Das Zweibein wächst mit seiner Schuhgröße, schrumpfen kann es nur durch seinen Verstand.

Kann denn reif sein, was nicht reifte? Unreife ist doch die unausweichliche Vorstufe zur Reife. Also haben wir Geduld mit uns und anderen, aber vergessen wir nicht, auch reifen zu wollen, um den Vorgang zu beschleunigen.

Die Gäule, die unseren Lebenswagen ziehen, kennen nicht den Weg. Sie müssen gelenkt werden. Betrachtet man insgeheim die Fuhrleute, wird man sich wundern: Die einen sitzen untätig auf dem Wagenbock, schauen gelangweilt umher und kennen offensichtlich selbst nicht das Ziel. Andere schlagen unbeherrscht auf die Gäule ein, treiben sie unermüdlich an, und etliche lassen sich während der Fahrt volllaufen, um zu vergessen, dass sie unterwegs sind.

Hörgerät repariert? Schön, wieder gut zu hören, was es Schlechtes gibt auf dieser Welt!

Vor dem Spiegel – die nette Person. In den Augen des Nachbarn – ein Widerling. Natürlich beiderseits.

Firlefanz scheint neben *Brot und Spiel* das Wichtigste für den Massenmenschen zu sein.

Ein Mühlstein mahlt das Korn zu feinstem Mehl, wie auch das Leben reibt an Leib und Seel'. Gib acht auf deinen Lebenssinn, der dauernd kreist im Mahlwerk drin!

Tagsüber Sahnecreme, Käsecreme, Mandelcreme und vor dem Zubettgehen etwas Antifalten- und Nachtcreme: Damit schlummert sich's cremissimo!

Allzeit gut bereift! M+S für Matsch und Schnee, dazu den Regen-, Sommer- oder Ganzjahresreifen. Für den Durchdrücker ein Sportreifen und am Ende der Reifen – Verzeihung! – der Kranz fürs Grab. Ob jetzt stämmigen Figuren mit ihren breiten »Gürtelreifen« nicht gleich der Bissen im Hals stecken bleibt?

Sport hat bekanntlich viele Gesichter. Für den Gewohnheitsfernseher kann es der einzige Sport sein, wenn der einmal wöchentlich schwitzend seine Bierkisten in den Keller schleppt.

Bist du blind? Verwende keinen Neid auf Reichtum! Erkennst du nicht die bittere Armut dahinter, die nicht einmal solcher Reichtum zu ernähren vermag?

Da schon eine Schnecke oder auch die Muschel ein wunderschönes kunstvolles Haus besitzt, ist es da dem Bürger zu verdenken, wenn er alles daransetzt, sein Heim *nach bestem Vermögen*, im wahren Sinne des Wortes, zu gestalten?

Sind wir uns des falschen Weges bewusst, dann ist es oft die eingefahrene Spur, die es uns so schwer macht, eine andere Richtung einzuschlagen; dazu lauert die Gefahr, in einer morastigen Furche stecken zu bleiben. Wollen wir aber die tiefe Fahrrinne wirklich verlassen, dann müssen wir es den Fuhrleuten gleichtun, die mit dem Einsatz aller Kräfte versuchen, den eingesunkenen Wagen auf festen Boden zu schieben. Ohne unser Zutun kann das nicht gelingen, aber je zeitiger wir uns zum Spurwechsel entscheiden, umso leichter wird es uns fallen, vor allem, wenn einige noch mit anpacken.

Schwätzern den Mund zu verbieten, hätte doch nur kurzfristig Erfolg. Schweigern den Mund zu öffnen, könnte uns leicht Schwätzer bescheren. Also begnügen wir uns damit, wie es ist.

Setzte man einem erfüllten kurzen Leben lediglich sein langes, leeres Leben dagegen, um allein von daher seinen Stolz herzuleiten, machte man sich nur zu einem alten Dummkopf.

Schon oft gehört, dieses »Ich-könnte-Schreien ...«, aber noch niemals den Schrei hinterher.

»Sieh nur, wie besorgt sind doch alle um den Erhalt ihrer zeitlichen Güter, und wie wenig bedeutet ihnen das *open end* ihrer Zukunft«, murmelt ein Betroffener zu sich selbst!

Viele Worte zu verlieren, ist für Schwätzer kein Problem – ebenso wenig, sie zu finden.

»Ach bitte, komm aus deinem Labyrinth!« »Ach ja! Der Wille wär' schon da – doch recht besehen, heute wird es nicht mehr gehen ...« (Neurose: Wie's da drin aussieht, geht niemanden etwas an!)

In Vermutungen steckt leider häufig die Aggressivität von Kampfhunden; wer solche leichtfertig äußert, lässt die von der Leine.

Leider gibt es kein menschliches Gehirn in der Welt, worin nicht auch das Böse, zumindest kurzfristig, Unterschlupf finden könnte.

Kann eine Person ermessen, was es bedeutet, ein Leben mit halber Kraft meistern zu müssen, wenn sie selbst vor Lebenskraft strotzt? Wohl kaum, denn damit wäre sie überfordert.

Das Gerede über die Gleichheit vor Gericht fußt anscheinend auf dem Grundsatz der Gleichheit aller Menschen, der bekanntlich auch nicht ernst genommen wird; das erklärt vieles.

Es ist gescheiter, eine Kerze anzuzünden, als über die Dunkelheit zu jammern, so deuchte es einst schon Konfuzius.

Es genügt doch nicht, zu schreien: »Mir reicht's!« Zu handeln gilt's, und zwar jetzt gleich!

Die magere Aussicht bleibt verpönt, wer an fette Zeit gewöhnt.

Als selbstverliebter Erdenbürger wird man geboren, das Leben entscheidet, wie es weitergeht.

Kaum fällt man aus allen Wolken, und schon steigt es in einem wieder hoch!

Du kannst Wachstum nicht im Augenblick wahrnehmen, nur erst dann, wenn Zeit verstrichen ist; habe Geduld mit allem, was dir wie Stillstand scheint, denn am Ende wirst du staunen, wie weit es sich bewegte.

Möchte jemand ohne Schuhwerk herumlaufen, nur weil ein anderer barfuß läuft und den Schuhträgern spottet? Auch das Leben spottet manchmal jeder Beschreibung, doch erträgt man es am besten anständig, so, wie es einem angezogen ist.

Besonders unangenehm sind Schmerzen, die sich nicht erklären lassen. Weiß man aber was und vor allem, warum etwas weh tut, ist dann der Schmerz erträglicher, zumal wenn sein Abklingen absehbar ist?

Dass alles seine Vor- und Nachteile hat, will mir bei heftigen Zahnschmerzen nicht recht einleuchten, wo soll schließlich mein Vorteil liegen? Weil ich den aber nicht nur bei mir zu suchen habe, wird mir schnell klar: Der Zahnarzt profitiert!

GOZ, die Gebührenordnung der Zahnärzte, ist der Aufpreisturbo für den Kassenpatienten. Beim Versuch, daraus schlau zu werden, stößt man an die Mauern der Verwirrbürokraten aus den Lagern der zahnärztlichen Funktionäre und der Kassenlobbyisten. »Alles zum Wohle der Patienten«, lautet deren Mantra.

Ein Kritiker ähnelt einem Fleischwolf: Auch er zerkleinert und nichts bleibt ganz.

Schmerzen sind wie unliebsame Besucher, man ist froh, wenn sie wieder fortgehen.

Es heuchelt die Faulheit: »Meine Unentschlossenheit ist schuld daran, dass ich nichts tue, und bescheiden noch im guten Vorsatz ruhe.«

Der beste Rat nützt wenig, wenn er einem in die Quere kommt.

Auf vielen Schultern trägt sich auch Schweres leichter, wenigstens solange sich die Träger die Last gefallen lassen.

Was gestern düster schien, kann heute, bei Sonnenschein betrachtet, heiter sein. Warum sollte das Schwere von heute, eines Tages nicht leicht sein können? Unannehmbares annehmbar werden, Unaufschiebbares aufschiebbar und Krankes eben wieder gesund sein? Und weshalb will man im Tod das Ende und keinen Neubeginn sehen? All dies ist doch ein offenes Geheimnis des Lebens.

Sarkasmus: Warum lebt eigentlich ein Mensch noch, wenn er, wie er sagt, das Leben schon lange nicht mehr ertragen kann? Doch nur deshalb, weil alles gar nicht so schlimm ist.

Wenn du klingelst, möchtest du, dass dein Signal ankommt und wenn du himmelschreiend fluchst, erwartest du es etwa nicht? Verlass dich drauf: Es kommt an und wird gehört!

»Ich kann nicht«, sagt man auch, wenn man sich selbst im Wege steht und nicht an sich vorbeikommt.

Aber hallo! Heute hatte sich ein Hobbyfotograf selbst mit seiner Vorrichtung aufgenommen, als er vom Haus kopfüber in den Tod springt. Was wollte uns der Selbstmörder damit antun?

Als sie noch arm waren, mangelte es ihnen im Wesentlichen an nichts, aber als sie zu Reichtum kamen, verarmte ihr Wichtigstes.

Mit einem Mal von Feinden umgeben, fühlt man sich in erbärmlicher Gesellschaft; womöglich hat man nur die unbequeme Wahrheit gesagt?

Jäger zu sein, ist vor allem eine Frage des Bewusstseinstandes.

Da entdeckt man ein sonniges Wesen mit den bedingt tiefen Schatten und wundert sich doch über solch hohen Kontrast.

Ein Grundstück, so klein, unter ringsum großen, dass man aus dem Haus nur von wenigen Stellen aus nicht über seine Grenze hätte spucken können; doch das hat mich nie gestört, denn dafür war es pflegeleichter als die Flächen der Nachbarn.

Ein guter Rat von Freunden ist nicht der schlechteste. Der Rat von Fremden ist meistens auch nicht besser, aber noch besser kann es sein, einen Rat erst gar nicht erbeten zu haben, denn selbst ist der Mann und selbst die Frau!

Ist Unwichtiges für uns wichtig geworden, kann das durchaus vorteilhaft sein. Wird uns jedoch ehedem Wichtiges zunehmend unwichtiger, ist das eher ein Zeichen der inneren Reife.

Der Mensch an sich scheint interessant, obgleich er in sich unbekannt.

Soll die Frage beantwortet werden, was wichtiger sei, die Reise selbst oder das Ankommen, so werden sich, wie immer im Leben, die Geister scheiden. Niemand kann das für uns beantworten, wir müssen es selbst tun, besonders, wenn es um die Reise zwischen den Welten geht.

»Zum unverschämten Preise passt die unverschämte Speise«, rät der schlaue Gastronom seinem angelernten Sohn.

Gib deiner Widerrede mehr Gewicht, indem du freundlich und nicht garstig bist.

Das Glück ist ein Sprinter, Schwermut was Lahmes, wenn sie uns verlassen.

Verbissene Geschäftigkeit und Zukunftsplanung bietet im Lichte der Vergänglichkeit eine ansehnliche Portion Komik.

Der Eigentümer sollte von Staats wegen nicht zum Hanswurst des Besitzers gemacht werden und umgekehrt gilt das genauso für den rabiaten Eigentümer gegenüber seinem Mieter – beides ist häufig zu beobachten.

Wer zu rauchen anfängt, legt sich damit selbst in Ketten; seinen eigenen Scheiterhaufen jedoch errichtet, wer mit Rauschgift beginnt.

Der schlaue Lump kommt nie allein, die Dummheit tritt stets auch mit ein. Doch geht der Schlaue wieder fort, die Dummheit bleibt zurück am Ort.

Wenn jemand seelisch krank ist, kann er dann körperlich rundum gesund sein? Und wie ist es denn andersherum?

Abschiedsschmerz ist die Angst vor der Lücke danach.

Was einer für reichlich hält, ist für einen anderen noch längst nicht genug, und schon allein deshalb wird Zwietracht in der Welt sein, solange es Menschen gibt.

Wie kann jemand, dem es nicht einmal gelingen will, drei Bilderrahmen korrekt nebeneinander an seiner Zimmerwand zu befestigen, die vorlaute Lippe gegenüber einem tüchtigen Handwerker riskieren? Aber es soll ja auch Handwerker geben, die sich mit besagten Bildern schwertun – und nicht nur damit.

Ein Treteimer öffnet sich, wenn du ihn mit Füßen trittst; ein Mensch dagegen öffnet sich, wenn du menschlich zu ihm bist.

Einsamkeit in völliger Stille erscheint manchem als unerträgliche Situation, aber was dagegen ist ein Menschengedränge im Tumult?

Alle Sorgen, die wir uns um unsere Zukunft machen, gehe es um Gesundheit, den Arbeitsplatz, die Finanzlage und um Dutzende andere Angelegenheiten, sie könnten sich mit nur einem einzigen Schicksalsschlag zu Nichtigkeiten auflösen. Denn käme solches Feuer über uns, würden unsere bisherigen Sorgen im Nu wie Papier verbrennen. So betrachtet sind Sorgen keine feste Größe, sie wachsen oder schrumpfen je nach Sichtweise.

Wie soll etwas erreichbar sein, wenn weder Wunsch noch Ziel vorhanden sind und man nicht ganz davon erfüllt ist? So gibt es wohl keinen guten Fußballspieler, dem der Fußball nicht gänzlich im Kopfe steckt.

Das größte Scheunentor wäre nicht breit genug, wollten wir all unsere Wünsche einfahren.

Im endlosen Kreislauf des Wandels gefangen: Verschmutzt, gereinigt, getrunken, bleibt Wasser das edelste Getränk, das die Welt zu bieten hat, denn selbst im gepflegten Bier steckt es bis zum Halse.

Fleißigen ist Faulheit ein Dorn im Auge; die Faulen aber fühlen sich durch die Fleißigen nur bestätigt.

Einen innerlichen Sieg über den Unterlegenen zu feiern ist schon deshalb nicht angebracht, wenn man bedenkt, wie schnell man selbst zum Verlierer werden kann.

Die Blut-Hirn-Schranke ist unabdingbar nötig, denn sonst gäbe es sie nicht; eine Blöd-Hirn-Schranke hat noch niemand entdeckt, sie wäre aber wünschenswert.

Wer sich gute Landkarten besorgt, kann auch mit unbekanntem Gelände zurechtkommen. Für den schwierigen Lebensweg scheint das nicht zu gelten, da die wenigsten geeignete Karten besitzen.

Sage es nicht einem Priester oder Gott, dass es dir leidtut, sage es deinem Opfer.

Auf den positiven ersten Blick folgen unweigerlich die späten Einsichten.

Dem Süchtigen entfleucht der eigene Verstand.

Wer hätte das gedacht: Eine abnorme Abneigung gegen jegliche geschmackliche Süße fängt sich vermutlich ein, wer reichlich über die Zeit im vorgeburtlichen Fruchtwasser verbrachte. Auf unseren Sohn traf das jedenfalls eindeutig zu. Selbst die üblicherweise leicht süßliche Babynahrung war ihm ein Gräuel und er verweigerte sich hartnäckig; nur seine neutral schmeckende *Lactana* war ihm recht, und diese Abneigung behielt er zeitlebens bei.

Wer einen Grund sucht, muss kein Taucher sein.

Wohin der Siebenmalkluge auch seinen Fuß setzt, schon wieder tritt er voll in die Dummheit.

Wer stets durch grüne Auen wandelt, selbst der wird ihrer überdrüssig und ersehnt zur Abwechslung die Eintönigkeit des Meeres, die Trostlosigkeit einer Wüste. Verbliebe doch der Mensch im Grün! Ebenso wenig schafft er es, sein Glück in sich zu halten.

Vor allem fürchte am meisten die negativen Gewohnheiten!

Taktierer machen innerlich ein hässliches Gesicht, aber nach außen strahlt täuschend echt Rechtschaffenheit.

Erst im Streit lernt man sich selber kennen.

Wer hat nicht schon im Elend alle guten Geister zu Hilfe gebeten; doch wer vermag im lasterhaften Glück die bösen Geister abzuweisen?

Eine runde Sache ohne Ecken, wenn Rede und Absicht sich decken.

Einst schloss er die Geschäftsbücher mit dem hinterhältigen Gewissen eines Verbrechers, und kürzlich schloss er seine Augen voller Schadenfreude in der trügerischen Gewissheit, völlig unbehelligt davonzukommen.

Die Glaubwürdigkeit positiven Denkens hängt letztlich davon ab, ob es mir tatsächlich gut geht, wenn ich mir einrede: Es geht mir gut.

Du magst dir sicher sein, etwas zu erkennen, doch der Blinde könnte beschwören, nichts zu sehen.

Eine Grenze ist die Trennung durch Fakten zwischen Völkern, Menschen, Ansichten, Systemen, Bedingungen. Nur die gemeinsame Bemühung ermöglicht es, eine Grenze aufzuheben, da es von selbst nicht geschehen wird.

Ein unbeugsamer Starrsinn führt dich an die sprichwörtliche Mauer und dort rennst du dir immer wieder bis zum bitteren Ende den Schädel ein.

Genauso ist es gekommen, wie du immer gesagt hast, als du noch gar nicht ahnen konntest, wie alles enden würde.

Man braucht keinen Teufel, um teuflisch zu sein, und die ihn benötigen, sind Anfänger.

Arm der Mensch, der nichts erkennt, und ärmer noch, wer das Unglück kommen sieht.

Um Spaß zu verstehen, muss man den erst einmal ertragen können.

Die liebste Nachricht von der Erbtante ist für so manchen Zeitgenossen wahrscheinlich ihre Todesnachricht.

Eine Floskel, wie die »endgültige Entscheidung« des wankelmütigen Zweibeins ist doch nicht einmal für fünf Minuten gewiss. Den Göttern aber mag Endgültiges fernliegen, ihnen bietet die Option auf Veränderung Trost und Aussicht auf Abwechslung.

Dass noch kein Meister vom Himmel gefallen ist, darf bezweifelt werden: Gelegentlich ist es ein Meister des Dachdeckerhandwerks oder sein Geselle.

Wirklich sagenhaft, wie alte Geschichten sich von der Wahrheit entfernen können, ohne uns groß aufzuregen.

Sieh nur her, mein starker Wille, dein schwacher Körper liegt im Graben, das hast du jetzt davon!

Was für ein Jammer, der Schlag auf den Daumen, mit dem Hammer!

»Ende der Woche, bevor das Wetter umschlägt, määhh ich«, versprach der fleißige Hausmeister.

Komisch, wenn die Steinalten auf jugendlich machen und die Kleinen die Großen spielen.

Omas und Opas guter Einfluss auf uns gehört zum Besten, was uns widerfahren konnte, sodass es ratsam ist, das mosaische Gebot »Du sollst Vater und Mutter ehren« auf die Großeltern auszuweiten.

Wie schade, dass auch unsere Pläne mit dem Alter schwächeln.

Mancher Mensch wär' froh, könnt' er wie ein Bonobo.

Schwache Typen schätzen starke Marken.

Ebenso gut, wie man sich mit einem Handtuch die Füße trocknen kann, sollte unter dem Begriff Tierliebe doch auch Menschenliebe möglich sein und umgekehrt.

Manchen bedeutet Schlaf erholsame Bewusstlosigkeit, anderen die Quelle von Inspiration. Viele Gedanken dieser *Hirnsteinsammlung* entspringen übrigens daraus – ja, so ist es halt: Den Seinen gibt's der Herr im Schlaf.

Immer auf dem Laufenden sein, kompromisslos up to date, stets der Zeit voraus, nichts dem Zufall überlassend, die Hände überall im Spiel haben, jederzeit am Ball und das Ohr am Pulse der Zeit, nicht nur am Tage, auch manche Nacht hellwach – welch ein hoher selbstbestimmter Preis, was für eine Qual!

In Zeiten, wo Kinder Kevin, Sven oder Finn gerufen werden, da muss doch ein Hans, ein Sepp oder Gustl ziemlich verlegen aus der Wäsche gucken, oder sind es gar die Vorgenannten?

Ein unverzeihlicher Fehler, der sehr häufig und leichtfertig geschieht: Man vergisst das Sterben und fühlt sich überrumpelt, wenn es so weit ist.

Fürchterlich die Sprache, grausam die Handschrift, doch herzzerreißend das Anliegen.

Wer sich heillos dem Computer verschreibt, verliert sein halbes Leben; wer es dem Mammon opfert, verwirkt seine ganze Zukunft.

Das handschriftliche Notizbuch bietet noch Vorzüge, von denen ein Computerfan nur träumen kann.

Der allgegenwärtige Computer mit seinen Techniksklaven ermöglicht extreme Auswüchse in allen Lebensbereichen per Knopfdruck, und der Normalmensch wundert sich, dass Tag auf Tag alles komplizierter, undurchschaubarer wird, und vieles zu seinem Nachteil geschieht.

Zwei Tage vergehen, als wär's ein einziger – so empfinden es die Unbeschwerten. Lastenschlepper fühlen das genau andersrum.

Ist es schlimm, wenn Werbetext uns gehörig verarscht – Verzeihung – und wir es nicht einmal bemerken, weil der Texter uns zur Ablenkung Honig ums Maul schmiert?

Nur jener Esel bellt, der sich verstellt.

Im Kalender steht der große Tag, das bedrohliche Ereignis, als liebenswürdige Notiz getarnt.

Menschen, die einer Manie unterliegen, weil sie sich unersättlich wünschten, noch mehr zu sehen, zu erleben, obgleich sie schon fast überall waren, sie müssten doch auf ihre bevorstehende letzte Welten-Reise eine riesige Vorfreude entwickeln. Aber nein!, davor graust ihnen.

Es wird ja nicht sehr schwerfallen, sich objektiv als eine unbedeutende Figur im Weltgeschehen zu empfinden. Gleichzeitig aber hält man sich subjektiv für das allerwichtigste Wesen unter der Sonne; verständlich, denn niemand sonst kann mein ICH ersetzen. Mit diesem Zwiespalt der Gefühle müssen wir uns abfinden und zurechtkommen. Machen wir das Beste daraus, halten wir uns also für ein wertvolles Wesen und sind es auch.

Müde ins Bett zu fallen, in tiefe Ohnmacht und Dunkelheit zu stürzen, besinnungslos dazuliegen, dies wünscht sich mehr als alles andere ein gepeinigter schlafloser Mensch.

Das Raubtier verspürt wie unsereins den Hunger und deshalb ist es darauf angewiesen, Fleisch zu fressen, während wir es nicht nötig hätten, Tiere zu schlachten. Das macht den großen Unterschied, doch der ist für die meisten von uns kaum nennenswert und schnell abgetan in wenigen Sätzen, wider das Gebot: Du sollst nicht töten!

Nun haben wir alles bestens gerichtet, umfassend für uns vorgesorgt und schreiten guter Dinge in die Zukunft. So spricht und lügt der Mensch nach außen, doch nach innen schaut er ängstlich, ahnt vielleicht sein düsteres Schicksal.

Auf den Pfaden des Glücks sind schon unzählige Glückssucher auf der Strecke geblieben. Sie wurden in Fallstricken gefangen und gingen qualvoll im vermeintlichen Glück zugrunde, etwa wie die lichtsüchtige Motte im offenen Feuer der Kerze.

Feinsinnig und grobschlächtig verhält sich wie linker und rechter Schuh – der will dem falschen Fuß nicht passen.

Im Hitzkopf hat ein kühler Geist kein Wohnrecht.

Der Einzelgänger wie der Partylöwe bezahlen beide einen hohen Preis; nur kaufen sie, jeder für sich, etwas völlig anderes ein, und es ist gar nicht sicher, ob sie das wirklich haben wollen, wofür sie bezahlen müssen.

Es bedarf nur einiger Bündel Geldscheine, um aus einem armen Manne einen reichen zu machen. Wer dagegen vermöchte dem charakterlosen Menschen Charakter zu geben, wenn dies offensichtlich nicht einmal der göttlichen Macht gelingen will? Nur die Person selbst wäre dazu in der Lage.

Was uns gefällt, woran wir hängen, ist uns natürlich wichtig – ob das auch immer sinnvoll ist, sei dahingestellt wie der Schnaps aufs Autodach.

Die drei alten Kokosnüsse von der Malediveninsel sind wohl so alt wie unser Sohn, und während sie noch immer zur Dekoration in der gedrechselten Holzschale liegen, ist er schon längst oben, wo er hoffentlich hingehört.

Klug daherzureden ist die eine Sache, eine andere, klug zu handeln; aber die wichtigste Sache wäre natürlich zu wissen, was Sache ist.

Ein Ausspruch, der dem sterbenden *Kiem Pauli* (Volksliedsammler) nachgesagt wird: Ein Gesunder hat hundert Wünsche, ein Kranker nur einen.

Was sagt man, wenn es nichts zu sagen gibt? Schönes Wetter heute – was?

Du schlägst den Pfosten nicht tiefer, als der Fels im Boden liegt; vergeude nicht unnötig deine Kräfte.

Nach langen Regenwochen kann ein herrlicher Sonnentag uns das Gefühl wahrer Freude schenken; größere, aber entartete Freude beschert nur Schadenfreude oder ein unerwartet heftiger Eigennutz.

Es gibt auch kleine Ungeheuer, die noch wachsen können, und der Himmel stehe uns bei, wenn es Zweibeiner sind.

Widerlich und unwiderstehlich kennen sich ganz gut.

Die kleinen Lumpen stehen den großen Lumpen in nichts nach, es fehlt ihnen nicht das Wollen, nur das Können.

Das Leben ist ein Zirkus! Glücklich, wer mit glänzenden Augen auf der Zuschauertribüne sitzen darf und nicht als Artist oder Clown sein Brot verdienen muss.

Es ist nicht die Frage, ob man etwas verstehen kann, doch eher die Frage, ob man verstehen will.

Bei der Antwort auf die Frage, wie man ein erfolgreicher Erdenbürger wird, handelt es sich nicht um Geheimwissen. Auch über die Frage, wie man ins *Lichtreich* gelangt, ist längst alles verraten und gesagt; es zählt nur, auch hinzuhören, zu wollen und den beschwerlichen Weg zu gehen, sowohl dahin wie dorthin.

So lässt der Mensch sich trefflich unterscheiden: Der eine lebt im Überfluss, ein anderer kann Hunger leiden.

Heutzutage liegt uns wohl weniger der sprichwörtlich schwere Stein auf der Brust, es ist eher das kleine lästige Handy. Inzwischen scheint das Smartphone zum Herzersatz mutiert zu sein, ohne das man nicht leben kann.

Dieser Brot erwerbende Handwerker hatte überhaupt keinen Hunger verspürt, sein Brötchen an meinem Gartentürschloss zu verdienen. So habe ich es eben nach mühevoller Laienart selber reparieren müssen. Also wünsche ich diesem Werker alles Gute an den Kopf, mag er nahrhaftere Aufträge woanders finden, am besten dort, wo der Pfeffer wächst.

Soldaten sterben so wenig begeistert für das Vaterland, wie das tote Herbstlaub zur Freude unserer Ohren raschelt.

Zur Zeit der Meisterschaften tragen viele wieder Fußballgesichter, vollgepumpt mit dicker, heißer Luft und der Hoffnung auf kühlende Bierrunden.

»Lasst die Bildchen zu mir kommen«, spricht der PC zu seinen digitalen Freunden; schon laufen die Fotos ihm scharenweise zu, wobei die Freundschaft allmählich untergeht im zunehmenden Bilderchaos.

Die Wahrheit zu besitzen, ist so gut wie unmöglich. Sie zu ahnen, ist wahrscheinlich – aber zu behaupten, sie zu kennen, ist üblich.

Man stelle sich vor, sich zu ärgern, obwohl es keinen einleuchtenden Grund dazu gibt: Tun wir das nicht ständig?

Auf die Zähne zu beißen, bis die Brücke kracht – das ist es, was dem Zahnarzt Freude macht.

Urlaubserlebnis: Professor Dr. h.c. von Grafenfels schwamm an uns vorüber!

Zugegeben, im seichten Teil der *Hirnsteinsammlung* liegen gedankliche Notdürftigkeit und Notdurft sehr nahe beieinander. Wer nicht darin herumplanschen möchte, sollte schnell ins saubere Tiefe schwimmen und nicht seine Nase dort hineinstecken, wo es ihm stinkt. Das kann und sollte man übrigens auch allgemein so halten.

Neulich hatte ich auf meinen PC eine *Virtualbox* mit dem früheren Betriebssystem unter großem Zeitaufwand installiert. Die Virtualbox machte ihrem Namen alle Ehre, denn heute war sie plötzlich verschwunden, nur ein leeres Anwendungsfenster verriet mir, dass sie ins Nirwana Gassi gegangen ist. Was bleibt, ist Ratlosigkeit und viel Ärger über alles, was sie an realer Vorarbeit spurlos mitgenommen hat.

Was sensationell, modern und gefragt ist, bestimmt die Masse; was wertvoll ist, eine Minderheit.

Da es stets Leute gibt, die eine gegensätzliche Meinung haben, werden solche Ansichten immer polarisieren und auf heftigen Widerstand stoßen. Wer aber die Freiheit der Gedanken nicht aushält, muss sich fragen lassen, ob er als Gedankendiktator gelten will?

Wer es geschafft, gegen sein Ego zu entscheiden, kann einen Sieg über den inneren Schweinehund ins Tagebuch schreiben.

Manche können in ihren inneren Tiefen graben, wo sie wollen, und finden als Grund ihrer Motivation vor allem Geldhunger und Geltungsbedürfnis. Einige stoßen zuverlässig auf Unglück, wo anderen sich Glück zeigt. Schaut man da genauer hin, läuft es aufs Gleiche hinaus: Es liegt auch dort meist der Mammon im Gelde begraben.

Nur ein Narr kann spotten und sich lustig machen über das, was er nicht versteht.

Niemand braucht sich vor einarmigen Banditen zu fürchten, wenn die zweiarmigen sich scharenweise unter uns tummeln.

Gegen menschliche Kälte hilft nur Wärme oder Erduldung.

»Das geht mir auf die Nerven«, so reden doch nur die, welche gar keine haben.

Wie happy müsste ein Auto sein, so es fährt und nicht in der Garage verrostet; um wie viel glücklicher ein Mensch, der vorwärtskommt, obwohl er nur herumsitzt!

Dem Arzneimittel sei Dank, es hat mich erhört, welch kranker Gedanke!

Es gibt wohl kaum einen Ort in der menschlichen Erfahrungswelt, wo sich keine bestochenen Artgenossen wie Schweine im Dreck suhlen.

Wie unheimlich! Wenn Menschen mit schlafwandlerischer Sicherheit ihren Weg gehen, der ins Unglück führt und das sogar auch wissen.

Unbedachtes liegt oft auf der Zunge, ist's gesagt, liegt es wahrscheinlich im Magen.

Die Sorgen des Tages mögen Zwerge sein, aber in schlaflosen Nächten werden sie zu Riesen.

Alle tragen den Keim des Guten in sich, so wie eine Mutter ihr werdendes Kind. Wie jenes sollte auch die gute Saat das Licht der Welt erblicken und nicht vorzeitig abgetrieben werden.

Es gibt nicht allzu viel, was wir verstehen, doch unendlich viel davon, worüber man besserwissend redet.

Soll man denn sein eigener Verräter werden, nur weil man erkannt hat, der innere Schweinehund höchst persönlich zu sein? Ja doch!

Wie oft beginnt ein Leben aus Narretei und wie oft endet es darin!

Die einen reden von Inch, die anderen von Zentimetern und keiner will es gewesen sein, der Zwietracht in die Maße säte.

Wer nicht gelernt hat zu leiden, bleibt eher goldener Armleuchter mit Kerzen, doch ohne Feuer und Licht.

Für den Optimisten zählen die Vorteile des Lebens, für den Pessimisten sind es die Nachteile. Egal, wie man über Vorurteile denkt: Der Pessimist hat recht, wenn es nicht gut läuft im Leben.

Bestürmten dich auch tausend fremde Ratschläge, ihrem Wort zu glauben: Schlage sie aus, wenn auch nur eine Stimme aus dir eindringlich dagegen spricht.

Dieser Mensch lachte noch, aber innerlich weinte er bereits.

Lebensweisheiten sollte man zuerst selbst entwickeln, dann versteht man besser auch solche von anderen. Ach was!, das klappt genauso gut auch umgekehrt, denkt ein Praktiker.

Kritiker sind doch arme Kerle: Wie oft müssen sie sich auf ihr Gefühl verlassen, was ja auch nicht immer das Beste ist.

Bedenke: Von denen, die dich ins Unglück stürzen, holt dich niemand heraus; allein deswegen lohnt sich Standhaftigkeit.

Ist der Mensch ein ewiger Held mit langen Phasen des Vergessens, der sich immer wieder in die Höhle des Drachen wagt – quasi die gleichen Fehler wiederholt?

Häufige logische Folge von nicht können, ist nicht mehr wollen.

Mann und Frau sind gegenläufige Wesen, sie gehen gegen jedes Hindernis eine Verbindung ein, um sich anschließend gegen jede Vernunft wieder zu trennen.

Unzählige Menschen haben kein Dach über dem Kopf und dazu noch einen leeren Magen. Wie kann das nur sein, wenn sogar unsere Autos Garagen besitzen und darin mit vollen Tanks parken?

Kein Schaf könnte uns so dumm angucken wie ein überheblicher, von sich eingenommener Mensch.

Holz ist ein wundervoller Werkstoff, der sogar nachwächst, falls den Bäumen die nötige Zeit gewährt ist. Wie anders verhält sich die Situation bei Holzköpfen! Ihnen ist jedes Wachstum fremd, und alle Zeit der Welt nützte da wenig.

Hinter uns steht immer etwas, auch wenn wir es nicht sehen können, und wäre es am Ende Herr Tod persönlich.

Falls die Texte der *Hirnsteinsammlung* klar und bildlich sind, wäre ein vorrangiges Anliegen erfüllt. Zugleich sollte der Inhalt, wenn immer möglich, einen gewissen Tiefgang besitzen, auch auf die Gefahr hin, dass mancher Gedanke an flacher Küste auf Sand läuft oder gar an felsiger Lesermeinung zerschellt.

Wegen Kleinigkeiten braucht sich niemand zu sorgen, die auch andere für Kleinigkeiten halten.

Bedeutet »umsonst« nicht insgeheim doch einen Preis?

Ein gebogener Dienstrücken entbehrt jeder Geradlinigkeit.

Friedlicher Schlaf der Gerechten? Welch ein Irrtum! Gerade im Schlafe kämpfen sie mit allen Mitteln, gar um Leben und Tod, wozu sie sonst zu feige wären, und wundern sich, wenn sie wie gerädert erwachen.

Quatsch ist Unsinn, das ist bekannt. Aber nicht alle können Unsinn von Einfallsreichtum unterscheiden, ebenso wenig wie sie Papiergeld von echten Werten oder Lüge von Wahrheit zu trennen vermögen.

Die neuen teuren Autoräder drehen sich um ihre Achsen. Unsere Gedanken drehen sich um unser Auto und möglicherweise auch die Gedanken eines nervös gewordenen Kreditsachbearbeiters drehen sich um die ausgebliebene Ratenzahlung.

Ob unsere Welt ein Stück Schmierentheater ist, ein Schwank, vielleicht Operette, Oper oder Komödie – eine Tragödie? Das sollten die Schauspieler doch wissen. Aber schaut man sich um, so sieht man: Jeder spielt etwas anderes. Also ist's ein Narrenhaus!

Eine Stimme, die ernsthaft mit dir spricht, ist mehr als fünfzigtausend Kehlen, die ringsumher johlen.

Ein Drama schreiben? Warum sollte ich mir und anderen das antun? Eine Komödie? Im Ernst, das Leben ist lachhaft genug. Aber Kurztext – ja, das ist mein altes Leiden!

Lebensangst ist Menschenangst – vor was denn sonst hätte man sich so zu fürchten?

Es gibt eine Sorte von Menschen, die gewinnt, weil sie nicht verlieren kann.

Erwarte nicht, dass finstere Gesellen dir den Weg heimleuchten.

Er lügt, sie lügt und es lügt nun auch schon ganz gut.

Hoffnungslos wird unsere Situation, wenn sich die Umstände, welche wir ändern möchten, viel schneller vermehren als jene, die wir ändern konnten. Dann hilft vielleicht die eiserne Regel: das Wichtigste zuerst!

Wer den Wunsch seines Schöpfers ignoriert, der ist und bleibt ein armer Tropf. Welchen Wunsch? Ein wahrhaftiges, liebevolles, hilfsbereites Wesen zu sein und kein hartherziger Brocken oder verlogenes Blendwerk.

Menschen aller Generationen, ich verdanke euch alles! Dass ich bin, was ich bin, meine Heimat, mein Wissen, meinen Berufsweg, den Komfort, die Sicherheit und nicht zuletzt meine Familie – einfach alles. Was kann ich selbst den Menschen dieser Zeit zurückgeben und den künftigen Generationen hinterlassen? Diese offene Frage macht mich betroffen.

Der Sexualtrieb bietet uns die einmalige Chance, etwas zu erschaffen, was man sich sonst zwei Mal überlegen würde.

Wie sagte doch ein kluger Mensch? Eine Wahrheit wird zuerst belacht und verspottet, dann bekämpft und am Ende ist sie eine Selbstverständlichkeit.

Vergeudet seine Zeit und abgelegt die Zwänge – wer damit lebt, der schlägt doch über alle Stränge.

Geht deine Menschenkenntnis so weit, im Mitmenschen das zu sehen, was er tatsächlich ist, dann wundere dich nicht über deine Unbeliebtheit; alles fällt auf dich zurück.

Objektivität taugt nicht für menschliche Maßstäbe; wir machen uns doch viel lieber etwas vor.

Drei Bedeutungen von Schwein: Tier, Mensch und Glück.

Wie unsympathisch! Wer seine sprachliche Gewandtheit als Intelligenzprügel einsetzt.

Der Worte sind genug gedrechselt – Zeit, dass nun der Umgang wechselt!

Wer nicht gibt, wird nicht geliebt.

Eine Menge Übungsschüsse sind nötig, um öfter als andere ins Schwarze zu treffen.

Eine Enttäuschung für alle, die sich auf dem Holzweg befinden: Dort gibt es weder Holz noch sonst was; sie werden leer ausgehen.

Ein wichtiger Grundsatz des Verkäufers lautet: Wer fragt, führt das Gespräch. Ruhig mal ausprobieren, es funktioniert!

Hat ein Radler den anstrengenden Berg vor sich, erhält er Gegenwind häufig als Zugabe. Kommt uns das nicht auch im Alltag bekannt vor, wenn zu allen Schwierigkeiten uns Mitmenschen noch Prügel in den Weg werfen?

Ansprachen und Reden sind ein Leckerbissen für den kritischen Verstand, denn hier kann er sich nach Herzenslust amüsieren.

Die Dummheit von Rednern findet ihr stärkstes Echo in den Dummköpfen.

Verschließe deine Augen niemals vor Abgründen, während du noch gehst.

Beständigkeit gibt es selten beim Wetter und schon gar nicht bei Gefühlen und Stimmungen.

Wo gestritten wird, fällt meist schmutzige Wäsche an. Aber wenn nicht mal versucht wird, diese auch zu waschen, dann sind das eben moralische Ferkel.

Vorwiegend entwickeln sich Gedanken im Entwurfsmodus, und darin bleiben sie doch meist auch hängen.

Hätte man gewusst, was kommt, wäre man dann hier auf Erden? Daraus muss man Lehren für die Zukunft ziehen.

Wenn wir die täglichen Nachrichten mit Begriffen wie Irrsinn und Wahnsinn verknüpfen, dann wird es wieder höchste Zeit, spazieren zu gehen.

Sobald das unverschämte Verhalten einer Person uns aus der Fassung bringt und sprachlos macht, wüsste unsere Hand genau die passende Antwort, doch sie bleibt hoffentlich artig in der Hosentasche.

Müsstest du auf Lebenszeit mit nur zwei Lebensmitteln auskommen – sag, welche wähltest du: Wasser und Brot?

Der Begriff *Pharisäer* ist eher schmeichelhaft, um damit gewisse Zeitgenossen zu charakterisieren; diese grenzenlose Verlogenheit von Gutmenschen, wohin man schaut! Gehört man da nicht manchmal selbst dazu?

Nicht viele Kissen braucht es, um bequem zu sitzen; es ist das eine weiche Polster. Wozu dann maßlos alles haben wollen, wenn es doch gar nichts weiter nützt?

Keine eigene Meinung zu jedem Allerweltsthema zu haben, kann eine Person angenehm von der Naseweisfraktion abheben.

Vielen Leuten macht es offensichtlich nichts aus, sich selbst ins eigne Fleisch zu schneiden, und gar völlig schmerzlos scheint der Schnitt in die Seele zu sein.

Rücksichtslos werden wir doch erst dann, wenn wir unser Auto aus der Garage fahren, nicht wahr?

Wer nicht rechtzeitig einen Sündenbock findet, hat die beste Chance, selbst als Schuldiger zu gelten.

Nur wenige werden dem voyeurhaften Auge einer Filmkamera widerstehen können, und bereitwillig ihrem Blicke folgen, zumal sie bei delikater oder grausamer Handlung gar nicht wegsehen möchten und das TV-Gerät gar nicht abschalten könnten.

Wer ehrlich bemüht ist, alles und jedes zu verstehen, wird leicht blauäugig, denn vieles ist nur blauer Dunst und wird lediglich zur Vernebelung, nicht zum Durchblick, in die Luft geblasen.

Mit eingestreuten Trendwörtern ist es nicht getan, um als trendy zu gelten. Es sollte schon ein Glatzkopf glänzen, darunter der Dreitagebart im coolen Gesicht stehen und wenigstens die Teilnahme an einer Love-Parade angesagt sein. Wenn dann noch die Klamotten stimmen, dann passt's! Zu meiner Zeit waren es der Henkerhaarschnitt, die breiten Koteletten, die Schmalzlocke a la Elvis Presley und die schwarze Nieten-Lederjacke. Ach ja und dazu eisenbeschlagene Schuhabsätze. Rebellion pur!

Das Wetterleuchten in den Gesichtszügen einer ungezügelten Person sollte erstes Warnzeichen zur Verabschiedung und Flucht sein.

Des Diebes Freude – seine Beute. Und sein später Schmerz? Was er sich hat verscherzt.

Eines Pharisäers Sinn verrät sein hoch erhobenes Kinn.

Du kannst zwar jemandem den Spiegel vorhalten, aber erkennen muss sich die Person schon selbst.

Wir verunglimpfen gelegentlich unsere Mitmenschen, ohne es zu bemerken, entrüsten uns aber aufrichtig, wie fies das ist, wenn es andere tun.

Der Tod ist genau der Punkt, wo Torheit oder Vernunft des Lebens die Weichen stellt.

Da plant man eifrig seine Tat, die man am Ende doch nicht tat.

Eine Meinung ist nichts Beständiges und mit einem Bauwerk vergleichbar, das selbst als Festung irgendwann zur Ruine wird.

Schläft das Gewissen, hat der Körper keine Skrupel.

Verwinkelte Gedankenzüge sprechen nicht dafür, wahrhaftig zu sein; die Wahrheit ist geradlinig.

Hat dich Ärger zugemüllt, schaff ab, was dich mit Wut erfüllt.

Das Denken ist im Umfange seiner Fähigkeit begrenzt, aber das Fühlen ist im Herzen frei und grenzenlos.

Ein falscher Standpunkt wird nicht richtiger, wenn er ständig wiederholt wird, aber populär; das sollte man durchschauen.

Eine verstohlene Denke, die ziemlich teuer werden kann, lautet: »Wenn es mir nichts bringt, dann soll auch niemand anders Vorteile haben!« Eben, weil der Gegenwert dessen, was wir anderen verweigern oder nicht gönnen, belastend auf unser außerirdisches Konto geht!

Wie der Einzelne, so hat auch das Volk einen Charakter. Dieser wird natürlich sehr stark durch die junge Generation beeinflusst, die wiederum zuvor vom moralischen Niveau der Erwachsenen geprägt wurde. Alles zusammen zaubert die große Schüssel herbei, aus der gemeinschaftlich zu löffeln beliebt, wie es angerichtet ist.

Ein Irrtum, wer glaubt, Politiker veränderten die Welt. Nein, es sind unser aller Gedanken und Taten. Ihnen entspricht der Zustand dieser Welt.

Ein leerer Terminkalender kann leichter ein erfülltes Leben bewirken als ein überquellender.

Unsere Siege bedeuten häufig die Niederlage eines anderen. Möchten wir die Siege auch feiern, wenn uns klar wäre, wie das zeitlose Gesetz der Gerechtigkeit einen Rollentausch ausnahmslos von uns einfordern wird?

Gewohnheitslügen sind Mord auf Raten an der eigenen Persönlichkeit.

Moralisten sind wir zwar im Grunde irgendwie doch alle, aber dafür zu schämen haben sich die anderen, diese Scheinheiligen!

Wer ernst genommen werden will, sollte eigentlich ernsthaft bleiben; Glaubwürdigkeit ist schnell verblödelt.

Beinahe alles ist relativ, was unsere Einschätzung anderen gegenüber betrifft. Weil wir selber meist unbewusst als Maßstab dienen, wenn wir urteilen, wie gut oder schlecht, wie schlau oder dumm, wie reich oder arm, et cetera, der, die oder jene sind.

Das Unsichtbare, unser Denken tragen wir inwendig, es macht uns zu dem, was wir in Wirklichkeit sind; das Sichtbare, unser körperhafter Anschein, kann darüber hinwegtäuschen, was uns innerlich bewegt; wir agieren dann als Schauspieler.

Des Genießers freier Sinn führt am Ende nirgends hin.

Das Alter hat nichts zu verschenken: Was du nicht mitbringst, bekommst du auch nicht von ihm.

Da überreichte man freundlichst seine Visitenkarte als Einladung zur Kontaktpflege und wäre froh, wenn sie rasch verloren ginge.

Bekanntlich ist es nie zu spät – aber hat man dann noch die Kraft, etwas zu ändern?

Der Angeklagte antwortete durch die Blume:
»Ich habe Ihre Vorschriften doch längst gefressen und gebe sie erst her, wenn ich muss!« Da zuckte die Hand des Richters zur Faust zusammen.

Du musst nicht alles bedenken, was dir so in den Sinn kommt: Du solltest aber beständig darüber nachsinnen, wonach du im Herzen trachtest.

Vieles wäre wünschenswert und wunderbar – doch Mensch vertraue deinem Gefühl: Alles hat seinen Preis, und der ist üblich stark überhöht; sei deshalb knauserig bei deinen Wünschen, denn das macht dich auf andere Weise reich!

Rätselfrage: Jemand hat zweihundert Hände zu schütteln. Wann wird die Person sich die Hände waschen – vorher, nachher oder weder noch?

Mach kein Gerede über ungelegte Eier; zeige sie her, wenn sie da sind.

Der Mensch formt die Erde nach seinem Willen, bis die Erde den Menschen zu sich macht.

Beneidet nicht die Reichen; in Wahrheit sind sie arm.

Damit uns nichts passiert, hilft der richtige Gummi: Profile für den Sommer, für den Winter – mit einem Wort: Verkehrssicherheit!

Menschliche Größe wäre verwerflich, wenn darin nicht auch ein Verständnis für das Kleine und Schwache Platz fände.

Eine Person, die sich an Mobbing beteiligt, offenbart auch, wie sehr sie sich damit selbst verletzt: Die sprichwörtlichen Höllenhunde werden die Witterung der Verwundung aufnehmen und sie ebenso unbarmherzig hetzen wie sie ihren Mitmenschen.

Den Wunsch nach einem sorgenfreien Leben schleppt doch ein jeder wie schweren Ballast sein Lebtag mit sich herum. Dabei wäre es doch viel leichter, ihn einfach fallen zu lassen, zumal sich dieses Bedürfnis doch nur für sehr wenige Menschen erfüllt.

Eine Sammelleidenschaft gleicht der Völlerei, wo ja auch alles reingeschaufelt wird, bis der Platz zu eng wird.

Unzählige Maulwurfshügel sprießen wie Pusteln aus der Wiese, und mancher Spaziergänger mag sich fragen, welches Tierchen gelegentlich unter seiner Haut gräbt und diese unschönen Pickel aufwirft?

Der Mensch gleicht in seiner Persönlichkeit einer riesigen Ansammlung von unterschiedlichen Mosaiksteinchen. Es kommt ganz darauf an, wie wir das Mosaik anordnen, um ein Menschenbild zu sehen, wie wir es sehen möchten.

Geothermie, die Erdwärme, wird uns Wärme ins Haus bringen. Ob sich jemals menschliche Wärme vorbehaltlos aus den Herzen gewinnen lässt?

Sie mochte keine Blumen im Garten, falls die nicht zu ihr hinschauten, wenn sie auf der Terrasse saß. Die Osterglocken zum Beispiel hatte sie herausgenommen, weil die alle nach Süden, zum Nachbarn hinüber guckten und ihr den Rücken kehrten.

Gelegentlich zu beobachten, wie intelligente und gebildete Leute nicht Wichtiges von Unwichtigem unterscheiden können oder wollen. Darin gleichen sie Dummköpfen, denen solche Abgrenzung ein Geheimnis bleibt.

Nicht nur ein Machtmensch schätzt das Registerziehen. Wir alle ziehen doch gerne an den Hebeln unserer Möglichkeiten! Gemeint sind die Hebelchen für Einflussnahme, Bevormundung, Vorteilsnahme und wie sie alle heißen.

Wer eifrig Feindschaft schürt, auch der kann sich verbrennen.

Eine millionenschwere Erpressung ist etwas Widerwärtiges; doch wer fragt danach, was beim Erpressten alles vorausging und sie in dieser Höhe möglich wurde?

Eine Menge Leute tragen lieber angenehm sitzende Scheuklappen, als sich dem Schock auszusetzen, den sie unweigerlich beim Abnehmen der Sichtbegrenzer bekämen.

Man redet sich gerne ein, mit beiden Beinen fest im Leben zu stehen. Taumeln wir aber nicht eher inmitten eines kraftvoll strömenden Lebensflusses, und der sichere Stand ist Selbsttäuschung?

Mord und Totschlag zur Unterhaltung rund um die Uhr auf beinahe allen Kanälen. Wessen Geistes Kind erfreut das, und welche Leute arbeiten an der Verbreitung dieser Verderbnis? Und als reichte dies nicht aus, flimmern alltäglich die realen kriminellen und militärischen Ungeheuerlichkeiten ins Gemüt. Wo befinden wir uns eigentlich?

Der Tacho zeigt uns an, wie schnell wir fahren; der verplante Kalender, wie schnell wir leben.

Für alle Lebenslagen gilt: Tun oder lassen, bleiben oder gehen; man hat die Wahl und muss das Wählen nur verstehen.

Was man erzwingt – meist nicht gelingt.

Ein Haus altert mit seinen Besitzern. Diese können zwar die Immobilie abstoßen und sich unter Umständen neue Wände leisten. Sie selbst aber bleiben dem Altwerden ausgeliefert. Wenn sie eines Tages nicht mehr in der Lage sind, ihre Möbel im Hause zu verschieben, könnten sie, falls nötig, immer noch ihre inneren Einstellungen zum Guten hin verrücken. Allerhöchste Zeit ist es dann.

Einer Münze gleich, besitzt unser Leben ebenso zwei Seiten, geprägt von Gut und Böse. Unterdrückt die Person beispielsweise gewaltsam die Wahrheit, kommt die satanische Seite zum Vorschein.

Stets dem Guten zugewandt, dem Bösen nie, so spricht in uns die Theorie.

Erkenntnisse fallen nicht vom Himmel, sie wachsen im Alltag.

Dieser elende Schwätzer! Einer, der einem beim Gehen die Schuhe abschwatzt.

In Ahnungslosigkeit zu leben, ist so bedenklich wie unentwegte Überinformation. Beides ähnelt in der Wirkung dem Essen. Regiert Schmalhans Küchenmeister, kommt einer zu kurz, er fällt vom Fleisch. Aber wer schlemmt und sich mit Leckereien vollstopft, der gerät ins Fett; eine Mastgans kann davon ein Lied schnattern.

Da lachte auch die trockene Ärztin bei der Visite, als der gerettete Infarktpatient nach Kenntnisnahme seiner guten Blutwerte erstaunt kommentierte:
»Na, so was, damit wär ich ja ein kerngesunder Leichnam gewesen!«

Für alles gibt es Ausreden, die plausibelsten sind manchmal die infamsten.

Da ist jemand schuldig und erwartet insgeheim seine Verurteilung. Die Person kämpft aber dennoch mit Unschuldsfassade vor Gericht mit allen Mitteln um den Freispruch, ja scheut nicht einmal den Meineid. Wird sie tatsächlich für unschuldig erklärt, ist die Schuld noch um vieles größer geworden: vor dem eigenen Gewissen und allen guten Geistern des Universums. Diese denkwürdige Art von Gericht gibt es nur hier auf Erden unter seinen seelenblinden Bewohnern.

Streit mit Dummköpfen lohnt nicht, es gibt nicht viel zu gewinnen.

Nicht alles, was in Zeiten von künstlicher Intelligenz auf OFF geschaltet ist, wird sich so verhalten, wie du das erwartest.

Der beste Rat ist wie Butter aus dem Kühlschrank: im Augenblick doch viel zu hart.

Was gäbe es noch viel zu berichten, wenn die negativen Nachrichten ausblieben? Und was wüsste man selber im privaten Umfeld dann zu erzählen? Vermutlich nur wenig.

Denken allein befähigt nicht zur Liebe, dazugehört das Fühlen; ebenso verhält es mit dem Hass. Man unterschätze nicht die mindest ebenbürtige Kraft des Herzens neben seinem Verstand.

Diese Welt ist nur so schön, wie man sie sehen darf oder muss, aber selten so, wie man sie sehen will.

Es scheint so einfach: Nur zwei Seiten gibt es zu bedenken: die dunkle und die helle – die hässliche, die schöne – die laute, die stille – die herzlose, die empfindsame – und noch Tausende andere Seiten.

Das beliebte Zeugen am Anfang, und das unerbittliche Beugen am Ende, sind die Grundpfeiler des Lebens.

Nicht nur viele Köche verderben den Brei, auch zu viele Trompeter verderben den Ton. Vor allem, wenn Leute in Gesprächsrunden wie Trompeter lauthals ihre Argumente schmettern.

Eine wackelige Hütte verlangt einen standfesten Handwerker.

Das argwöhnische Prüfen auf den Wahrheitsgehalt gehört ohne Frage zu den angestammten Spezialkenntnissen jedes Verlogenen.

Ein törichter Mensch verzichtet nicht aus Einsicht auf sein närrisches Tun, sondern bemüht sich im Gegenteil darum, die Narretei effektiver zu betreiben. Anstatt dem Schwachsinn weniger Aufmerksamkeit zu schenken, verschwendet er noch mehr Zeit, im irren Glauben, es nun endlich richtig zu machen.

Nach einer langen Schlechtwetterphase erwarten viele sehnlich das Schönwetter. Auch nach unserer zweifelhaften Erfahrung mit den Gutmenschen werden Sehnsüchte wach: doch Vorsicht! Die Schlechtmenschen stehen bereits in den Startlöchern; nur auf Normalmenschen lohnt es sich, die Hoffnung richten.

Was sind das nur für Menschen, die ihren Leibkoch enthaupten lassen, wegen einer misslungenen Mahlzeit? Und was sind solche, die ein ganzes Volk auszurotten versuchen, um ihrer Laune und des eigenen Vorteils willen? Richtig: Es sind im Kern bedauerliche Wesen, denn diese menschlichen Bestien haben einen noch unübersehbar langen, leid- und schmerzvollen Weg der Läuterung vor sich. Dieser Weg ist unabwendbar zu gehen.

Ein alter Steuermann kann sein Lebensschiff nicht mehr mit der Leichtigkeit herumreißen, wie es ein junger, kräftiger Matrose vermöchte.

Nicht der eingeschlagene Weg ist maßgebend, entscheidend ist das angestrebte und erreichte Ziel.

Grandios, wie selbstherrlich das Leben spielen kann, wenn jemand in entsprechende Kreise hineingeboren wird.

Schöntun kann besonders gut, wer auch die Garstigkeit beherrscht.

Bei Nebel ist der Abgrund unsichtbar; mehr als nützlich, diesen gut zu kennen.

Für dich persönlich ist nur DEIN Welt- und Gottesbild entscheidend, genauso, wie nur DEIN eigenes Geld maßgeblich ist für deinen Wohlstand.

Die Gottheit selbst möchte uns ins Ohr flüstern: »Zeige mir einen wertlosen Menschen, und du bekommst es mit MIR zu tun!«

Unser Umfeld beeinflusst und relativiert ständig unsere Entscheidungen, sodass wir einen zuverlässigen Kompass benötigen. Der sollte uns auf Spur halten, indem wir immer so handeln, wie wir es vor Gott, unserem Gewissen und der Welt verantworten können.

Über den Erdkreis erschallt fortwährend der Ruf nach Vernünftigen wie nach Narren. Es hängt nur davon ab, wer welchem Ruf folgt.

Hast du Frevelhaftes angenommen, wird am End dein Geist verkommen.

Der Mensch ist schon ein kompliziertes Geschöpf: Er versucht, das Erdreich zu erobern, und gleichzeitig buhlt er um das Himmelreich. Weiß er denn nicht, dass sich dies nicht verträgt? Es gilt das Entweder-oder.

Viel Schnee von gestern kann im Laufe einer Föhnnacht zur reißenden Flut von morgen werden. Ebenso könnte aus unverbrüchlicher Freundschaft unbändiger Hass werden. Die Flut aber geht vorüber, der Hass leider bleibt.

Die Höhe des Bierschaumes im Maßkrug sagt noch nichts über die Menge des Bieres, die er enthält. Im Glaskrug ist das für den Gast erkennbar. Im Tonkrug aber drängt sich immer die Vertrauensfrage auf, die man auch bei undurchsichtigen Menschen stellen kann: Ist da nur viel Schaum?

Das Radieren ist im erweiterten Verständnis eine wundervolle Sache. Es lässt etwas verschwinden, was wir inzwischen so nicht mehr wollen. Allerdings gelingt das nur, wenn die ursprüngliche Fixierung sich mit der beabsichtigten Änderung verträgt, also kein Hindernis beim Radieren darstellt. Oder bildlich gesagt: Wer selbstsicher mit Tusche begann, dem wird das Radieren nicht helfen. Vieles spricht auch beim mitmenschlichen Umgang für den weichen Bleistift, dann lässt sich eben manches noch korrigieren.

Prüfe, woher deine Sorgen kommen! Entstammen sie einer sorgenvollen Umgebung, dann suche Zuflucht in dir. Gründen sie in dir, wage die Flucht nach draußen.

Was der Mensch anrichtet, wird er auch auskosten, ob es schmeckt oder nicht.

Hass lässt sich nicht durch Kampf auflösen, aber durch Zuneigung zumindest in Sympathie verwandeln.

Wer sind eigentlich die verschatteten Geister, die in unserer TV-Zeitschrift (Funk-Uhr) die Bewertungssterne für die Spielfilme vergeben? Es prüfe, der auch prüfen kann, und wers nicht kann, lass andre ran!

Nur raffend und vermehrend, ist das der Lebenszweck? Oh, wie verheerend!

Ja klar, es gibt solche und solche – und solche von denen, das sind die schlimmsten!

Eine respektable Fassade vor ein heruntergekommenes Objekt gesetzt, erzeugt Unbehagen beim Betrachter, zumal wenn das vorgegaukelte Subjekt ein menschliches Gegenüber ist.

Simpel, wie von Gott der Mensch gemessen: an Gedanken, Worten, Werken!

Wer auf halbem Wege aufgeben kann, ist ein kluger Mensch, sofern er auf einen besseren wechseln will.

»Elektrorad ist guter Rat«, sprach der Berg zum Strampler.

Sich schwerzutun, heißt doch auch, dass man es sich nicht leicht macht?

Im Grunde abhängig von allem, und dennoch der Illusion verhaftet, unabhängig zu sein, das gelingt nur dem Zweibein.

Unverzüglich reichen wir jenen kostbaren Spiegel, in dem wir unsere eigenen Fehler erkennen sollten, mit kerniger Aufforderung an andere weiter.

Zwar besitzt ein altes Haus den Charme der Jahre, ein neues aber die Chance auf besseres Wohnen.

Eilen deine Tage schneller dahin? Kommt dir der Alltag schwerfälliger vor? Verstreichen manche Nächte schlaflos? Erscheint das Umfeld unerträglich? – Dann ist Wendezeit! Kehre dich um, das Innerste nach außen. Du kennst das Leben aus früher Erfahrung: erinnere dich! Beweise dir, wie langsam ein Tag vergehen kann, wie die Nacht deinen Geist zu erfrischen vermag und die Welt tagtäglich interessanter wird. Trage dazu bei, dass es nochmals so ist, dann erfährst du wieder froh gestimmte Zeiten.

Der Maximierungswahn sogenannter Erfolgsmenschen endet nicht selten am frühen Grab, denn jeder Wahn ist noch lebensgefährlicher als das Leben an sich.

Unsere Auftritte kommen und gehen im großen Weltentheater: Dem Hochmütigen folgt die Rolle des Untertanen im Laufe der unbegrenzten Spielzeiten. Gut, wer den Bühnenausgang finden kann.

Das Richtige zur Gewohnheit zu machen, ist das Geheimnis des Erfolges. Nach dem Motto: Zur Gewohnheit gemacht, wird Großes vollbracht!

Auf dem Totenlager werden einem gewiss reichlich gute und weise Gedanken kommen, nur fehlt dann eben die Zeit sie umzusetzen, was heißt: Alles ist beizeiten zu tun, was getan werden kann.

Mitmenschliche Gemeinsamkeiten? Der eine geht unbemerkt dahin, der andere dorthin. Viele begegnen sich aus dieser Sicht also nie wieder. Ihr Gemeinsames ist folglich die Trennung, falls man den Mut aufbringt, das nüchtern anzusehen.

Eine Gefahr wird verharmlost, wenn man sie leichtfertig unterschätzt; darin liegt die eigentliche Gefahr für die Unverbesserlichen.

Als Mehrheit und einer Meinung fühlen sich immer welche, dennoch fehlen die meisten, die Stillen im Lande!

Drangsaliere nie deinen Willen, damit er nicht aufhört, zu wollen.

Welch kurioses Tier wohl ein *Lackaffe* ist?, fragt sich der Normalmensch. Er denkt an Schuhwerk aus Lackleder, an Frack, Fliege, weiße Handschuhe und Zylinder. Das ist aber nur Oberflächliches, die Mode wechselt bekanntlich. Aber die Eitelkeit, das Geltungsbedürfnis, Überheblichkeit und Besserwisserei, auch gespielte Loyalität zum Eigennutz, solches bleibt für alle Menschenkenner die innere Montur eines echten Lackaffen.

Von früh bis spät sind wir von Negativem umgeben, Positives erscheint als Rarität. Also sind wir gut beraten, Negatives aus unserem Umfeld zu verbannen. Kann das gelingen, wenn auch wir selbst von unseren Mitmenschen sehr negativ gesehen werden?

Vorwurf meiner Frau: »Du bist nicht mehr aktuell! Wenn du den Nachbarkindern nur einen Euro für das Eis geben willst, die lachen dich doch aus: Eine Kugel kostet einen Euro, Kinder wollen zwei Kugeln!«
»Also zwei Euro soll ich jedem geben für das Eis? Das sind je vier Mark für ein Nascherchen! Himmel, noch mal! Wir bekamen zehn Pfennige damals und kauften für ein grünes Fünfpfennig-Scheinchen eine üppige Waffel Vanilleeis. Das reichte sogar, um aufeinander loszuspucken. Der Rest kam ins Sparschwein.«

»Verflixt und zugenäht!« – das muss ein Arztspruch sein! Ratlosigkeit bei der Operation, dann schnell wieder vernäht …

Ärztliche Kunst könnte auch darin bestehen, die Krankheit in der Schwebe zu halten.

Jemand kann auch krank sein, der sich für gesund hält und gar nicht wissen will, was ihm fehlt. Genauso gut kann der Hypochonder kerngesund sein.

Hält das Leben harte Kost für dich bereit, brauchst du ein gutes Gebiss. Doch bedenke, allemal besser ist es, etwas Essbares zwischen den Zähnen zu haben als nur die vage Hoffnung auf Delikates.

Wäre uns bekannt, wer wir als Wesenheit wirklich sind, verliefe unser Leben dann anders? Nein, keinen Deut! Erkennt sich der Brave, findet er sich bestätigt; erkennt sich der Lump, wird er ihm gerecht.

Die Meinungen der Leute sind wie Sandkörner in der Wüste. Sie bilden interessante Strukturen, häufen sich gleich Dünen zu Mehrheiten, sind aber, wie der Wüstensand, ständig in Bewegung. Wer sich dorthin verirrt, ist in Gefahr.

Des Reichen Los muss dereinst die Armut sein, so sicher wie die Nacht dem Tage folgt.

Wie unverfroren! Unsereins den Spiegel vorzuhalten, wo wir doch am besten wissen, was wir sind. Also betrachten wir dies als freundliche Erinnerung, man vergisst doch so leicht.

Bescheidenheit, Fleiß und Können sind die Waffen des kleinen Mannes; Hochmut, Überheblichkeit jedoch sind die des kleinen Menschen.

Unsere Welt ist voller Kälte, Zorn, Hass und Gewalt. Gründe genug also, um radikale Kritik zu üben. Doch nicht Kritik wird die Menschen bessern, nur Herzensgüte und menschliche Wärme – kurz, ein strahlendes Vorbild kann Umkehr bewirken.

Der Bodybuilder widmet seine ganze Kraft und Aufmerksamkeit dem Körper. Weniger bekannt ist die Abrichtung und Stählung des Verstandes, was für den Außenstehenden keinen minder abstoßenden Eindruck hinterlassen kann. Wie der Körper zum Muskelmonster mutiert, verkommt der Geist zum Gespenst, wenn er auf Unnachgiebigkeit und brutale Härte trainiert ist.

»Für mich sind alle Menschen gleich – räusper, aber Tiere sind mir lieber«, das sagte im Herbst 2015 die Dame beim Passanteninterview zum Thema Flüchtlingsflut.

Ist der Standpunkt unter den Füßen zu klein, lässt sich nicht sagen, ob wir einen Blender vor uns haben, der gar keinen hat. Ein Standpunkt sollte groß genug sein, damit ein jeder sehen kann, worauf man steht.

Ohne Freude hat es die Liebe schwer.

Aus aggressiven Gedanken benutze den Notausstieg: Spaziergang!

Kein Meister wird den dauerhaften Anfänger schätzen; er erwartet Fortschritte! So betrachtet, dürfte das auch unser göttlicher Meister sehen.

Wer sich nicht entscheiden kann, wird sein eigener Hofnarr.

Dutzend Gründe mag es geben, doch einer ist für dich entscheidend, und den solltest du kennen.

Die Paraden der Unsinnigkeiten genießt man am besten geistesabwesend.

Ein Geschenk bleibt häufig solange Geschenk, bis es jemandem gefällt.

Zwischen zwei Stühle sollte sich niemand setzen, besser verlässt man die Runde.

Ehre und Geiz – was für eine arglistige Mixtur! Im Wortverbund des Ehrgeizes kann man auf solchem Gebräu massenhaft Lorbeerkränze schwimmen sehen.

Narrhalla ist die freundlichste Zustandsbezeichnung für diese Welt.

Etwas kann so schlimm sein, dass man es zum Trost halbiert und es halb so schlimm zu nennen pflegt.

Probleme? »Ich komme nicht weiter, wenn es so weitergeht!« Hallo – eine Umkehr ist oft gar nicht nötig, es genügt manchmal sogar ein winzig kleiner Richtungswechsel.

Wie können sich Menschen doch glücklich schätzen, wenn sie aus dem Morast ihres Alltags heraus zu Trittplatten gefunden haben und jetzt auf gutem Wege sind. Im Gegensatz zu jenen, die den Asphalt verließen und nun im Lebenssumpf zu versinken drohen.

Nur wer hoch genug aufsteigt, kann entsprechend tief fallen.

Auf die Plätze – fertig – los! Geradeso wird uns oft geraten: »Lebe dein Leben!« Eine solche Floskel bringt uns nicht weiter, auch mit einem Blitzstart und dem Davonlaufen ist es nicht getan.

Ein seltener Fall ist es allemal, wenn jemand Gewaltanwendung wider sich akzeptiert und er deshalb auch solche gegen andere fordert.

Ja, springen können sie, die Zweibeiner!, aber nicht über ihren Schatten und nur selten über ihre Vorurteile.

Mancher trägt sein Renommee herum wie den Frack zum Galadinner. Doch so wenig sich die Filets um den Frack scheren, sollten die Leute es mit dem Glorienschein dieser Selbstdarsteller halten.

Gibt es nützliche Idioten, werden auch unnütze Schufte existieren, die sie ausbeuten.

Ist ein schlimmer Tag zu Ende gegangen, sei dankbar: Der kommt nicht wieder!

Ein dicker Bauch verrät sein Hobby.

Der Mensch setzt jede Menge Lebenskraft ein, seine Ziele zu erreichen. Hat er sich auf unredliche Weise durchgeboxt, dann ist womöglich ein noch größeres Quantum Energie nötig, um seine Entscheidungen ständig vor sich zu rechtfertigen. Weshalb? Wenn etwa größte Zweifel an den moralischen Umständen bestehen: Dieser Zustand lässt sich mit dem Begriff *Gewissensbisse* beschreiben.

Rasch einschlafen zu können, ist eine wunderbare Gabe, die nur jemand wertschätzen kann, dem das nicht gelingen will.

Nichts da! Nach einem solchen Tage gibt es nichts mehr zu sagen, man will nur noch zu Bett gehen; Menschheit, habe Geduld mit mir bis morgen!

Nicht wenige neigen dazu, sich gering zu schätzen. Doch wie ist dies vor dem Hintergrund zu sehen, dass wir alle durch Gottes Willen ins Leben berufen sind?

Der Maßanzug für Dummheit ist Überheblichkeit.

Schwindel ist einerseits raffiniertes Theater, zum anderen ernstes Krankheitszeichen, wenn der Betroffene deswegen stürzt.

Die Lieblingskleidung moderner Sklaven sind Jeans, also Mistknechthosen; das gefällt den Elitären.

Wohnen gegenläufige extreme Ideologien unter einem Dach, liegt vermutlich eines Tages das Haus in Trümmern oder es geht in Flammen auf, gelegentlich werden auch die Leiber zerfetzt. Vergleichbar Schlimmes ist zu erwarten, wenn gewaltbereite, gegeneinander gerichtete Psychen in der Brust eines Menschen hausen.

Wie die Jugend, so färbt auch das Alter auf die ab, die damit Umgang haben.

Das Leben geht an uns vorbei, und die meisten laufen ihm dann hinterher.

»Gesundheit, Glück und Lebertran, wünscht Ihnen Dr. Kilian!«

Sexuelle Abartigkeiten sind im Grunde Brüskierungen des Schöpfers, auch wenn man sich dessen nicht bewusst ist.

O Mensch, hüte dich, deine Notdurft in freier Natur zu verrichten: Die Auflösung der Weltraumoptiken wird immer besser! Weshalb denn sonst kreist das Weltraumlabor um die Erde? Beobachtung!, lautet die Devise.

Eine Gruppierung, die Mensch und Welt zu beherrschen versucht, benötigt lange Zeiträume und unendlich viel Geld. Zeige also Verständnis dafür, wenn sie tatsächlich probieren, es sich auf jede erdenkliche Weise zu nehmen, um ihren Plan hartnäckig über Generationen hinweg zu verfolgen, auch wenn es über Leichen geht. Das ist purer Sarkasmus und kein Mitgefühl!

Krankheiten und Nachbarn kann man sich nicht aussuchen.

Im Gebirge – ein Todes-Fall in Halbschuhen.

Mit schönen Worten und Firlefanz von A bis Z fängt man Leute und stiehlt ihnen wertvolle Zeit.

Zwischen zwei Übeln wähle keines.

B1 – Natur – Umwelt & Katastrophe

Die Natur tritt immer in Vorleistung, nichts geschähe ohne sie.

Tierfreund und Gourmet betrachten eine schnatternde Gans aus einem ähnlichen Blickwinkel: Beide mögen das Tier, der eine hat es sogar zum essen gern.

Tierweisheit: Aufs Anfüttern folgt der Schuss.

Könnten Tiere sprechen, bekäme der Mensch ziemlich Unerfreuliches zu hören.

Das Eichhörnchen weiß: Es ist nicht viel, was ich vorm Winter sammle, trotzdem kann ich große Sprünge machen und es reicht fürs Überleben.

»Götter seid ihr für uns, unbarmherzige und brutale Götter, pfui! Wir verachten und fürchten euch«, so denken Tiere über uns Menschen.

Tiere werden im großen Prozess des Menschen gewiss keine unbedeutenden Nebenkläger sein.

Wenn du den Vogel nicht hörst, pfeift er nur für die anderen, und wenn du ihn hörst, dann pfeift er auch für dich.

Betrachte Mensch und Tier: Sollte der Schöpfer das Tier mit weniger Liebe und Vorsorge geschaffen haben? Wer das denkt, bleibt zumindest den Beweis seiner vorrangigen Menschlichkeit schuldig.

Als führten sie einen Kalender, sitzen die Vögel wieder pünktlich um den Platz herum, wo ihr Futterhaus wie jedes Jahr aufgestellt werden wird. Ist es endlich da, warten sie im leeren Häuschen und sagen mir klipp und klar, was nun zu tun ist.

Bevor der Vogel den Schnabel auftut, sollte er ein Liedchen parat haben, denn ärgerlich ist es, wenn er nur quietscht, wie ein ungeschmiertes Wagenrad.

Zeigen wir einem Kind die Krume eines umgepflügten Ackers und erklären ihm, dass daraus unser tägliches Brot wächst. Während wir wissend lächeln, wird das Kind stumm und ernst nicken, aber es nicht verstehen. Haben wir es begriffen? Unsere Zukunft reift in uns wie eine Saat. Wir werden staunen und es nicht verstehen, was mit uns geschieht.

Das Recht auf Leben soll ein Naturrecht sein? Gewiss, solange wir nicht zwischen Krokodilzähnen stecken. Das Tier hat das *Naturrecht* auf seiner Seite, es frisst, um zu überleben. Daran ist zu sehen, wie wenig Verlass auf Mutter Natur ist. Man verwechsle das Naturgesetz nicht mit Gottes Gesetz! Für den Menschen gilt das Gebot: Du sollst nicht töten!

Zoologe Professor Grzimek sagte einmal in einem Film, dass ein Kannibale, der Menschen isst, im Prinzip der Natur vernünftiger handelt, als jemand, der seine Mitmenschen wegen ihrer Religion oder Nationalität tötet.

Gefiederter Freund im Wald, auf eiserstarrtem Zweig, was pfeifst du auf den Winter?

Schnee – geh! Sonne – komme!

Ein Gockel hat mehr vom Tag als unsereiner, nicht etwa, weil er früher auf den Beinen ist; er hat einfach den besseren Job!

Dem Tierreich ist es wohl vertraut: Der Mensch an sich ist auch versaut.

Es ist zum Schämen! Du stehst vor den beiden jungen Obstbäumchen und bewunderst, wie überreichlich Frucht sie tragen; fragst dich vorwurfsvoll, welche Früchte du selbst in deinem Lebensjahr hättest hervorbringen können?

Gehe in den Garten und frage die Erde, woher sie nimmt, was sie dir schenkt.

Welche Pflanze könnte behaupten, Menschen seien zu ihr höflich? Vielleicht einige Zimmerpflanzen.

Blumenschnitt bedeutet Tod und doch ist's eine Freude für das Auge.

Eine Viehweide ist zugleich Speisekammer und Arzneischrank des Rindviehs. Der Mensch aber macht sich durch falsche Ernährung krank und trägt lieber sein Scherflein in die Apotheke.

Immer, wenn die Natur eine hässliche Fasson trägt, war das Zweibein ihr Friseur.

Winzige Ameisen beobachtet, die bei Sonnenschein, in Scharen aus der Gartenwiese kommend, zielstrebig ins Gebäude liefen und bereits vier Stunden vor dem Sturzregen Schutz suchten.

Wenn wir die Natur so schön empfinden, kann das doch nur daran liegen, dass sowohl der Schöpfer als auch der Mensch einen sehr guten Geschmack besitzen.

Die Gepflogenheit der Natur verrät, was der Tod wirklich bedeutet: Überall, wohin man sieht – ein flüchtiges Leben, gleich einem leer gefahrenen Tank, der wieder aufgefüllt wird aus scheinbar unerschöpflichen Beständen. Planen wir ruhig eine ausgiebige Reise ein.

Auch im Stein ist Geist gebunden, und wer ihn verkörpert, ist ausgemachte Sache – oder etwa nicht?

Frage das Wasser, woher es kommt. Es sagt:
Ich schwebte über der Erde.
Frage die Wolke, woher sie kommt. Sie sagt:
Ich stieg aus unergründlichen Ozeanen.
Nun frage den Menschen, woher er kommt.

Seit ich erfahren durfte, wie schwer doch Wolken sein können, da sie mit dem Gewicht von Elefanten verglichen wurden, sehe ich in düsteren Gewitterwolken regelrecht Elefantenherden über meinen Kopf dahinziehen, und ich werde dieses Gedankenbild nicht mehr los – Hilfe! – heute war das Getrampel besonders schlimm.

Bäume verdanken ihre Standfestigkeit ihren Wurzeln im Erdreich. Der Mensch bezieht dagegen seinen Halt aus geistigen Wurzeln. Es lohnt, sich ihrer bewusst zu werden, und nötigenfalls lassen sich solche auch nachträglich noch entwickeln oder verstärken.

Möchte man nicht die Obstbäume im Garten beneiden, wenn sie pünktlich zur Erntezeit wohlschmeckende Früchte tragen und einem sein eigenes Versäumnis Jahr um Jahr erneut demonstrieren?

Mit Sicherheit verfügt auch jedes Tier über eine Art von Verständigung im Rahmen seiner notwendigen Mitteilungsbedürfnisse, und auch unter ihnen mag es sowohl eher schweigsame als auch mitteilsame Wesen geben.

Auf jener herrlichen Waldlichtung kann einer die dicht aneinander gedrängten Fichtenschösslinge in ihrer Bedrängnis streiten und zetern hören:
»Verschwinde! Das ist mein Platz. Ich war zuerst da!«
»Ach was, scher dich zum Kuckuck! Ich bin größer als du, also mach dich gefälligst dünn – oder besser – verdörre!« Ein kleiner zerzauster, unansehnlicher Ableger schreit: »Ich werde gleich die Rehe herbeirufen, die sollen euch alle so anfressen wie mich, dann werdet ihr schon still sein!« Der Wanderer konnte es nicht mehr ertragen, ihm kam das alles sehr bekannt vor, und er suchte frustriert das Weite.

Während ich auf rutschiges Wurzelwerk achte, haut mir so ein Zweig eins vor die Brillengläser. Ich könnte den Bäumling dafür ausreißen, doch das ist gerade nichts für meine wehleidigen Bandscheiben, was mich aber trotzdem nicht daran hindert, mich ständig mit allerlei anderen Dingen zu überheben.

Ups, eben flog mir von hinten ein sportlicher Kunstflieger durchs spazierende Gehwerk: Der kleine Käfer mit seinen knallroten Flügeln schien mir zu grinsen, als er zackig abdrehte und rasant ins frische Grün der Buchen hochzog. Ich ahne, ihn hatten meine Sportschuhe amüsiert, die er im Tiefflug gewiss im Visier hatte. Sie glichen nämlich der Farbe seiner Flügel und tragen auch meine Sportlichkeit, zumindest optisch, ungemein attraktiv über den Waldboden.

Ein Silberfischchen hätte mich zwar nicht gestört, doch weil es sich so stark vermehrt, drum habe ich es doch zerstört.

Dem kleinen Vogel genügt der Zweig; der große Vogel braucht den Ast.

Wer sagt's denn, dass Amseln einfallsreicher beim Gesang sind, als die Menschen im Gerede.

Im Tiere tief verborgen sitzt – ein Kern, aus dem du selbst auch bist.

»Sieh nur«, sagte das Kind, »wie gemein die Amsel eine andere verfolgt und sie dauernd verjagen will.«
»Ja – und hinge ihr ein Revolver um den Hals, hätte sie schon längst auf den Rivalen losgeballert«, schimpfte der Vater.

Die Freude in der Welt glänzt wie ein Buchenblatt im grünenden Frühling, doch bereits vorgezeichnet ist sein Los des Vergehens im Herbst.

Der Frühling steht vor meiner Türe, und als ich endlich öffne, ist er schon wieder fort.

Begreifen kann man das Wunder einer Frucht nur schwer, es genügt aber das Verständnis, sie zu *ergreifen* und in Dankbarkeit zu essen.

Während unsereiner zufrieden aus den Federn schnarcht, piepst der Vogelnachwuchs ängstlich im sturmumbrausten Nest, drängt eng sich aneinander, sobald die ersten Blitze gespenstisch das Geäst ausleuchten und ferne Donnerschläge mächtig Angst schüren und das heraneilende Unwetter künden.

Der besagte Schnee von gestern – der ist ja heute noch da!

»Bis heute weiß niemand, wo sich die Wale paaren«, begleitete eben der Sprecher im Tierfilm das Geschehen, während die mächtigen Tiere abtauchten. »Man muss ja nicht gleich alles wissen«, dachte ich mir. Weil ich es sozusagen als Einziger wusste, legte mir meine »Allwissenheit« ein Lächeln ins Gesicht. Das Geheimnis sei verraten: Die Paarung findet im Meer statt.

Gänseblümchen – ein weißes Blätterkarussell um sanftgewölbtes Dottergelb.

Wie sehr muss der ungehemmte Efeu diesen Baum gemocht haben, dass er ihn so eng umschlag und dabei erwürgte!

Ihr Wolken! Wollt schon wieder Regen bringen? Macht euch auf die Socken, heute mag ich's trocken.

»Nach uns die Sintflut ...« Die Umsetzung dieser beliebten und erfolgreichen Lebensweise, privat wie geschäftlich, gibt allen, die dies praktizieren und so dem Wirkungsgesetz ihres Karmas unterliegen, im Falle der Wiedergeburt Gelegenheit, die Früchte dieses Verhaltens auch persönlich zu ernten. Unwissende werden jedenfalls einmal erbost sein über die Ungerechtigkeit des Himmels.

Kein einziges Unkraut war im weiten Feld der Saat auszumachen, doch unweit davon entdeckte ich gleich zwei flugunfähige Bienen. Vergeblich versuchten sie, vom Boden abzuheben. Die Eintönigkeit des Ackergrüns schläfert das Gewissen ein; das Elend der Tierchen zerbricht einem das Herz.

Falls die Evolution keine Einbahnstraße ist, kann es logischerweise mit der Menschheit auch rückwärts gehen. Aufmerksamen Beobachtern dürfte das nicht fremd sein.

Sprachlos ist die Natur über den geschwätzigen Menschen mit seinen Lügen und Ausreden, der die Natur vergewaltigt und schändet, aber seine Schuld herunterspielt.

Ich fliege tagaus tagein meine 40.000 Kilometer um die eigene Erdachse durchs All, bei einer Stundengeschwindigkeit von 1666 km. Muss ich dazu noch weitere Flüge buchen?

Nicht aus Vernunft wird der Mensch zu Umweltopfern bereit sein, nur die blanke Not einer Depression kann das bewirken.

Wer hat eigentlich die größere Umweltsünde zu verbuchen? Der weltweite Massentourismus oder dieser unablässige, gigantische Sport- und Spielaktionismus, welcher Aktivisten und Zuschauer in aller Welt herumreisen lässt und die Stadien füllt? Davon spricht niemand.

Eine beunruhigende Frage: Wird noch in meiner Generation die Erde zerstört werden oder schafft das erst die Generation unserer Kinder?

Wenn es um Fundamentales wie die Zukunft unserer Gattung geht, mag angesichts der Gefahren und Bedrohungen vielleicht der Einzelne freiwillig handeln und einen Beitrag zur Abwendung leisten. Die Masse aber, auf die es letztendlich ankommt, ist immer nur theoretisch zu Einschränkungen bereit, lässt aber keine Taten folgen. Solange die Umstände nicht brachial zum Handeln zwingen, steht also das Unglück im größtmöglichen Ausmaße bevor. Wir sind auf dem Wege dorthin, und nirgendwo wird gehandelt – nur geredet.

Der Fortschritt macht sich auch in der Katastrophe, beim üblen Finale bemerkbar: Der Letzte braucht nicht mehr das Licht auszumachen, es geht automatisch aus.

Die Plagen der Welt sind im Grunde die Folgen falscher Entscheidungen.

Der Unterschied von Naturvölkern und Industrienationen: Bei uns leben die Nasenbohrer!

Des Stadtbaums Freud in Gas und Ruß ist eines Pinschers feuchter Gruß.

Evolution und Fortschritt enden beinahe zwangsläufig im Desaster, wenn eine Entwicklung in eine Sackgasse gerät; dann aber bietet sich die Chance für einen neuen Versuch in eine andere Richtung.

Je höher die Müllberge, umso bequemer und verschwenderischer das Volk.

Früher gehörte der Himmel den Vögeln, heute gehört er den Piloten, morgen dem Smog und seinen Giften und am Ende der radioaktiven Strahlung.

Zerfetzt brachialer Düsenlärm eines Kampfjets die beschauliche Stille der Natur, hätten unsere Ahnen diese Erscheinung für eine Ausgeburt der Hölle gehalten. Lägen sie damit prinzipiell sehr daneben?

Wetterkapriolen sind auch ein Zeugnis für Umweltbenehmen; je nachlässiger wir uns verhalten, umso schlechter fallen die Noten aus.

Mit Handy und Smartphone empfängt man strahlende Botschaften, bis allen das Lachen vergeht.

Eine Schädlichkeit von Elektrosmog wird sich, wie die Diskussion zeigt, erst nach gravierenden Schäden im Laufe der Zeit beweisen lassen. Ändern wird sich dann aber trotzdem nichts; würden sonst weiterhin, nach Tschernobyl und Fukushima, verstärkt Atomkraftwerke gebaut?

Wasser gilt als das am besten kontrollierte Lebensmittel in unserem Land. Jedoch dürfte darin das Auffinden von Schadstoffen beinahe so schwierig sein, wie die Entdeckung von Schätzen im Boden, wo auch nicht sicher ist, ob nicht mehr verborgen bleibt, als man suchte.

Heftige Regengüsse hier, bedeuten immer auch große Hitze dort.

Wären die Autoabgase als gigantische Giftwolke sichtbar, möchte sich gewiss niemand ohne Gasmaske in den Straßenverkehr wagen.

Wenn in 150 Millionen Jahren wider Erwarten noch Menschen die Erde bewohnen, werden diese in den Steinbrüchen reichlich versteinerten Kriegsschrott aus kampfeslustiger Vergangenheit finden. Tierische Fossilien dagegen könnten selten sein, wenn wir nicht aufhören, das Tierreich mit seinen Arten zu dezimieren.

Vor dem Untergang jubeln und feiern nur die Naiven, die nicht die nötige Fantasie besitzen, sich vorzustellen, dass sie untergehen werden.

Erheblich schädlicher noch als Elektrosmog dürfte Denksmog sein, den Hass und böswillige Gedanken an ihre menschliche Umgebung abgeben.

Alles lässt sich auf den Kopf stellen – aber mit dem Fortschritt des Menschen ist es dann wohl vorbei?

Ein Untergang ist halb so schlimm, wenn noch die Kapelle spielt.

Es scheint, das Lebenselixier der Völker sei das Zerlegen in Trümmern und der Aufbau aus Trümmern.

Ob das Maß endgültig voll ist, weiß nur jemand, der es beim Überlauf erlebt hat.

Allmählich bekommt auch der Mensch eine Vorstellung davon, was es bedeutet, letztlich wie Ungeziefer in dieser Welt zu wirken.

Propheten sind keine Schauspieler; glaubt man ihnen deshalb nicht?

Schaue fröhlich aus deinem Fenster, solange es noch Scheiben hat.

Wie trostlos wäre es für einen Dinosaurier, nachträglich zu erfahren, dass seine Gattung längst ausgestorben ist. Dies nicht zu wissen, solange man noch die Erde beherrscht, ist doch ein Glück für uns.

Auf Himmelskörpern Fähnchen hissen, durch versmogte Lüfte preschen, relaxen in Nobelhotels, ausgiebig wellnessen und schlemmen, baden im Meer, auch wenn es sich immer weniger gewaschen hat – und bei alledem sollte das liebe Geld überhaupt keine Rolle spielen. Ist dies das Maß irdischer Dinge? Mensch, gehe in dich!

Wie lange mag es noch dauern, bis clevere Leute den Zivilisationsmüll gleichsam als Goldader entdecken und gierig ihre Claims abstecken, um sich die Wiederverwertung zu sichern? Ja, dann kann es auch so weit kommen, dass Leute als Trottel gelten, die achtlos ihren Müll wegwerfen.

Ernährten wir uns nur von dem, was wir mit Giften verseuchten, wären wir nicht mehr am Leben. Tränken wir, was wir rein zu halten hätten, wären wir vergiftet. Atmeten wir die Luft, die wir verpesteten, wären wir tot. Wie ist es möglich, dass wir noch leben?

Aus dem Zusammenhang gerissen, werden die Worte der Bibel – macht euch die Erde untertan – zur moralischen Rechtfertigung für jede Schandtat an der Schöpfung.

Es genügt nicht, daheim von Zeit zu Zeit aufzuräumen: Du musst auch mal den lumpigen Videorekorder aus dem Fenster werfen – oder den kaputten Kühlschrank in den Straßengraben kippen, das alte Fahrrad in die Büsche schleudern und die abgefahrenen Reifen in den nächsten Wald schmeißen. Dann kann jeder sehen, welch ordentliche Menschen es doch bei uns gibt.

Natürliche Klimaschwankungen gibt es seit jeher. Entscheidend ist das Ausmaß, und wenn in der Umwelt diese Schwankungen katastrophale Auswirkungen zeigen, ist weder die Schwankung harmlos noch der, der sie leugnet.

Das Automobil ersetzte das Pferd, also die Füße. Und die versiegenden Ölquellen könnten dafür sorgen, dass Füße wiederum das Automobil ersetzen.

Wildtiere leben in und mit der Natur; Wildmenschen gibt es nicht mehr, dafür reichlich wilde Menschen, die brutal gegen die Natur vorgehen.

Im Regen stehen die, die ihn satthaben, und die ihn gerne hätten, verhungern wegen der Trockenheit.

Wasser kann sich gegen seine Verschmutzung nicht wehren; der Mensch könnte das zumindest theoretisch.

Das riesige Hamsterrad hält uns alle auf Trab, denn wer möchte auf sein geliebtes Auto, die elektronischen Spielzeuge, wie Smartphone, Pad, PC und Flachglotze verzichten? Oder auf die teuere Fernreise – aufs Haus, die Yacht, das Pferd? Also Leute, kräftig in die Hände gespuckt, steigert das Bruttosozialprodukt!

Ein hohler Kopf bleibt hohl, auch wenn man ihn mit Flausen füllt.

Werden wir glauben, wenn wir dran glauben müssen?

Der Experten Unverstand glaubt noch ans Schlaraffenland: Wachstum, Wachstum über alles!

Ein Argument bewährt sich erst, wenn es dem Schiffe gleich, schweren Stürmen trotzt.

»Was schert mich das Gerede ums Klima, ich habe meine eigene Klimaanlage in Haus und Wagen«, lobt sich der Egomane.

Ein kritischer Geist hat allen Grund, sich vor sich selbst in Acht zu nehmen.

Allgemeiner Konsens: Wir sind auf einem guten Holzweg und unserer Verantwortung in keiner Weise bewusst.

B2 – Bildung – Medien – Wissenschaft

Wer nicht liest zur rechten Zeit, der muss denken, was übrig bleibt.

An den Schulen lernen mehr Leute das Fliegen, als es am Ende Piloten gibt.

Schlichte Dummheit hat ein einfaches Fundament; bodenlose Dummheit setzt eine tiefgründige Perspektive und entsprechende Vorbildung voraus.

Forschende Wissenschaft wird anmaßend, wenn sie beim Hantieren im faszinierenden, aber unüberschaubaren Baukasten des Schöpfers glaubt, die Bauklötze seien von ihr selbst.

Da sagte jemand seine Meinung in der Öffentlichkeit, und die ihm schärfstens widersprachen, dachten insgeheim genauso, nur hatten die ihre Ehrlichkeit an Finsterlinge verscherbelt.

Da ist jemand, der den berühmten Flügelschlag eines Schmetterlings als Ursachenkette gar für ein räumlich fernes Ereignis philosophiert und gleichzeitig die Überlastung unseres Äthers mit elektromagnetischen Wellen und Kräften leugnet. Dazu gibt es Parallelen – etwa die Leugnung der Seele im Körper, also die Gegnerschaft des Materialisten zur Existenz des All-Geistes.

Ob ein Tisch fest auf dem Boden steht oder atomare Bewegung ist, beziehungsweise überhaupt nicht existiert, hängt nur von der Betrachtungsweise ab.

Ansichtssache – der Ball ist rund, sagte der Trainer. Der Ball ist vieleckig, versicherte das Facettenauge.

Wissen erlangt man durch seinen Verstand, Bewusstseinsbildung durch das Herz.

Durchaus verständlich, dachte der Verstand, als er in sich ging und nichts Gescheites fand; man versteht halt nur, was man verstehen will und kann.

Sie wissen, wie viele Millimeter die Kontinente im Jahr auseinanderdriften, aber nicht, wohin es mit ihnen selbst geht.

Klar, wer vor lauter Studieren das Haarschneiden vergisst, wird nicht unbedingt gescheit, gewiss aber langhaarig.

Schüler war und bleibt der Mensch.

Denken wird freier, wenn wir uns einen tüchtigen Rauswerfer im Hirnkasten leisten.

Nur mit dem, was bereits im Kopfe ist, lassen sich Gedanken spinnen.

Das Klammern an materielle Güter ist so unnütz, wie die Gier nach Wissen, denn beides ist für das künftige Geistwesen völlig wertlos und damit nur vergeudete Zeit; was zählt, ist Herzensbildung, Charakter, Hilfsbereitschaft, Selbstlosigkeit.

Wenn Vordenker im Rückstand sind, sollten die Nachdenklichen zu Vordenkern werden.

Was in langen Zeiten vorgedacht, hat sich zur Wirklichkeit gebracht.

Erschaffen hat der Mensch noch nichts, er hat nur kombiniert.

Gestohlenes Gedankengut kleidet, schmückt und trägt sich gut.

Einfach sei dein Wort und klar und wenn es sich auch reimet gar.

Fernsehen gleicht dem Narrenhaus; Verrücktes geht da ein und aus. Zu viel davon schafft im Kopf eine prägende Entsprechung: Denkt an die idiotischen Programme – an die Idioten!

Wenn Intellektuelle ihr Denken zur Schau stellen, wie Bodybuilder ihren Körper, empfindet das ein Normalmensch als ebenso unnatürlich und vielleicht auch abstoßend.

Soll ein Stein sprechen, gib ihn zur Analyse und er wird dir einiges verraten.

Der Same weiß, was aus ihm werden soll. Wüsste das auch der menschliche Verstand!

Kleinräumiges Denken lenkt zum Detail, großräumiges fördert den Überblick, beides zusammen erlaubt ein Urteil.

Der Schüler schindete seine Tastatur und fiel, trotz nächtlicher Eingaben, halt doch durchs Abitur.

Auf dem Lebensweg für sich kein lohnendes Ziel zu entdecken, das ist, als würde man auf dem Waldweg die prächtigen Bäume übersehen, die uns Freunde und vielfältige Spender sind.

Eigentlich sind wir befangen, wenn wir versuchen, die eigene Auffassung zu erklären, da es dann vorrangig darum geht, unserem Ego Recht zu geben. Sollten wir deshalb nicht versuchen, zuerst die fremde Meinung zu begründen und falls das nicht gelingt, unsere eigene?

Die neurotische Schwierigkeit, *nicht aus sich herauszukönnen*, kann in vielschichtigen unbewussten Ursachen von Scham oder Angst wurzeln; man mache sich das klar und gebe sich nicht selbst die Schuld.

Der gedopte Sportler betrügt seine Fans mit seiner Spitzenleistung. Was aber ist von geistiger Leistung zu halten, welche mit Hilfe von Alkohol, Rauschgift und was sonst noch allem, aus dem Unbewussten zur Vermarktung hervorgezerrt wurde?, einer Leistung, die nicht in anständiger Geisteshaltung aus dieser Schatzkammer erbeten und willkommen geheißen wurde.

Hüte dich davor, den Intellekt eines Menschen ohne Topflappen zu berühren, du könntest dich verbrennen.

Bildung schützt vor Dummheit nicht.

Wer die Folgen nicht erkennt, hat leicht zu entscheiden.

Unsere Sprache ist streng! Der Morgen darf grauen, aber die Haare müssen ergrauen, und beides kann für uns greulich, in der alten Schreibweise, oder gräulich in der neuen sein!

Denke nicht, jemand sollte lieber den Mund halten, wenn es kein wortgewandter Redner ist. Bewähre dich als intelligenter Zuhörer, der auch aus holprigen Reden Wertvolles erfahren kann. Denn häufig wird eine Rede dummerweise nicht am Gehalt gemessen, vielmehr an Auftritt, Atmosphäre und Zuhörerreaktion.

Ein Argument scheint nur stimmig, wenn es dem Postament, auf welchem es angelegt ist, nicht widerspricht. Alleine deshalb muss es aber nicht richtig sein, denn ist das Fundament nicht tragfähig, verliert auch jede darauf bauende These ihren Halt.

Die Psychoanalyse ist eine aufwendige Tiefbohrung und die Fündigkeit oft nur eine ähnlich große Enttäuschung, wie sie Geologen erfahren.

Wie sehr sich doch die Meinung ändern kann: Früher flößte mir der Hinweis auf *Experten* Respekt ein; solche suggerierten mir den Duft von würzigem Tabak, den überlegene und überlegende Köpfe bedächtig in ihre Pfeife stopften. In den letzten Jahrzehnten drängte sich jedoch immer stärker der schale Beigeschmack von kalten Pfeifen dazwischen.

Und schleuderten aus den Sternen Salamis auf die Erde nieder, die Wissenschaft würde vermutlich nicht den Wurstwerfer sehen wollen, sondern wohl eher eine Erklärung mittels geheimnisvoller Teilchentheorie liefern, die, außer Metzgern vielleicht, kein Mensch begreifen kann.

Damit eine Generation nicht moralisch verwildert, ist es ihre Verpflichtung, alles dazu Nötige erneut zu wiederholen, was in diesem Sinne längst bekannt ist und auch schon zum x-ten Mal gesagt, geschrieben und gezeigt wurde.

Man kann Menschen nicht die Schädel öffnen, um ihnen seine Überzeugung reinzukippen. Und statt eines Vorschlaghammers nützt einem am ehesten die Neugier. Mache Menschen neugierig, denn jede Gier ist unersättlich.

Der Jugend stünden alle Türen offen, sagt man, doch sehr viele treten nicht ein. Später aber, mit zunehmendem Alter, sind immer mehr Türen abgeschlossen, bis sie schließlich alle zu sind. Da wäre es gut, bereits drinnen und dort zu sein, wohin man gehört.

Besser zu wenig im Hirnstübchen von dem, was nötig wäre als zu viel von dem, was verwerflich ist.

Um das geistige Orientierungsvermögen zu schulen, müssen wohl oder übel auch die eingefahrenen Wege verlassen werden, doch es spricht überhaupt nichts dagegen, später einmal, dann ganz bewusst, wieder auf diese Wege zu stoßen.

Die härteste Schule für einen Schullehrer bedeutet, wenn ihm die Pennäler nicht nur im Klassenzimmer, sondern auch noch im eigenen Bett mittels Albtraum zur Schnecke machen.

Mit Gießkannen ist kein Brand zu löschen und mit Schulen kein Wissensdurst zu stillen, eben wie aufsteigender Dampf noch kein Beleg für den Sieg der Feuerwehr ist und das gute Zeugnis nicht den Sieg des Geistes bedeutet.

Ist es nicht geradezu übermäßige Intelligenz, welche einen damit gesegneten Lehrer die nötige Einfühlungskraft vermissen lässt, um auch seine sogenannten *Unbegabten* im Stoff mitzunehmen? Wie denn sollte ein Hochbegabter die Zwangslage seiner Schüler nachfühlen können, zumal er es doch gewohnt ist, leicht, wie im Schlaf zu lernen. Vermittlungsfähiger könnte sich der gute Didaktiker, aber nur mäßig intelligente Lehrer erweisen, der aus Erfahrung selbst weiß, was es bedeutet, mühevoll lernen zu müssen, und wie schwer einem das Begreifenwollen oft gemacht wird. Begreiflich ist nämlich fast alles – nur, wie bringe ich es den problematischen Schülern rüber? Das ist eben die alte, schwierige Lehrerfrage.

Erfunden? Da kam ein Zorniger ins Klassenzimmer und befahl, das Kruzifix abzunehmen. Ein Abc-Schütze meldete sich, zeigte hilfsbereit, aber naiv auf seine Entdeckung, das Fensterkreuz. Der Zornige lachte schrill auf und der Lehrer grinste verlegen, doch einige Kinder blieben ernst. Tage später hing am selben Nagel das Konterfei eines Massenmörders.

Im Computer haust der Geist des Menschen, nichts anderes, und wie es darin aussieht, spottet jeder Beschreibung. Was sind das nur für Leute, die Anwendern das Leben so schwer machen?

Intelligenz, die wie auf Stelzen läuft, kommt ziemlich hoch und auch sehr wackelig daher.

Kannste nix verstehen, musst's nicht akademisch sehen!

Werden zuerst nur Vorschriften und Strafen aufgezeigt, Regelwerke eingebläut und wird dabei ganz übersehen, das eigentliche Ziel begehrenswert zu beleuchten, dann soll sich niemand wundern, wenn selbst ein Paradies verachtet wird.

Bildung ist der Wettlauf um ein »Ich weiß etwas, was du nicht weißt ...«

Dummheit wird immer den anderen zugewiesen, auch wenn sie in einem selber residiert.

Unbewusster innerer Zorn, vereint mit Aggressivität, kann zum Glück in einem Traum gefahrlos freigesetzt werden, etwa wenn Traumpersonen sich derart niederträchtig gegen uns verhalten und dadurch solche verdrängten Gefühle in uns wecken. Dann können wir diesen Zorn, diese unbändige Wut und Bissigkeit überwältigend spüren, und nun, da sie bewusst geworden, auch hoffentlich verarbeiten. Ursache und Wirkung wollen uns erkennen lassen, wer gab und nehmen muss, denn nichts ist im Spiel der Reaktionen einzustecken, was vorher nicht ausgeteilt wurde.

Wüssten wir, was vor uns lag, was nachher kommt, wären wir dann wirklich anders?

Ein Gedanke, der nicht auf einer Buchseite zu beschreiben ist, wird wohl auch nicht als dickes Buch verstanden.

Eine filmreife Erfolgsgeschichte in fünf Worten: Zwei treffen sich; beide tot. Titel: das Duell.

Überaus eindrucksvoll sind die zahlreichen edlen Buchrücken im Wohnzimmerregal! Diese stummen, geduldigen Diener sollen oft nur verraten, wie vielseitig und gebildet ihr Besitzer ist. Leider lässt sich die Absicht durchschauen, ach wie schade. Viel schlimmer noch, wenn gar kein Buch zu sehen ist.

Nicht die Buchstaben des Alphabets sind wertig. Erst ihre sinngebende Anordnung zu Wörtern und Sätzen, die der Verstand zu Gedanken formt, bringt Gutes wie Schlechtes zum Ausdruck. Pech!, wenn wir uns nicht die Mühe machen, nach geeigneten Schriften Ausschau zu halten, um uns selbst daran zu messen und auszurichten.

Wie lächerlich ein Image-Doktorhut ist, zumal wenn er erschwindelt wurde, sieht man daran, dass kluge Menschen auch sehr gut ohne kasperhaften Würdedeckel zurechtkommen.

Lest und seht! Es gibt genug des Lesens- wie auch Sehenswerten; und guckt mal ruhig in andere Gärten, wenn's um die Früchte besser steht.

Die mutigen Zeilen entfesselter Gedanken sind die ersten Anzeichen innerer Freiheit.

Aus eigener Kraft vermag sich niemand zu erziehen; dazu gehören immer auch andere. So wird letztlich unser Betragen, ja sogar der Charakter das Ergebnis von Bemühungen widerspiegeln, die sich viele Menschen um uns machten.

Wollen Elementarteilchen die Physiker foppen, wenn sie sich anders benehmen, als die es gerne hätten?

Ja doch, ein Lernender soll sich viel Mühe geben und fleißig arbeiten, damit er es später im Leben einmal leichter hat. Das wird zwar nicht jeder Schüler verstehen und auch nicht jeder Erwachsene. Denn der nimmt auch lieber einen Kredit auf, anstatt vorher das Geld für seine Anschaffung zu erarbeiten.

Es muss nicht Dummheit sein, wenn es den Anschein hat und es nur daran liegt, dass der Mensch sich nicht mit anderen messen und geistig erweitern konnte. Doch ein großes Versäumnis wäre es, wenn Gelegenheit zum Austausch ist und sie nicht wahrgenommen wird.

Das Imponiergehabe der Medizinmänner im Urwald zeigt sich als unverständliche, irre Lautmalerei in Trance; und das der Mediziner im Klinikum ist für den Patienten wirres Vokabular bei Bewusstsein.

Die unerklärlichen Themen sind es, die uns so sehr beschäftigen und in ihren Bann schlagen, wohl wissend, dass sie mirakelhaft bleiben werden. Hingegen wird Erklärliches zu wenig nachgefragt; vielleicht ist es nicht reizvoll genug, weil man alles ja erfahren könnte, wenn man nur wollte.

Intelligenz höchsten Grades schließt nicht automatisch Dummheit ersten Grades aus.

Wem wird Vertrauen geschenkt? Jenem, der nicht verstandesmäßig, sondern gefühlsmäßig eine Situation erfasste und entschied, was sich später als richtig erwiesen hatte? Oder doch dem Experten, der sogar seine These wissenschaftlich begründete, aber dennoch falschlag? Klar, unser Verstand sitzt eben viel zu fest im Sattel, als könnte man sich ein Reiten ohne ihn vorstellen.

Mit Fakten erschlagen – welch tragisches Ende!

Es ist beeindruckend, welche Wirkung mit ein paar aneinandergereihten Worten zu erzielen ist, sei es im Positiven wie im Negativen. Aber was ist von Atomphysikern zu halten, die mit den Bauklötzen der Elemente eine Zerstörung anrichten können, wie sie die Welt noch nicht gesehen hat? Lassen sich Wege denken, wie man die Werke der Zauberlehrlinge entschärft? Kann dies alleine mit Worten gelingen? Wird die geistige Macht helfen, wenn die weltliche dazu unfähig ist?

Es wird sehr viel erklärt aber selten alles verstanden, was man behauptet.

Je gewichtiger die Autorität, umso leichter tut sich deren Lüge.

Trotzdem die Programmvielfalt groß wie nie zuvor ist, finde ich in meiner TV-Zeitschrift kaum mehr etwas, das sich zu Vorratszwecken aufzuzeichnen lohnte. Liegt das am Alter, wenn Erfahrung, gefühlter Durchblick und ermüdete Neugierde ein Wörtchen mitzureden haben? Ob es mit dem Niveau der Programme zu tun haben könnte, wagt man ja nicht einmal mehr auszusprechen, im Lande anspruchsloser Geister.

Diese unzähligen Krimis, Brutalos und Lustfetzen, welche die Leute sich gedankenlos in Massen antun, liegen wie schwere Eisendeckel auf den Löchern ihrer Existenz; viel zu mühsam, sie zu heben, um aus den finsteren Kanälen herauszukriechen. Die Zukunft also? Düster!

Vermutlich wird unsere Welt am wenigsten von Leuten verstanden, die sie mit endlosen Kombinationen von Nullen und Einsen digital zu erklären versuchen. Das ist so, als möchte man den Fisch begreifen, indem man um ihn herum das Wasser in seinen atomaren Bestandteilen erforscht. Glücklicherweise ist unsere Umwelt analog, da geht ein digitales Weltbild am Wesenskern vorbei.

Die aktuelle Lehrmeinung schart um sich gern Ihresgleichen: die rückständigsten Geister.

Habe eben gelesen, die Menschen hätten in Urzeiten Kontakt mit außerirdischen Besuchern gehabt, die sie für Götter hielten. Damit habe ich kein Problem: Das Problem haben allerdings Experten, die mit erdrückenden Beweisen konfrontiert werden, welche ihr Schaffensfeld und noch dazu ihre Forscherexistenz bedrohen. Etwa was die Auslegung des Buches Henoch betrifft. Im Alten Testament findet sich über Henoch nur ein kurzer Absatz. Da heißt es in Vers 24: »Henoch war seinen Weg mit Gott gegangen, dann war er nicht mehr da; denn Gott hatte ihn aufgenommen.« Nein, sie können und dürfen eine derartig brisante Sache gar nicht einmal erwägen, selbst wenn ein Außerirdischer vor ihrer Haustüre sie zur Besichtigung des UFOs heranwinkte. Ablehnung geschieht dann automatisch, wie die Deckung vor Schlägen beim Boxkampf.

Erst wenn der Mensch genügend Wissen und Klugheit erworben hat, kann er seine wahrhafte Dummheit erfassen, und der Kreis zur Erkenntnis ist geschlossen.

Wissen sollte mit fokussiertem Interesse erworben werden, aber rasch den Kopf wieder verlassen, wenn es unsinnig oder wertlos erachtet wird.

C1 – Wirtschaft & Finanzen

Was lässt sich nicht alles auf finanzielle Interessen zurückführen! Was jemand mit Gewinn veräußern kann, wird angeboten. Der eine verkauft eben Stallmist als Dünger, ein anderer seine angebauten Kartoffeln. Die Kirche liefert Versprechen gegen Bares, ein Staatsapparat verspricht Schutz und Sicherheit für die Bürger. Doch wie man vermutlich weiß, sind das oft trügerische Waren. Der uneigennützige *Schenker* ist allerdings längst gestorben.

Friedfertige, selbstlose und tüchtige Kräfte braucht ein Land, keine gierigen Geldsäcke, keine Berufsredner, keine Aufhetzer!

Die Börse lebt von den Späteinsteigern und die Friedhofswürmer von den Leichen. Ein Vergleich muss nicht deshalb abwegig sein, weil er gruselig ist. Hier geht's eben ums Fressen und Gefressenwerden.

Wer sein ungeteiltes Streben auf Ehrlichkeit und Güte ausrichtet, geht kein Klumpenrisiko ein, wie man es von einseitigen Investitionen kennt. Im Gegenteil: Es handelt sich um die sicherste Bereicherung, welche auf Erden möglich ist.

Es mag viele reiche Menschen geben, die es für ausgeschlossen halten, dass sie ihr gesamtes Vermögen augenblicklich verlieren könnten. Doch genau das wird unausweichlich geschehen.

Von seiner Kapitalanlage erwartet man Wertsteigerung, zumindest Werterhalt. Beides kann zum Trugbild werden, wenn es anders kommt. Aber darf man deswegen nachlässig sein im Bemühen um seine finanzielle Vorsorge? Gleichermaßen sind geistige Rücklagen zu hegen, damit unser Fortkommen auch von dieser Seite her gesichert ist. Aber um wie viel mehr noch benötigt unser seelisches Kapital eine richtige Anlagestrategie! Erst wenn das Denken und Handeln auf überirdischen Gewinn ausgerichtet ist, kann auch Ertrag auf das außerirdische Konto gelangen.

Wenn Industrie ins Ausland geht, bald Armut vor der Türe steht.

Eine kranke Firma ist wie ein krankes Pferd: Steige ab!

Es gibt Planer, Macher und Verwalter. Deutschland scheint mehr Verwalter zu beherbergen als alle Planer und Macher zusammengenommen. Womöglich wird bereits schon verwaltet, was es gar nicht mehr gibt?

Was wir uns alles gönnen! Werden wir's uns leisten können?

Geld ist eingefrorenes Entgelt; schlecht, wenn es zur monetären Klimaerwärmung kommt.

Die Analysten des Großkapitals sind schweigsame Leute: Was wir andauernd hören, sind *Oralisten* des Eigennutzes und *Analisten*.

Kaufe dir gleichzeitig Call und Put desselben Basiswertes vom selben Emittenten und du kannst tagtäglich beobachten, wie dieser laviert und schwindelt.

Vergleiche Geld mit einem Bumerang: Wirf es an die Börse und hoffe, es wieder in die Finger zu bekommen!

Zeige mir einen x-beliebigen Chart und ich sage dir, wie leicht du hättest reich werden können.

Genug sein lassen, bevor die Schatztruhe überquillt – wer kann das schon?

Nichts ist leichter, als einen Menschen auf die Knie zu bringen: Du brauchst ihm nur Geld vor die Füße werfen!

Die besten Verträge werden mit sich selbst geschlossen.

Verklausuliertes in einem Vertrag ist der Versuch der Übertölpelung, oder es soll Unlauteres unanfechtbar gemacht werden und stellt gewissermaßen eine Unverschämtheit und Zumutung dar.

Kontra Goethe: Was man schwarz auf weiß besitzt – trag's nicht heim, es ist nichts wert – die Welt ist schlecht!

Manch guter Knecht hasst seinen Herren, doch welcher Herr hasst seinen guten Knecht?

Sollten Banken nicht die geeigneten Stallungen für Goldesel und Geldscheißer sein? Leider entpuppen die sich zusehends zu grandiosen Geldvernichtern.

Werbung ist nicht deshalb verwerflich, weil sie nicht wahrhaftig ist – dies ist ja bekannt, sondern wenn sie nervig oder aufdringlich wird.

Ein Unternehmer, der zum Übernehmer wurde, hatte sich übernommen: Dem Unternehmen ist's nicht gut bekommen.

Mancher Staatsbetrieb erinnert an eine mit viel Geld ausgestopfte Vogelscheuche.

Manche Kritiker hört man unken: Es gäbe zu viele Fachidioten – von unten bis oben – von oben bis unten!

Geld in der Hosentasche arbeitet nicht, häufig aber sein Besitzer; dagegen überlässt der Eigner eines großen Bankkontos die Arbeit lieber seinem Geld.

Leute, die Hubschraubergeld fordern, wären bitterenttäuscht, würde es eingeführt, denn am selben Tag fände der Fürsorgetraum ein Ende und sie könnten ihre Scheine verheizen.

Der Charakter ist vergleichbar mit einem Bankkonto – ein Pendeln zwischen Minus und Plus – aber spätestens zum Stichtag entscheidet der Kontostand.

Seinen persönlichen Totalverlust irdischer Werte hat jeder Lebende ausnahmslos vor sich.

Zertifikate sind bei Investoren nicht deshalb so beliebt, weil sie als Inhaberschuldverschreibungen nur eine nachrangige Sicherheit bieten und ggf. im Konkursfall des Ausstellers ruck zuck wertlos werden – nicht doch! Deswegen doch nicht! Aber warum eigentlich sonst?

Schuldgeld ist ein betrügerisches Wesen, das vom Vertrauen lebt, denn bisher hat es seine gutgläubigen Sparer aller Generationen ausnahmslos betrogen.

Auch im Krisenfalle wirkt ein Stopp-Loss (automatischer Verkauf von Wertpapieren beim Erreichen eines vorgegebenen Kurses), aber dann entspricht es ungefähr dem Ziehen des Fallschirms kurz vor dem Boden.

Am Gelde hängt, zum Gelde drängt bei Inflation, der Dumme. (Sehr frei nach Goethe)

Die reichen Insider und Informierten *verdienen* ihr Geld nicht an der Börse: Es fließt ihnen in mächtigen Strömen von den Dummen, Ahnungslosen und Halbwissenden zu.

Der Spekulant mit einem Call, er weint beim Kursverfall; und der mit einem Put, dem tut das Fallen gut.

Wer ohne Rücksicht auf Moral und Risiko Doping betreibt, der weiß, was er tut. Auch die Sippschaft, welche Finanzdoping oder Währungsdoping betreibt, kennt selbstverständlich Zusammenhänge und Folgen. Man lügt nur von höherer Warte herab und trägt windige Finanztheorien abgehobener Wissenschaftler wie eine Monstranz ins Volk, um sich dahinter zu verstecken. Letzten Endes bezahlt das andächtige Volk die aufgelaufene Zeche der fürstlichen Schlemmer und vermeintlichen sozialen Wohltäter.

Man kann es drehen und wenden, wie man will; nachstehende Lesermeinung aus der Schweiz ist an Sachverstand nicht zu überbieten. Sommer 2011: »Der US-Dollar ist Klopapier. Der Euro ist gedeckt mit US-Dollar und ist zweilagiges Klopapier. Der Schweizer Franken ist gedeckt durch Euro und US-Dollar und ist demnach dreilagiges Klopapier.« Und auch dieses Häppchen zum Euro hat es in sich: »Wie aus einer Einheitswährung eine Einheizwährung wird ...«

Wenn Notenbanken die Bürger mit der schleichenden Entwertung ihrer Geldvermögen betrügen, dürfen wir etwa bei der Veröffentlichung von Inflationszahlen und betreffender Statistik Ehrlichkeit erwarten?

Möchte der auf Sicherheit bedachte Geizkragen jemals noch Land kaufen, wenn er die Entwicklung dieser Erdkugel im Zeitraffer von Millionen Jahren sehen könnte?

Gammelfleisch und Gammelinvestments haben denselben Ursprung: den vergammelten Charakter ihrer Anbieter.

Bezüglich aktueller Firmenskandale ist es hinterher nie leicht zu sagen, was da der Chef des Hauses Delikates verkocht hat.

Buchführung – wozu? Damit du es schriftlich hast, wenn du pleite bist!

Eurotz, gelbe Kacke oder Immohütte – stammt solches Vokabular nicht aus dem Wortschatz der Habenichtse?

Die finanzielle Sicherheit kann sich als Fata Morgana erweisen, wenn das satte Lebensgrün gewohnter Umgebung vom großen Sandsturm heimgesucht wurde.

Die Unterschicht erwartet vergeblich die Umverteilung zu ihrem Vorteil von oben. Die Mittelschicht versucht vergebens, den Besitzstand zu wahren. Schon aus diesen Gründen gelingt der Oberschicht die Vermehrung ihres Reichtums.

Schreddern und Aktenvernichtung ist die wirksamste Schönheitspflege eines Schreibtischtäters.

»Man trägt wieder Armut«, könnte es in unserem Lande in absehbarer Zeit heißen. Sobald sich der relative Wohlstand breiter Schichten verflüchtigt und auf eine dünne Oberschicht konzentriert haben wird.

Der innere Wert einer spekulativen Option ist ein berechenbarer Geld- und Zeitwert. Was aber der innere Wert eines Menschen ist, darf als Standpunktfrage gelten und kann nicht eindeutig beantwortet werden. Die Skala der extremen Bewertung wird von null bis unendlich reichen. Daher bleibt der Mensch aus eigener Warte unberechenbar im wahrsten Sinne des Wortes. Der endgültige Maßstab wird von externer Seite angelegt werden.

Ist es verwunderlich, wenn so wenige Bestimmer ihren Hut nehmen? Sie sind auf der Hut und haben vorsorglich erst gar keinen mitgenommen.

Ob und wie eine Blase in der Finanzwelt platzt, hängt auch davon ab, ob sie politisch platzen darf, soll, kann, oder ob sie platzen muss.

Die Interessenlage gebietet oder verbietet es ... So definiert sich häufig der Urgrund einer Entscheidung. Leider steht bei politischen und wirtschaftlichen Überlegungen dabei viel zu oft der persönliche Vorteil im Mittelpunkt und viel zu wenig die sachbezogene Interessenlage. Genau das ist der dunkle Flecken im weißen Hemd der Eliten und nicht nur bei denen allein.

Mit Banken macht man keine Geschäfte, das Geschäft macht die Bank mit dir!

Banken sind so etwas wie die lebenswichtigen Krakenarme der Zentralbanken. Kann man von den Staaten eine Selbstverstümmelung erwarten? Darum werden Banken gerettet! Doch nicht wegen der Sparer und Kontoinhaber – oder?

Die Krux im Alter besteht darin, seinen Ersparnissen nicht mit zu vielen Lebensjahren davonzulaufen und andererseits, ihnen nicht mehr folgen zu können – kurz: Die finanzielle Kunst im Alter liegt im Timing des Sterbens.

Weil Geldscheine bedruckt sind, fallen sie nach ihrer Entwertung sogar noch unter ihren Papierwert, da sie sich nicht einmal mehr als Notizzettel eignen. Und für einen hinterlistigen Zweck taugen sie auch nicht, bedenkt man, durch wie viele schmutzige Hände sie gingen.

Soeben hat man wieder ein Jahr hinter sich gebracht. Das Jahr 2010 wird in der Vorstellung des Optimisten den wirtschaftlichen Aufschwung und in der Finanzwelt die Wende zur Normalisierung bringen; dem Pessimisten aber erscheint solcher Optimismus herzlich naiv und zu schön, um wahr zu sein. Solange es noch Sekt sein darf, sollte man auf beides anstoßen.

Wildwestfinanz: Wenn ein *Global-Profi-Power-Trader* neben dir reitet, kann dir aktienmäßig nicht viel passieren, meinst du. Aber wenn dein Vehikel ein toter Gaul ist, dann steig ab und pfeif das *Lied vom Tod* – verlustmäßig.

Einem Narren ist die zeitraubende Allokation seines Depots ungleich wichtiger als der bescheidene Zeitaufwand, mächtige Gedanken wie Brosamen zu sammeln und zu hüten, da sie ihm Rendite brächten zu einer Zeit, wo ihm nichts mehr von seinem Depot übrig bleibt.

Wertschwankungen von einigen Tausendern im Depot könnten uns leicht um die innere Ruhe bringen, doch wie schlaflos müssen Leute werden, die Milliardenschwankungen zu verkraften haben? Arme Reiche!

Für den Anfang mag es sich fügen, arm zu sein, vielleicht auch am Ende, doch in der langen Mitte möchte man schon reich sein.

Erfolg grinst uns facettenreich an, aber wir dürfen sicher sein, dass sich hinter so manchem Erfolgsgrinsen tiefrote Zahlen verstecken.

Seit jeher habe ich als gelernter Kaufmann eine gewisse Hemmung, mich mit Ideen zu befassen, die nichts einbringen. Da ich aber intuitiv weiß, hier einem gewaltigen Irrtum zu unterliegen, kümmere ich mich häufig, zumindest gedanklich, um Themen, die vermutlich zu dieser *unprofitablen* Kategorie zählen. Wer solche Hirnsteine hier entdecken wird, kann vielleicht auch Nutzen aus seinem eigenen Denken ziehen.

Entfernen sich Anspruch und Wirklichkeit zu weit voneinander, kommt sogar der Bankdirektor an den Tresen.

Kennzahlen sind Zahlen, welche die meisten nicht kennen. Mit ihnen befassen sich beispielsweise die wenigsten Aktionäre, erzielen aber dennoch vorzeigbare Erfolge.

»Meine Vorstandskollegen, wir befinden uns gewissermaßen kurz vor dem niedren Türstock, an dem wir uns nun, einer nach dem anderen, heftig den Kopf anrennen werden. Wer macht den Anfang?«
So ähnlich lautet sinngemäß die letzte Order des fluchtbereiten Vorsitzenden an seine vermeintlich Beklopften – mit wehleidigem Unterton, versteht sich.

Besser *life good* in der Fremde, als die Gläubiger zu Hause vor der Tür, dachte der Bankrotte und checkte ein.

Die Redewendung »den sticht wohl der Hafer« hat ausgedient. Neuerdings sagt man: »Wer hat den nur für den Chefsessel nominiert?«

Den Ratten Futter zu streuen, wäre so, als würde man sein Geld für fadenscheinige Investments ausgeben.

»AN SICH« hat Geld den höchsten Wert, bei anderen den geringsten.

Bei großem Besitz gilt in der Vermögensverwaltung der Grundsatz der sinnvollen Streuung zur Vermeidung von Risiken. Aus seelischer Warte betrachtet, wäre daraus abzuleiten, dass unbenötigte Werte breit unter den Bedürftigen verteilt werden sollten, denn festgekralltes Vermögen ist für eine Seele pures Unvermögen. Schließlich kennt auch sie das biblische Nadelöhr, durch das wohl leichter ein Kamel als ein reicher Geizhals gehen wird.

War das wieder so ein Gedanke, der sich erdreistet, vor ein imaginäres Publikum zu treten, das ihn wahrscheinlich ausbuhen wird? Werft nicht mit faulen Eiern danach, bitte! Setzt den eigenen besseren Gedanken dagegen.

Werbestrategen, die Kunden als dumme Luder und blöde Heinis betrachten, welche wie beim Fischfang nur mit den richtigen Ködern geangelt werden müssen, eine solche Gesinnung ist eine Schande für die ganze Branche. Bitte beißen Sie bei derartiger Werbung niemals an!

Eine Website lebt vom Traffic nicht allein – hat der Nutzer keinen Nutzen, schaut er dann noch rein?

Folgende zwei Sätze las ich eben; sie können in schwierigen Börsenzeiten vor Verlust bewahren: Ein bekannter Analyst sagte einmal sehr treffend, dass Kurse solange steigen, wie es mehr Idioten als Aktien gibt. Und auch das ist nicht abwegig: Trading ist der Versuch, andere auszunehmen, bevor sie dich ausnehmen können.

Bereitet dir ein Aktienchart Kummer? Betrinke dich und drehe ihn um 90 Grad nach links, dann passt es!

Kurz und bündig: Kontostand – allerhand!

Der Groschen fällt dem Ungläubigen leichter aus der Hand als einem Kirchenfürsten.

Fortschreitende Technik um jeden Preis bringt in der Bilanz menschlichen Rückschritt, und wenn man die Verluste bemerkt, ist es leider bereits zu spät.

Käufer von Photovoltaik und Sonnenkollektoren scheinen zu vergessen, dass zu deren Wirtschaftlichkeit reichlich Sonnenschein vonnöten ist, und so schimpfen sie gleichzeitig auf das ewige Sauwetter in unseren Breiten, während sie trotzdem viel Geld investieren. (Inzwischen sind die Kollektoren ja billiger und leistungsfähiger geworden.)

Werden die riesigen Finanz-Rettungsschirme etwa nur für die betuchten Herren mit den dicken Geldpolstern aufgespannt, damit die nicht im Regen stehen, obwohl das ganze Land bereits sintflutartig überflutet ist? Unfassbar! Noch dazu, wenn jene die Regenmacher sind. (2011, 2012, usw.?)

Nicht nur für einen Kapitalisten ist die Vorstellung ein Horror, mit dicken Geldbündeln einkaufen zu wollen, doch niemanden zu finden, der verkaufen will. Genau diese Situation könnten wir vielleicht wieder erleben: Für bedrucktes Papier gäbe es so gut wie keine Ware mehr.

Was vom Vermögensberater als wertbeständige, gewinnträchtige Investition angepriesen wird, ist oft weitschichtig mit einer Fata Morgana verwandt.

Steuerhinterziehung dürfte bei vielen Gutverdienern ein bewährtes Mittel zur Glättung staatsbürgerlicher Zornesfalten sein.

Kalkulieren geht vor Riskieren!

In einer Garantie wohnt zur Untermiete die Illusion, namens Hoffnung. Wer weiß, ob diejenigen, welche Garantien einfordern möchten, noch Hoffnung haben? Und vermutlich stellt ihre Garantieforderung eine illusorische Angelegenheit in den Augen des Garantiegebers dar.

Steuerhinterziehung: Im Fernsehen befragten Reporter Passanten, was sie von einer in die Schlagzeilen geratenen prominenten und streitbaren Frauenrechtlerin hielten? Selbige hatte sich als faustdicke Steuerhinterzieherin strafbar gemacht, obwohl sie selbst gern den moralischen Zeigefinger erhebt. Darauf die schlagfertige Gegenfrage eines Mannes: »Was bekommt ein Engel, der auf dem Mist landet? Kotflügel!«

Es soll Vermögende geben, die ihr Geld leichter verdienten, als müssten sie lediglich korrekt in Einerschritten auf ihre Millionenbeträge zählen; abgesehen davon, ob ihnen das gelänge oder sie es überhaupt erleben könnten.

Eine Fahnenstange ragt bekanntlich in den Himmel, so auch gleichgenanntes Muster in Börsencharts, das einen Höllensturz ankündigt.

Dauernd mehr auszugeben, als man hat, bedeutet letztlich Bankrott. Nur Schwindel und Betrug können am bitteren Ende noch eine Verzögerung bewirken. Das gilt auch für Staaten.

Steht ein wuchtiger Schuldner mit dem Rücken zur Wand und hat nichts mehr zu verlieren, wird er vorzugsweise unverschämt. Sogleich mutiert der unnachgiebige Gläubiger zu einem verständnisvollen, gefälligen Gegner. Haarsträubend genug, wenn selbst Staaten untereinander es soweit kommen lassen.

Das zirkulierende Geld ist doch ein merkwürdiger Lebenssaft. Beginnen die Zahlungsströme zu stocken, werden auch die davon schmarotzenden Systeme unzureichend versorgt und drohen auszutrocknen. Und haben sich die Gierigsten zuvor auch reichlichst vollgesogen, wären also gar nicht auf Nachschub angewiesen, tobt dennoch ein Verteilungskampf; wie selbstverständlich geht es dabei über Leichen.

Unsäglich nervig, diese Blitzzocker an der Börse! Längst haben sie ihre Computer für den Sekundenhandel aufgerüstet und sind zu deren erbärmlichen Sklaven verkommen. Mittlerweile fordert das Hochfrequenzsystem den Millisekundenhandel. Es soll bereits Umzüge in die Nähe des Handelsplatzes gegeben haben, um vom Nanovorteil der kürzeren Datenleitung zu profitieren. Diese Kasinospieler sind übrigens auch für den extremen Wellengang auf dem Finanzmeer mitverantwortlich. Man kann ihnen folglich nur Schiffbruch und schnellen Untergang wünschen.

Die weltbeherrschenden Bankster sind echte Teufelskerle, im wahren Sinne des Wortes, und wer unser Schuldgeldsystem durchschaut hat, kann das nur bestätigen.

Nur wenige Bündel Scheine sind's, die Habenichtse strahlen lassen, doch wenn der Reiche lächeln soll, sind Palettenlieferungen nötig.

Die Rückgabe einer Ware bringt oft mehr Erleichterung als die Freude nach dem Kauf, sie endlich zu besitzen. So wird verständlich, weshalb freiwillige Besitzlosigkeit gar kein so entbehrungsreiches Gefühl sein muss.

Schreien die Werbeangebote aus allen Ecken der Stadt, schließe das Fenster!

Abgehakt in der Kartei, Kunde tot, Geschäft vorbei.

In mancher Kartei stecken mehr Leichen, als auf dem Friedhof liegen.

Der Titel eines Börsengurus, »Börse macht einfach Spaß«, ist vor allem für Leute zwiespältig, die zuletzt Haus und Hof verzockten.

Warum läuft der Mensch aufrecht? Damit er mit seinen Vorderpfoten arbeiten kann.

C2 – Politik & Macht – Empörung & VT[1]

Die politischen Kostgänger eines Volkes galten noch nie als Kostverächter. Sie langen ordentlich zu, und wenn man sie lässt, vermehren sie sich in ihren Ämtern schamlos wie Karnickel.

Die Selbstdarstellung mancher Individuen überfordert gelegentlich unsere Vorstellungskraft; vielleicht fallen wir deshalb immer wieder auf sie herein?

Sklavenhalter predigen keine Freiheit, sie schüren nur Angst.

Es ist alles viel schlimmer, als man annehmen möchte! Erschreckend, wie wenige es bemerken, wie wenige das interessiert: Der Niedergang unseres Landes ist beinahe so sicher wie das Amen in der Kirche!

Was soll ein Volk denn demokratisch wählen, wenn es im Grunde keine echte Wahl mehr hat? Die Alternativen, die es am Ende geboten bekommt, sind sozusagen *alternativlos* und führen die Bevölkerung nicht zu mehr Freiheit, sondern allmählich in seine Versklavung. Erst in einer Diktatur werden die Menschen erwachen und vielleicht versuchen, sich mit Gewalt zu befreien, bis das alte Machtspiel von Neuem beginnt.

---

[1] VT – Schlagwort »Verschwörungstheorie«

Politikverdrossenheit wird auch dadurch gefördert, wenn sinnvolle und wichtige Entscheidungen einzig aus Parteikalkül verhindert und blockiert werden, wobei solches Verhalten eines rechtschaffenen Politikers unwürdig ist.

Ob eine Nachricht falsch oder richtig ist, hat mit der Informationsquelle zu tun, ob sie ehrlich ist oder lügt; so simpel ist das. Wenn allgemein die Glaubwürdigkeit leidet, ist das kein gutes Zeichen.

Wer Kriege führt, kämpft nicht mit Gott, sondern gegen sein Gebot, unter Satans Flagge. Dazu vermittelt die Rangliste der Rüstungsausgaben ein teuflisches Bild, das mehr sagt als tausend Worte.

Ursächlich beteiligt an der größten Konfrontation, dem Krieg, sind immer die Lügen auf den verschiedensten Ebenen, sodass am Ende keiner mehr den Überblick behält und selbst der Klügste ratlos ist.

»O ja! Fahnen bringt mir und habgierige Männer, dann werde ich sie für Farben und Mannesehre kämpfen lassen und mit der Habgier der Leute meine eigenen Kammern füllen«, freut sich fürstlich der Bösewicht.

Vermag die Vorstellungskraft keine überlegene Vision zu erzeugen, bleiben eigentlich nur weltliche Machtausübung und Götze Mammon als Nonplusultra für die armselige Kreatur übrig.

Legalisierte Straftaten bis zum Mord nach Gusto – auch so etwas gibt es. Man nennt das beispielsweise »Aktionen der Geheimdienste« und das zeigt, wie dreist Moral hintergangen wird. Seinen Bürgern gibt der geheime Staatsdienst zu verstehen: Was wir tun, geht euch gar nichts an – Geheimsache! Und der brave Bürger ist zufrieden.

Im Unterschied zu einer Schafherde, die auf Geheiß des Schäfers von seinen Hunden in den Pferch getrieben wird, wählt das Wahlvolk seine »Hunde« selbst, obwohl es den »Schäfer« gar nicht kennt.

Demokratie ist vor allem das entscheidende Alibi für Parteipolitiker, um 100 % Macht auszuüben, selbst wenn sie nur 30 % Stimmen der Bevölkerung erhielten.

Gelingt es den Medien, die Masse zu beeinflussen, wird der Außenseiter schnell zum Sündenbock, wobei meist nur eine Minderheit die Menge aufhetzt und manipuliert, ohne von der Mehrheit dabei ertappt zu werden. Das ist traurig genug!

Gibt es größere Staatsfeinde, als Parteien, die den Nationalstaat schleifen wollen? Und sind es gar die gleichen Leute, die an der Regierung beteiligt sind?

Welchen Vorwurf kann man der Regierung machen, wenn sie unfähig ist? Schuld trifft doch die Wähler.

Deutschland, ein Volk von »Waagrechten« – wann werden die Schläfer erwachen?

Je größer die Naivität und Gleichgültigkeit der Bevölkerung, umso unverschämter ist die *Sauerei,* die mit ihr getrieben wird.

Sobald der nächste Krieg angesagt wird, mit hingenommenen wahnwitzigen Todeszahlen, sollte man den Politikern den *Corna-Fürsorge-Spiegel* vors Gesicht halten, damit sie ihre Scheinheiligkeit erkennen.

Befindet sich auf meinem PC ein Betriebssystem, das mich schlicht ignoriert, und von dem ich nie weiß, was es hinter meinem Rücken anstellt, so habe ich es gestrichen satt. Und genauso empfinde ich ein Unwohlsein, wenn Regierungen, Parteien, Politiker, Kirchen, Konzerne, Herr und Frau Soundso mir in den Rücken fallen.

Einer politischen Bedenkenlosigkeit, der einhellig Protest und Widerstand in der Gemeinschaft entgegenstünde, bedeutete in dieser Situation »Einigkeit« im Volk, und folgerichtig befände sich das Volk im »Recht« und letztlich beträfe es seine »Freiheit«. Doch Solches wird hierzulande nur in Hymnen besungen.

Demokratie ist das Laientheater des Volkes; leider ist es überwiegend geschlossen.

Sinniert ein Separatist: Was wäre Deutschland ohne Bayern? Was wäre Bayern ohne Deutschland!
(Bitte keine Panzer schicken! Es ist selbstverständlich nur humoristisch gemeint!)

»Ich liebe euch doch alle ...«, winselte der entmachtete SED-Funktionär unter Spott und lautem Gelächter. Sagt aber einer: »Ich hasse euch alle!«, lacht niemand, obwohl beide anscheinend nicht wissen, was sie daherreden.

Wer spaltet und trennt, wird auch selbst kleiner!

Alle materialistischen Ideologien müssen letztlich an der Illusion scheitern, den Himmel auf die Erde zu holen.

Was gehört in den Mülleimer der Geschichte? Doch nichts, was Hand und Fuß hat, denkt man, aber genau diese Gliedmaßen der Mächtigen sprängen einem massenhaft ins Auge.

Nicht vergessen! Unsere Kinder werden uns einmal regieren: Uns geschieht nach ihrer Erziehung!

Demokratie heißt auch: Boxhandschuhe für alle!

Ist der *schlechte Staat* nicht letztlich die Summe seiner vielen Bürger?

Will ein Wurm der Amsel vorschreiben, wie sie ihn fressen soll, giftet der Despot.

Diplomatie ist auch, wenn jemand, der etwas zu sagen hat, einen anderen, der nichts zu sagen hat, etwas sagen lässt.

Wer gegen andere das Gesetz zum Prügel gemacht – dann aber selbst geprügelt wird, über den wird doch zu Recht gelacht.

Kriegspolitik bedeutet Trümmer nach Plan.

Zu Bett gegangen, besoffen von der Macht – am Morgen machtlos aufgewacht: Militärputsch!

Die Immunität des Politikers ist bei Straffälligkeit ein wunderbarer Freibrief. Zum Ausgleich erhält wohl der gemeine Bürger das Bonbon der Schuldunfähigkeit bei Trunkenheit? So ist's Recht!

Die Mächtigen sind nicht zu beneiden, denn sie haben bei ihrer Endabrechnung vermutlich eine Menge mehr gutzumachen als ihre Untertanen.

Ich will es mir leisten, spricht der Leisten: Schuster, mach mir einen Schuh darauf! Ähnlich selbstherrlich kommt auch die Forderung des Staats an seine Zentralbank daher, wenn er frisches Geld braucht.

In Machtstrukturen mutiert ein Abel leicht zum wilden Kain.

Die Grenzen sind fließend, spricht der Eroberer. Die Grenzen sind unverrückbar, findet der Verteidiger.

Sieht sich die hilflos wirkende Staatsmacht immer mehr bedroht und von angriffslustigen Wölfen umzingelt, wird sie ihre Schafsfellverkleidung ablegen und mit ihrer grauenvollen Fratze die Wölflein in die Flucht schlagen.

Wie man's auch nimmt: Mit ramponierten Stiefeln ist kein Staat zu machen.

Wenn Machtgeile die Strategie um Rat fragen, antwortet meist immer der Krieg.

»Was willst du denn hier? Ich bin randvoll mit Politikverdrossenheit!«, klagt die leere Wahlurne einer eingeworfenen Wählerstimme. »Umso besser, dann habe ich mehr Gewicht!«, freut sich die.

Keine Chance! Der Staat ist gewiss der Letzte, der das Licht ausmacht, notfalls lässt er auf die Lichtschalter schießen.

Wenn Computerhacker einmal die Soldaten ersetzen, könnten künftige Kriege eine völlig neue Dimension erlangen.

Schon zweimal, anno 1529 und 1683, standen die Türken vor Wien und zweimal erfuhren sie ihre Niederlage. Neuerdings versuchen sie es auf friedliche Weise, durch einen Beitritt zur EU. Hm, wie die Zeiten sich ändern!

Der Begriff *Schurkenstaat* – wurde der nicht von einem Schurken kreiert, einem der auf der Achse des Bösen sitzt?

Die Umsetzung einer schlauen Strategie erfordert nicht unbedingt auch schlaue Leute, doch zuverlässig gehorchen müssen sie.

Tyrannen gehen bekanntlich nicht zimperlich mit ihren Untertanen um. Es soll auch sogenannte demokratische Politiker geben, die solche Führung insgeheim bewundern. Andere wiederum handeln wie Despoten, nennen sich aber Demokraten.

Glatt, wie im Winter, kann es auch auf politischem Parkett werden, aber die schadenfrohen Herrschaften dort werden gewiss nicht streuen.

Ist das Wahlvolk die dumme Masse, aus der demokratisch die klugen Köpfe der Politik gewählt werden?

Des gemeinen Spieles überdrüssig wird sogar ein stumpfer Geist.

In ähnlichem Maße, wie die Lüge ehrlich ist, verhält sich das Staatsrecht zur Gerechtigkeit.

Hofnarren, sind die ausgestorben? Nein! Sie sind verkappte Verwandlungskünstler und haben überlebt; im Dunstkreis der Regierenden fühlen sie sich am wohlsten.

Da saßen sie satt und mit offenem Herzen in bequemen Sesseln und redeten: »Wie könnten wir jenen Bedürftigen nachhaltig helfen?« Aber niemand wusste Rat aus den Sesseln heraus, und so wechselte man schnell das Thema.

Meine Landsleute neigen auch im politischen Verhalten zur Perfektion: Sie hatten eine wohl unübertroffene Diktatur, und nun sind sie vor lauter Demokratie beinahe handlungsunfähig. (Später hinzugefügt: kein Wunder, wenn in letzter Zeit die Demokratie wieder ins Wanken gerät.)

Die Regierenden, samt Funktionären, Topbeamten, Lobbyisten etc., sind wie ein ungemeines lästiges Rudel von Plagegeistern im Fell des Volkes. Solange sich nur der Einzelne schüttelt, wird es nichts nützen.

Friedlich ist und bleibt ein Staat, solange Bürger ihm den Frieden flüstern.
Hat das Flüstern aufgehört, man bald schon auf Kanonen schwört.

Auch unerschöpflich scheinende Macht wird einmal versiegen und teilt das Schicksal mit der noch sprudelnden Quelle.

Unseres Volkes »Heil« war anderer Völker Sieg.

Worin liegt und lag denn grundsätzlich die Aufgabe von GIs und Legionären? Doch gewiss nicht in der Landesverteidigung. Und weshalb zerfiel das römische Imperium und werden die USA in dieselben Fußstapfen treten? Die Antwort ist teilweise noch offen, sie dürfte jedoch nicht allzu schwer fallen, denn vieles ist bereits erreicht, und wir leben gefühlt in einer viel kurzlebigeren Zeit!

Kennt man einen Despoten, der nicht nur sich bereicherte, sondern auch sein Volk?

Wie will man ein außer Kontrolle geratenes System wieder in den Griff bekommen, wenn man nicht grundlegend vereinfacht und ursächlich denkt, damit selbst ein Chaos durchschaubar und beherrschbar wird? Die Konsequenzen müssen zwangsläufig radikal sein.

Diese Partei fehlte uns noch: Die freien Radikalen – werden die uns in absehbarer Zeit regieren?

Eine Chance den Chancenlosen! Widersinn, der Schule machen sollte.

Mit dem Schlagwort Terrorismusbekämpfung verschleiert der Staatsapparat nur die Zielgruppe, gegen die der Kampf gerichtet ist: die eigenen Bürger.

Ein schier unlösbares Problem für jeden Kabarettisten: Das Publikum wünschte sich, nicht ständig über die beschissenen Geschichten unserer Politiker lachen zu müssen, wie lachhaft sie auch präsentiert werden. Anderseits möchte ja auch niemand im Kabarett wegen der üblen Zustände weinen.

Nicht nur Politikern fällt es in der Stunde der Entscheidung schwer, kurzentschlossen das kleinere Übel zu wählen. Die Verantwortlichen zögern lieber die Stunde der Wahrheit so lange wie möglich hinaus, bis sie dann sozusagen »alternativlos« das größere Übel in Kauf nehmen müssen und beklagen rührselig das unausweichliche Desaster, welches natürlich »unverschuldet« folgen wird.

Auch der beste Jagdhund streckt einmal seine Läufe; ein Trost für alle Gejagten.

Der liebe Vater Staat – welche Illusion! Wird er zum Monster, kennt Papa kein Pardon!

Zu den befohlenen Auslandseinsätzen der Bundeswehr kann jeder Kriegsmüde nur denken: Soldaten zum Marsch, leck mich! (Denkfehler, da Berufswahl)

Den Schwachen verleihe eine Uniform Stärke; den Starken mache sie Angst!

Das Quasseln ist des Redners Lust: Damit ist so mancher Politiker weit herumgekommen und hat locker den besungenen Müller übertroffen, dessen Lust ja das Wandern ist.

Vernetzung bedeutet Abhängigkeit vom Netzwerk und somit Unfreiheit.

Aushorchen und Spionage sind Kriegsmittel im sogenannten freundschaftlichen Miteinander.

Wenn in diesen Tagen blindwütig Kämpfer in Syrien tönen: »Wer nicht mit uns kämpft, ist gegen uns«, erklären sie allen friedfertigen Menschen den Krieg. Sie geben zu erkennen, dass Frieden für sie schlechthin kein Thema ist. Das missbrauchte Jesu-Wort »Wer nicht für mich ist, ist gegen mich«, fordert wahrhaftig nicht zum mörderischen Kampf auf, sondern postuliert Nächsten- ja sogar Feindesliebe – absolut im Gegensatz zu den Fanatikern. (Zeitstempel: Ende 2013)

Es siegt nicht die stärkste Macht, sondern jene mit der längsten Beständigkeit.

Das Wahlvolk und die Wahlen bereiten mir zunehmend Qualen.

Wenn das Rind, das man schlachten will, nur noch Haut und Knochen ist, dann lässt man es gerne laufen. Ähnlich mag es den wenigen zahlungsfähigen EU-Ländern ergehen. Sobald sie ausgemergelt sind und von ihnen nichts mehr zu erwarten ist – vielleicht steht dann die Stalltüre offen.

Hatten die Römer noch das Sagen, konnte sich vermutlich niemand vorstellen, dass eine Welt ohne sie der Normalzustand sein würde. Ihr Verschwinden müsste doch allen ein gewisser Trost sein, die sich unter der Fuchtel aktueller Weltmächte nicht recht wohlfühlen.

Von einer »hohen Kunst der Manipulation« kann man erst sprechen, wenn sie von der großen Mehrheit nicht bemerkt wird; je klüger das Volk, umso höher liegt die Messlatte für die Schwindler.

Die *hintergründigen Eliten* müssen sich in ihrer überheblichen Rolle doch zu Tode lachen über die Völker, weil die wirklich alles mit sich machen lassen!

»Bin ich denn der Hüter meines Bruders?«, entgegnet der Brudermörder Kain trotzig seinem Gott im Alten Testament (1. Mose). »Bin ich denn der Hüter meines Volkes?«, könnte sich der gewissenlose Politiker vor seinem schlechten Gewissen zu rechtfertigen versuchen. Aber nein, das ist nicht zu erwarten, weil Gewissenlosigkeit ein schlechtes Gewissen buchstäblich ausschließt.

Die Grenzen der Macht enden beim Dickschädel.

Unser Volk hat leider keine eigene Meinung, die erwartet sie von oben, vermittelt von den Willfährigen.

Emotionale Notiz nach KZ-Bergen-Belsen-Dokumentation: Wenn es Gott gibt und Gerechtigkeit, dann werden über den Abschaum unserer Brüder und Schwestern Fluten von Mühsal und Leid hereinbrechen, ehe sie ihre Schuld beglichen haben. Gibt es aber keinen Gott und keine Gerechtigkeit, hätte unsere üble Verwandtschaft gut lachen, wird es dann aber auch nicht können.

Verschwörungstheorie heißt die Einzäunung um einen Pferch, damit die Schafe nicht ausbrechen.

Big Brother spricht nicht selbst zu uns: Er lässt sprechen! Per TV, Rundfunk und Presse. Auch mittels Politiker, Vereinigungen, Zirkel, Verbände, Clubs, und so weiter – kurz, durch das allmächtige globale Netzwerk erfahren wir, was zu tun, zu lassen und zu denken ist. Abweichende Meinungen sind unerwünscht und werden schlicht gesagt unterdrückt. Wer sich auf dieses System verlässt, ist buchstäblich von allen guten Geistern verlassen!

Die EU ist für die Globalisten der beliebte *Fußball*, den sie beim Endspiel ins Tor der *Neuen Weltordnung* ballern möchten; das EU-Wahlvolk soll bis dahin brav Eigentore schießen!

Überheblichkeit findet sich auf allen Gebieten; nur wird sie nicht überall so gut dotiert wie beim Staat.

Charismatische Unmenschen – geschult in menschenverachtender Spitzfindigkeit, dabei verdorben bis in den Kern – so etwas bewundert Einfalt gern.

Respektloser Rat zur Bundespräsidentenwahl: Nehmt euch doch einen Lebenslänglichen! Der kommt billiger und tut es, solange ihr es wollt.

Meist steckt Feigheit dahinter, sobald man das Verbrechen der Schuldigen pauschaliert, anstatt Ross und Reiter direkt beim Namen zu nennen.

Was Staatsgläubigen politisch oft rätselhaft erscheint, würden sie gleich besser verstehen, wenn sie sich Regierungen wie Räuberbanden vorstellten.

Errungenschaften, wie das Smartphone, das bargeldlose Bezahlen, der implantierte Chip sind die Highlights der *Hintergründigen*, um ihre Herde leichtgängig in einen Pferch zu treiben. Tragisch nur, wie gerne die Masse jetzt schon einläuft und freiwillig ihre Freiheit aufgeben wird.

Schlösse Politik legales Belügen und Betrügen des Volkes ein, wäre sie dann nicht die Ausgeburt menschlicher Verworfenheit? Und wie weit sind wir davon entfernt?

Die Aktivitäten der Kriegstreiber sind derart komplex und global mit allerlei Taktiken verwoben, dass selbst ihre vollkommene Offenlegung nur eine dumpfe Ahnung von den ungeheuerlichen Verbrechen hinterlässt, verbunden mit dem Gefühl totaler Hilflosigkeit. So geschehen mit F. William Engdahls Buch »Amerikas Heiliger Krieg«. Dank peinlichster Detailaufklärung erweckt es im Leser Entsetzen. Die Gewissenlosigkeit dieser unglaublichen Machenschaften lässt einem das Blut gefrieren.

Die Totengräber sind nicht zu fürchten. Es sind die Kriegstreiber und Kriegsherren, welche am liebsten schon die Lebenden begraben und in der Tat unzählige Menschen auf dem Gewissen haben. Bekennende Satanisten, die so ausgiebig Angst und Schrecken verbreiten, dass man die Welt nicht mehr versteht.

Übrigens, vor der Corvid-Impfung gibt es keine Freiheit; nach der Impfung erst recht nicht, da diese wohl hinterhältig dem Freiheitsentzug dienen wird; dem Impfpass folgt wohl der geniale Kontrollchip?

Die Freiheit ist gefährdet, wenn Politiker sie einschränken und den Schutz der Demokratie zum Vorwand nehmen.

Unterdrücker! Ihr habt aus mir etwas gemacht, das sich fühlt wie ausgedrückte Zahncreme; ihr bringt mich nicht mehr in die Tube zurück!

Hinter *Experten-Masken* lässt sich Unrecht und Irreführung am besten verstecken.

Nistet im Wesenskern eines Charakters der Wille zur Unterdrückung, der Beherrschung und Peinigung anderer Menschen, dann sind es ebendiese Kräfte, welche sich einmal wirksam gegen diese Person wenden werden und auch irgendwann im Zeitkarussell von ihr zu erdulden sind.

Wäre die breite Masse nicht derart ahnungslos, könnte sie wohl nicht so unbekümmert sein. Sonst nämlich bekäme ihre globale Herrschaft vor dieser zahlenmäßigen Übermacht Muffensausen. Solches wird eine naive Bevölkerung früher oder später leider selber erleben.

Der Vorabend einer Diktatur ist ein Tag wie heute und noch nicht schlimm. Das ändert sich schlagartig, wenn international das Bargeld abgeschafft worden ist und das Chippen der Bevölkerung beginnt. Dann gute Nacht!

Simsalabim – ein Zauberschlüssel, der uns auch die Augen öffnen kann, wenn es ums Erkennen getarnter, versteckter, geheimer Beweggründe geht. Die Zauberformel, die erhellende Frage lautet:
»WEM NÜTZT ES?«

Sein Wahlspruch war: Einspruch!

Welche erlesenen Vorzüge besitzen jene hintergründigen Macht-Eliten, die der Welt ihre neue Ordnung aufzwingen wollen, falls man »Elite« im wahren Wortsinn auffasste? Keine! Ganz im Gegenteil, es mangelt geradezu an elitären Qualitäten. Hier beginnt also bereits das begriffliche Täuschungsmanöver, und für viele Völker endet es unter dem Deckmantel der *Demokratie* schwuppdiwupp in einer Diktatur. Früher waren das Tyrannen und ihr Vorhaben hieß Tyrannei. Hat sich Grundsätzliches an den Machtansprüchen geändert?

Nimmt man von öffentlichen Verlautbarungen und Behauptungen einfach das Gegenteil an, so liegt man erfahrungsgemäß damit viel häufiger richtig, als hätte man der ursprünglichen Botschaft Glauben geschenkt. Das kommt daher, weil die Lüge das Gegenteil von Wahrheit ist, und gelogen wird bekanntlich überall, bis die Nasenspitzen weiß werden. Zwar ist diese Einsicht bitter, doch auch nützlich in vielerlei Hinsicht.

Eine gefühlte Wahrheit, und sei sie bei der Masse noch so unerwünscht, verdiente schon deshalb unsere Unterstützung, weil es ehrlicher ist, auf »Friede-Freude-Eierkuchen« zu verzichten, als einer möglichen Wahrheit im Wege zu stehen.

Staaten verhalten sich im Grunde wie ein einzelner Mensch, und gar nicht selten wie ein raffinierter Lump oder ein bewaffneter Gangster.

Die Verworfenheit des Menschen drückt sich auch in jeder Art menschenverachtender Technik aus. Nicht das Dynamit, eine Drohne, das Gift an sich ist schlecht, sondern die Absicht, welche dahintersteckt. Meist geht es um Vernichtung, Unterdrückung, Kontrolle, Ausbeutung – also ums rechte Mittel zum bösen Zweck.

Mir ist kein Hersteller bekannt, der für die langfristige Beständigkeit seiner Farbstoffe Garantie übernimmt. Wenn Ideologen dies auch so ehrlich mit ihren farbenfrohen Trugbildern hielten, wäre vielen geholfen.

Wenn das Militär zu Trupps von Schlägern, Mördern und Plünderern entartet, ist ihr Präsident dann nicht ein übler Gangsterboss?

Wer in Frieden lebt und anderswo den Krieg fördert, ist kein Diplomat, sondern ein Verbrecher.

Eine Praktik seit Menschengedenken: Nach der Zerstörung folgt der Wiederaufbau, danach das Kaputtmachen, erneutes Errichten und Zerschlagen, und so fort. Wie beim närrischen oder dem fantasievollen Kind, das seine Bauwerke aus Bauklötzen zusammenhaut und gleich beginnt, wieder Neues aufzubauen. Hat dieses eigentümliche Zerstörungspotenzial des Menschen nun kindische oder bösartige Wurzeln? Weil die Zerstörer ja keine Kinder mehr sind, ist das leicht zu beantworten.

Gibst du einem Verhungernden nur Wasser, obwohl du Brot im Überfluss hast, wird er dich verfluchen. Gleiches geschieht jenen, die Waffen zum Krieg liefern, obwohl sie die Macht zur Friedensstiftung besitzen.

Die Menschheit ist den krankhaften Neurosen ihrer *Eliten* ausgeliefert. Deswegen steht man mit seinen beiden Beinen nicht in einem Lande wo Milch und Honig fließen, sondern stapft in der Gosse und denkt mit Wehmut an jenes Wunderland.

Wenn Krieg als geeignetes Mittel vertreten wird, ist jede Brutalität letztlich gerechtfertigte Kriegslogik.

Finanzpolitiker und ihre Gehilfen erinnern an Zauberer, die jede Menge Geld aus dem Hut hervorzaubern, um es großzügig zu verteilen, obwohl der Staat gigantisch verschuldet ist. Kommt es dann zur zwangsläufigen Geldentwertung, können sie doch, wenn es ungemütlich wird, schnell ihren Hut an den Nagel hängen und die Bühne verlassen.
Geht die Vorstellung aber einmal gründlich daneben, werden sie gewiss rechtzeitig verschwinden und »Abrakadabra« außer Landes sein.

Der Naive, ebenso wie ein gutgläubiges Volk, können Zumutungen erstaunlich leicht wegstecken, weil sie gar nicht merken und es auch nicht glauben wollen, wie raffiniert man sie gängelt und betrügt.

Da bekommt die Menschheit Wut, wenn Krieg auf Lug und Trug beruht.

Erfolgreiches globales Impfen, gepaart mit Überwachungstechnik, bringt die Menschheit mindestens so weit, wie es die Entwicklung der Atombombe tat. Mit dem Unterschied, dass die Bombe aus persönlicher Furcht vielleicht doch nicht eingesetzt wird?

Damit es dem »System« im Lande gut geht, drängt uns der Staat zu Arbeit und Fleiß.

Fragt der Wurm die Pflaume: »Darf ich kurz mal reinkommen?« »Wenn's weiter nichts ist, gerne!«
(Sender stellen übrigens ähnliche Fragen, und wir schalten nicht ab!)

Die eingefleischten Primaten befinden sich nicht auf Bäumen, sie sitzen in Palästen.

Wem das Ganze mehr ist als die Summe seiner Teile, der muss unser Land fürchten! Denkt man nur an dessen Bürokraten und seine Bürokratie, wo doch aus vielen kleinen Tierchen bereits ein richtiges Monster geworden ist.

Solange skrupellose Global Players und Bankster weltweit geachtet und nicht geächtet sind, werden sie ihre rücksichtslosen Spielchen mit Land und Leuten weitertreiben.

Europa wächst langsam zusammen. Viel schneller wird es wieder zerbrechen, wenn allerseits der Geldsegen schief hängt. (2007)

Krieg? Nein danke! Nationen, hebt doch eure kriegswilligen Politiker mitsamt Rüstung aufs Pferd, gebt ihnen eine Lanze, treibt sie in die Arena zum Gefecht und ehrt sie nach außen hin für ihren »ehrenvollen« Einsatz mit rührseligem Gerede; insgeheim übt Frohsinn beim Tanze. Spiegelbildlich geht es zu, wenn die Mächtigen eure Söhne in den Krieg schicken.

Ausbeuten und Zerstören – ist das gemeint, wenn von tief greifenden Veränderungen und einer notwendigen Umgestaltung da und dort die Rede ist? (Von Great Reset war damals noch nicht die Rede!)

Ist jemand verwerflich genug, seine Rechtschaffenheit gegen Geld oder Einfluss zu verraten, muss man erst den Partner finden. In der Praxis aber läuft dieses Geschäft andersrum ab: Gesucht wird allenthalben Gewissen-, Skrupel- und Charakterlosigkeit, bei großzügiger Gegenleistung. Und schwupp, schon ist man im schmutzigen Geschäft.

Am Gutmenschen haftet die Anrüchigkeit blanker Ironie, die niemand lieber fördert als der Schlechtmensch.

Unter feudalem Dache wohnt gern ein Menschendrache.

Mit Strategien lässt sich fein regieren, und weil die hinterhältigen Argumente exquisit und sorgfältigst verpackt werden, gehen sie weg wie die Semmeln beim Bäcker. Hilfreiche Gegenargumente werden medial verhindert oder derart madig gemacht, dass sie zu Ladenhütern verkommen. Wer sich trotzdem dafür entscheidet, wird als Tölpel oder *Schwurbler* abgestempelt. Das Beispiel Coronaimpfung zeigt es deutlich.

Tricksen und Täuschen gehört zur Zunft der *Lenker und Führer* wie der Strick zum Sack. Wenn es ihnen um Scheinlösungen geht, versucht man es beim gutgläubigen Volk zuerst mit Hütchenspielertricks; meistens klappt es, wenn alle *System-Kräfte* am gleichen Strang ziehen, und schon ist der Sack zu.

Die widerwärtigste Niedertracht kommt mit Nestwärme oder Stallgeruch daher.

Wer Hintergründiges nach vorne bringen will, muss eben die nötigen Ebenen nach vorne klicken.

Wir müssen uns leider immer öfter fragen, ob das, was uns erzählt wird, auch wahr und sinnvoll sein kann, oder ob es nur ein nützlicher Vorwand ist, uns allesamt für dumm zu verkaufen.

Suchte man in den Listen der erlauchtesten Namen, fänden sich auch die größten ... was ist denn jetzt an meiner Schreibhand kaputt?

Der uns was herausreißt, muss kein Zahnarzt sein, und der uns in etwas hineingeritten hat, kein Reiter, und wir sind keine Pferde. Doch gibt es einen, der für alles steht: Er entreißt uns das Geld, reitet uns in die Armut und macht Ackergäule aus uns – Vater Staat.

Die Sandkästen dieser Welt werden beherrscht von unverschämten Falotten, die garstig sind und einem die Sandschaufel aus der Hand reißen wollen. Wo sind die friedlichen Spielkameraden? Denkt jetzt nicht an Kinder!

Den ohnmächtigen Wutbürger finden die Mächtigen putzig, originell; aber vor den Rachebürgern fürchten sie sich still und heimlich.

Dreißig Silberlinge, welch armseliger Judaslohn! Die Verräter unserer Tage haben anderes Format.

Ein gedrücktes Volk denkt in Tagen, Unterdrücker-Eliten in Jahrhunderten.

Je tiefgründiger manche sogenannte Verschwörungstheorie seziert wird, umso erschreckender werden einem die Zustände bewusst, die hinter den vorgeschobenen Galionsfiguren sichtbar werden. Eben dort, wo Täuschung und Niedertracht sich zu Schandflecken im Verborgenen ausbreiten, und das Finstere das Sagen hat.

Gedanken werden erst mächtig und geschichtsträchtig, wenn sie breiten Anklang finden und massive Unterstützung erfahren. Leider überwiegen die unterdrückerischen Ideologien bei weitem, was doch seltsam ist, da sie mitunter von denen gefördert werden, die später darunter zu leiden haben und wahrscheinlich selbst die Unterdrückten sein werden. (Beispielsweise in der Zeit nach dieser globalen Coronaimpfung.)

»Die großen Lumpen sollten aufgehängt werden, damit sie trocknen können«, riet die Hausfrau ohne Hintergedanken. »Nur wird keiner von denen zugeben, irgendwo nass zu sein«, brummelt der Ehemann. »Was sagst du?« »Ach nichts, war nur so eine Idee ...«

Unterdrückende Macht auszuüben, schließt immer die Gegenbuchung des Unterdrückten mit ein. Der Abgleich, das Karma, die Endabrechnung, ist unabdingbares Gesetz der Gerechtigkeit.

Ein Kopf, der erfüllt ist von Absichten und Strategien, Mitmenschen zu schaden, verdient eigentlich nur Mitleid, bedenkt man, wie sehr dieser Geist dafür zu leiden haben wird.

Totalitäres Mediengebot: Es soll nicht gedacht, schon gar nicht gesagt oder geschrieben, geschweige publiziert werden, was unerwünscht ist, auch wenn es längst im Volke bekannt ist.

Armes Deutschland! Die wenigen noch zahlungsfähigen Länder der EU, welche nun immer größere Rettungsschirme gegen die bevorstehende Währungskatastrophe verleihen, werden selbst ungeschützt im Unwetter stehen. Aber niemand sollte Gegenhilfe erwarten, wenn sie die Retter einmal selber nötig hätten, ganz im Gegenteil: Die Schadenfreude wird grenzenlos im wahren Sinn des Wortes sein! Und unsere verantwortlichen Schirmverleiher werden rechtzeitig in sonnige, regenarme, vor allem sichere Regionen verzogen sein.

Zu jeder Zeit wimmelt es von Informanten, informellen Mitarbeitern, Zuträgern und solchen, die es gerne werden möchten, und jeder von ihnen trägt damit bereits das unsichtbare Brandzeichen des Verräters auf seiner Stirne.

Es ist nicht ungefährlich, das Böse zu benennen: Dies scheut sich nicht, den Kopf vom Rumpf zu trennen.

Friede denen, die ungeheuerliches Leid und zahllose Tode zu verantworten haben – wer wollte das wünschen?

Freies Denken ist nur deshalb möglich, weil man es nicht verbieten kann. Wer aber seine Gedanken äußert, kann von den Machthabern mundtot gemacht, weggesperrt oder beseitigt werden, und das ist nicht selten die brutale Praxis.

Der immer häufiger gebrauchte Vorwand zur Terrorismusbekämpfung ist die großartige Chance für die Staatskrake, ihr Lebendfutter besser an die Saugnäpfe zu bekommen. Ein solches Ungeheuer wird zwangsläufig einen Drachentöter Siegfried auf den Plan rufen, welcher sich mit seinem Schwert an die monströsen Fangarme wagt. Das folgende Blutbad wird jenes der Sage bei weitem übertreffen. (Der Verfasser möchte nicht missverstanden werden: Dieser sinnbildhafte Siegfried genießt nicht seine Sympathie! Nur könnte der sich als eine Folge besagter Ursachen zeigen.)

Nicht nur in Diktaturen verkommt das Volk zur Verfügungsmasse der Regime; auch fiese Demokraten halten es so. So lange es noch möglich ist, sollte das Volk solche Politiker, die dem Volk schaden und es ignorieren, aus ihren Ämtern jagen; stattdessen wählt es die erneut – was sagt man dazu?

Krieg unter Völkern wäre leicht zu umgehen, ließe man ein paar ausgewählte Gladiatoren stellvertretend um Sieg und Niederlage kämpfen. Das ersparte unzählige Menschenleben, unendliches Leid und die Vernichtung ganzer Kulturen. Das liegt nicht im Interesse der Hintergründigen, die ja ihren Machterhalt auch mit strategischer Aufrüstung und anschließender Zerstörung betreiben und natürlich dabei bestens verdienen.

Bleibt's der Willkür ausgesetzt, wird oft Menschenrecht verletzt.

Problemfall BRD: einst von Feinden umringt, nun von Freunden umzingelt.

Unsere Politiker haben Deutschland Mühlsteine umgehängt und das Land im tiefen EURO-Badesee zum Schwimmen geschickt. Nach dem Untergang werden sie blauäugig sagen: »Wir glaubten, das seien Rettungsringe gewesen.«

Auf meine Fantasie konnte ich immer zählen; bei einer Frage lässt sie mich im Stich: Wie ist Deutschland noch zu retten? Ich befürchte, unser ach so reiches Land greift nach dem Bettelstab. Und es wird auch andere Länder ringsum treffen. Die materielle Verarmung wäre ja nicht einmal das Schlimmste; leider werden Kriegsgefahren für empfindsame Antennen wahrnehmbar, die einige Politiker dümmlicherweise sogar noch herausfordern. Kommt es schließlich zum eingefädelten großen Krieg, wird das Schlachtfeld vor allem unser Heimatland sein und wir werden einmal mehr als die bösen Verlierer gelten. Oh, meine düstere Fantasie!, sie bleibt mir treu. Oder färbt da nur der Seher Alois Irlmeier ab?

Folgende Prophezeiung soll übrigens von jenem Alois Irlmaier stammen: »Wenn die ganze Lumperei aufkommt, steht das Volk auf mit den Soldaten. Dann wird jeder, der ein Amt hat, an der nächsten Laterne oder gleich am Fensterkreuz aufgehängt.« Wer da an die global orchestrierte Corona-Strategie denkt, »kann nicht klar im Kopf sein, jedenfalls ist so jemand ein Querdenker, ein Rechter, ein Schwurbler!« Basta.

Wenn ein machtvoller Staat de facto weniger Geldmittel besitzt als einer seiner mittellosen Bürger, was ist er dann? Wie nennt man doch den Reichen, der alles durchgebracht hat? Was empfiehlt sich dann für den einzelnen Bürger? Naive Fragen, die nicht gut ankommen, wenn sie gestellt werden.

Versorgt man die Massen zur rechten Zeit gleichwohl mit Schwertern und Hetzpropaganda, folgt zuverlässig das Blutbad. Die rechte Zeit ist immer dann, wenn alles von den Großraumköpfen eingefädelt ist.

Was für ein Gipskopf müsste einer sein, der meint, man möchte ihm zuvorkommend seine Krawatte ausrichten. Tatsächlich gehen sie ihm an den Kragen, schnüren ihm die Luft ab und fragen spöttisch, wie es ihm geht: »Oh, vielen Dank –«, röchelt der Feigling ängstlich. Als Bürger sollten wir den fiesen Abschnürer kennen.

Unehrenhaftes lügnerisch zu manipulieren, bis es ehrenhaften Eindruck erweckt, scheint heutzutage eine lukrative, angesehene mediale Aufgabe in unserer Gesellschaft zu sein. Ja freilich, ehrenwerter wäre es, die von oben verordnete Arglist bloßzustellen und öffentlich zu brandmarken. Zur Aufdeckung fehlt meistens der Mut, und geeignete Mittel dazu gibt es auch nicht. Wer aufdeckt, muss mit Unannehmlichkeiten rechnen, die von übler Nachrede, massiven Drohungen, ja bis zum Mord reichen. Je mächtiger die Instanz, umso heißer das Eisen, denkt man.

Was man dir abnehmen kann, wird dir genommen. Nur was du in dir trägst, darfst du behalten, da es nicht zu nehmen ist. Aber man wird deinen Willen brechen.

Wie viel Mensch bliebe übrig, wenn jede Bestechlichkeit im Leben mit dem theoretischen Verlust eines Körperteils einherginge? Manche Person wäre in der Tat ein körperloses Unwesen.

Politik erweist sich häufig nur als schäbiges Theaterstück auf pompöser Bühne, und das Publikum hat ein kostspieliges Abonnement zu zahlen, ob es die Possenspiele nun sehen will oder nicht.

Max Muster denkt: Sie werden euch erfolgreich ausbeuten, dann unterjochen, denn an ihrer Spitze steht der Fürst dieser Erde, Satan, ein Mammon, den sie verehren. Wer aber ist euer Boss, wer soll letztlich den Versklavten die Freiheit bringen?

Unser Geldsystem ist das Unterfangen, Waren und Leistungen gegen ungedecktes Papier zu fordern. Wenn das Experiment scheitert und Hinz und Kunz auf solches Begehren nur Kopfschütteln ernten, werden sich die Leute verdutzt fragen, wie das nur möglich sein konnte? Ihnen ist zu raten, sich rechtzeitig schlau über dieses ausgefuchste Schwindelsystem zu machen und darüber, was noch weitaus Schlimmeres in nächster Zukunft geplant ist.

Freude! Bald werden alle Europäer Millionäre, falls der Notendruck der Europäischen Zentralbank nicht nachlässt. PC-Monitore wurden ja längst auf Breitformat gebracht, womit sich auch die abenteuerlichsten Finanzzahlen noch einzeilig darstellen lassen.

Mit Ehre hat ein Krieg zu tun, so viel wie der Segen des Pfaffen für die Waffen.

Am bitteren Ende der Macht werden immer Strick und Kugel das letzte Wort haben, bis alles gesagt ist, was zu sagen war.

Das Wahlvolk hat Parteien legitimiert, jetzt wird es dafür ausgeschmiert.

Satanisten sind schlechte Geschäftsleute: Sie verhökern sich für den kurzfristigen irdischen Aufstieg und handeln einen schwindelerregenden Absturz nachfolgend ein. Mit andern Worten: Nichts gibt es umsonst, alles hat seinen Preis, dieser wird immens hoch sein.

Des Schöpfers schöne Erde ist zugleich Satans Spielwiese. Dieser ist ein Zerstörer, kein Erschaffer. Er wirkt durch die Beeinflussung seiner Opfer, oder sollte es besser heißen – seiner Verehrer? Deren Praktik sind Lüge, Unterdrückung, Krieg, Vernichtung, und dadurch sorgen sie für sichtbare Resultate seines Willens.

Genug! Es reicht der Spott gegen das Establishment. Nehmt endlich eure Zunge zurück und die geballten Fäuste aus den Hosentaschen.

Einen Anstieg oder Absturz der Börsen vorherzusagen ist simpel, wenn einem nur das *Wann* eingeflüstert würde. Die uns das flüstern könnten, sind stinkreiche, vernetzte Kreise mit Macht und Einfluss, die das *Flüster-Gen* zu Reichtum besitzen und es auch einzusetzen wissen.

Think big! Den größten Lumpen gehen die meisten Leute auf dem Leim. Daher sind jene, auf die ein ganzes Volk hereinfällt, die Ausgekochtesten.

Unsere gefährlichsten Schädlinge tragen unverfängliche Namen; kennst du welche? Wer dabei nur an tierische denkt, wird noch große Augen machen.

Nichts stinkt mehr als anrüchige Menschen.

Nur Mut, Bürger! Ich bin der Staat, dein Würger.

Nicht die Schleuserbanden sind das Problem der Flüchtlingsströme, sondern jene Kräfte, durch die Menschen zur Flucht gezwungen wurden. Mächte also, die mittels Strategien und Kriegsterror die Lebensgrundlage der Ärmsten zerstörten. Wer ist oder war in welcher Weise daran beteiligt?, lautet die Tabufrage.

Kein Schwein bekommt ein schlechtes Gewissen, wenn man es beim Namen nennt. Vermutlich auch nicht die mächtigen Strippenzieher, gleichgültig, was sie der Menschheit antun.

Bösartigen Strippenziehern wird erst im Totenschädel der Gedanke kommen, was sie gutzumachen haben.

Die teuflischen Pläne der Mächtigen zu durchschauen, lockt die Verzweiflung ans Bett: Abends vor der Einschlafen und morgens beim Erwachen.

Kriege sind beispielhaft finale Darbietungen, die das *Böse* veranschaulichen.

Fatal ist das von allen Herrschaftssystemen forcierte einseitige Schwarz-Weiß-Denken der Leute. Also ähnlich dem, wie es Bertolt Brecht durch die politische Gegnerschaft von Spitz- und Rundköpfen veranschaulichte. Es nützt dem Machtsystem, indem es Gegner aufbauen hilft und damit die Meinungen spaltet. Hernach lassen sich die kleineren zerstrittenen *Haufen* viel leichter binden und beherrschen.

Gewalt ist ein Rezept, das mit Vorliebe die Mächtigen ausstellen. Sie denken, ihre Untertanen brächte niemals Leute hervor, welche wirksame Gegenmittel gegen sie, ihre Unterdrücker entwickeln könnten. Irren sie da nicht? Ein Funke entfacht das Feuer!

Kaum jemand ist stark genug, um nicht käuflich zu sein. Gegebenenfalls bedeutet eben das Zahlungsmittel eine großzügige Gönnerschaft, die je nach Gusto Einfluss, Geltung oder bescheidene Macht zu vergeben hat. Gar nicht wenige Leute sind schon willfährig, wird nur ihre Eitelkeit befriedigt.

Nützlich soll der Sklave sein und naiv genug, sich gar als freier Demokrat zu fühlen!

Betrachtet die Geduld einer Katze, ihr konzentriertes Lauern auf den passenden Zeitpunkt des Angriffs; sie hat in den Machteliten stimmige Nachahmer gefunden.

Für viele elitäre Figuren passte die Regel: Rein in den großen Sack und draufschlagen, du triffst nie den falschen!, sagt man.

Verbrecher dieser Welt, blickt auf eure Opfer: So erkennt ihr, welches Schicksal die Zukunft auch für euch bereit hält; nichts wird Tätern im endlosen Lebensrad erspart bleiben.

Das Buch ist »genderfrei«, weil der Autor davon überzeugt ist, dass Frauen klug genug sind, zu wissen, wann sie angesprochen sind – unserer Muttersprache zuliebe! Offensichtlich soll auch beim persönlichen Sprachgebrauch jenes verordnete »Spalten und Trennen« versucht werden, was ja im politischen Alltag inzwischen widerliche Praxis geworden ist.

D1 – Kultur & Künste

Die größte Kunst für einen gestalterisch veranlagten Menschen wäre, gar nichts zu tun, denn das schafft er nicht!

Das geniale Werk des Schaffenden wäre unnütz, fände es nicht Widerhall im Bewunderer, dem ebenbürtigen Partner.

Ein Schriftsteller wird zum Schriftstehler, wenn er fremde Kamellen nur in eigenes Papier wickelt.

Als ich meinte, in die Fußstapfen Goethes getreten zu sein, wurde mir bewusst, dass ich mit beiden Füßen darin stehe und der nächste Schritt unerreichbar entfernt ist.

Ich denke schon, dass in mir ein kleiner Künstler schläft, doch weiß ich weder den Namen des Penners noch kenne ich ihn persönlich.

Mir ist völlig klar: Solche Sprüche schreibt man sozusagen für den Sarg und fraglich ist, ob sie jemals ausgebuddelt werden.

Selten, dass ein Künstler auch selbst aus der Schüssel seiner Verdienste löffeln kann; das bleibt meistens seiner Ruhmfigur überlassen, doch die hat bereits den Löffel an die Erben abgegeben.

Dilemma: Was soll man denen sagen, die schon alles wissen? Was sagt man anderen, die hartnäckig zu wissen wünschen, was man selbst nicht weiß?

Sind das gute Schriftsteller, die ihr Tagespensum in Worten zählen und nicht nach dem Gewicht ihrer Gedanken bemessen?

Was er schrieb, kam zwar aus seiner Hand, hatte aber wenig Fuß.

Was eines farbwerfenden Schmierfinks oder des sich in Farbe wälzenden Kunstschweins künstlerischer Anspruch ist, lässt auch den modernen Lyriker nicht ruhen: Buchstabenkrampf beleidigt ebenso den gesunden Menschenverstand.

Die Sau, welche sich in einem Werk ungestraft suhlen und auslassen kann, ist in Wahrheit der Urheber.

Ein guter Pianist spielt ein leichtes Stück nicht schnell wie kein anderer, sondern leicht, wie es ist, nur einfach besser.

Nicht selten verbirgt sich hinter der Anmut großartiger Bauwerke eine abgründige Moral ihrer Erbauer. Kein Wunder, wenn zu deren Schönfärbung und zur Befriedigung von Ehrgeiz so viel Prestigeträchtiges gebaut wird.

Nicht der Künstler ist's allein – groß muss auch der Kunstfreund sein!

Wir fragen uns über das Genie: Wie gelangt ein Mensch zu dieser Meisterschaft und solchem Werk? Die fragende Antwort: Übte er sich nicht durch ferne, lange Zeiten?

Die Befürchtung, zeitlebens ein Schreibkrüppel zu bleiben.

Was beim Buchschreiben am leichtesten schien, einen Titel zu finden, erwies sich unerwartet schwierig. Vielleicht, weil man versucht, alles, was auf dreihundert Seiten steht, möglichst in ein paar Worten zusammenzufassen, und das ist bei einem vielschichtigen Buch beinahe unmöglich.

Die Hirnsteinsammlung entstand im Laufe von Jahrzehnten, manche Einträge liegen gar ein halbes Jahrhundert zurück. So erklärt sich auch die Abweichung, vielleicht auch eine Gegenläufigkeit beim gleichen Gedanken. Frühere Ansichten werden bewusst nicht durch spätere Einsichten ersetzt, ist es doch beabsichtigt, solch zeitlich bedingtes Umdenken aufzuzeigen. Allerdings ist die Reihenfolge nicht unbedingt chronologisch!

Leider bin ich kein besonders musikalischer Mensch, aber vielleicht gerade deswegen habe ich so großen Respekt vor meinem liebsten Spielzeug, der Musik.

Bei Bachs Musik gerät allenfalls der Intellekt in Verzückung, doch beim »Bumbumbumm« fällt der in Ohnmacht; da jubelt der Instinkt.

Ohne Block und Bleistift auf dem Nachttisch komme ich nicht aus.

Tief Luft geholt! Wer behaupten würde, irgendwie verhält sich Rüsselsheim zu Bethlehem wie Mogadischu zu Timbuktu, der wäre wohl eher ein weiser Narr mit schwarzem Humor, als ein Mensch ohne Kopf. Besser, wir überlassen diese surrealistische Stilrichtung den Malern.

Ist es damit getan, Worte um der Worte willen zu setzen, so wie Stein auf Stein, ohne recht zu wissen, was man da baut?

Mit der Sehnsucht nach Vollkommenheit und der Hingabe zu schöpferischem Werk, ehren wir, selbst nur als dessen Bewunderer, zugleich den GROSSEN Geist, der immer sein Teil dazu beigetragen hat.

Ein falscher Griff in die achtundachtzig Klaviertasten scheint mir umgehbarer als das stufenlos riesige Potenzial falscher Töne einer Geige.

Die Kunst sollte weniger kommerzieller Umtrieb sein, vielmehr unser Lehrmeister, auch mit dem inneren Auge zu sehen, dem inneren Ohr zu hören.

Unsere großen Meister waren vor allem fleißig; sie haben alles festgehalten, was sie anrührte und bewegte, ein jeder meisterhaft in seinem Fach, der Schrift, der Noten, der Formen und Farben.

Man sieht bisweilen einem Werk an, ob sein Schöpfer feuchte oder freche Augen dabei bekommen hat.

Genie sein, könnte bedeuten, einen beharrlichen, zielgerichteten Weg durch viele Leben hinter sich zu haben.

Auch wenn uns innige Schaffensfreude beflügelt, ist damit nicht jedes Werk gerechtfertigt, das daraus hervorgeht.

Kabarettisten sollen den Finger in die offenen Wunden der Gesellschaft legen, aber müssen sie andauernd mit scharfer Zunge neue Wunden schneiden?

Hat mich jemand beobachtet, wie ich beim Waldspaziergang alle paar hundert Meter einen Baumstumpf aufsuche, um in erhöhter Position auf dem Knie kurz ins Notizbuch zu kritzeln? Dann ahnt natürlich niemand, dass es um so wichtige Einträge wie beispielsweise diesen hier geht.

An seinen unsichtbaren Perspektivpunkten, wie in einem Spinnennetz gefangen, hing das Bauwerk als Blickfang in der Landschaft vor seinem Betrachter.

Unsterbliche unseres Volkes, wie Goethe beispielsweise, zweifelten an wahrer Unvergänglichkeit, der Seele: »Die Botschaft hör ich wohl, allein mir fehlt der Glaube«, schreibt er selbst. Goethes Werk indes trägt wunderschöne Früchte. Erweist sich seine Überzeugung in dieser entscheidenden Frage als falsch, dann wäre manche Frucht ungenießbar und zum Einmachen nicht geeignet. Es bleibt also spannend, dies einmal zu erfahren.

Wer will schon zugeben, letztendlich doch nur seine intellektuelle Eitelkeit in Worte zu kleiden, in Stein zu hauen, in Töne zu setzen, in Bildern zu bannen. Man nennt diesen Darstellungstrieb lieber Künstlertum.

Die *schönen Künste* kommen zwar aus edlem Hause, doch ihr Ruf leidet, wenn sich ihre Kinder wie Huren oder Scharlatane benehmen, menschlich verständlich, zumal der Normale bekanntlich kaum im Kunstbetrieb wahrgenommen wird. Also spielt man eben splitternackt sein Klavierkonzert, oder kackt in die Ecke beim Happening.

Die liebe neue Kunst wird immer bunter, steigt mit der Zeit und Mode die edle Treppe immer weiter runter.

Es macht den wahren Künstler aus, wenn Unterstützung er von guten Geistern hat. Dagegen muss die üble Kunst es lärmen, fluchen, krachen lassen und buhlen um die Gunst der Abwegigen.

Wäre es die Aufgabe der reinen Kunst, im Menschenwerk dem Großen Geist die Ehre zu erweisen, dann suchte die Kunst den Pfad der geistvollen Verehrung und folgte nicht dem Weg der demonstrativen Verheerung.

Schöpferische Kunst kann auch nur Ausflucht sein, wenn man sich scheut, anstehende wichtigere interne Seelenangelegenheiten kreativ anzupacken.

Große Geister und Künstler sind in den Augen ihrer Bewunderer vielleicht auch deshalb groß, weil sie geschickt eine Menge ihrer Erzeugnisse verworfen und vernichtet haben. Dem Kleingeist gelingt das nicht, er veröffentlicht zu viel davon, was ihn als solchen ausweist.

Ich will mich nicht brüsten, besser sollte ich es verheimlichen. Bleibt zu gestehen, dass ich gerade das geläufige Fremdwort »ignorieren« nachgeschlagen habe, um es gegen ein deutsches Wort auszutauschen. Üblicherweise wird ja die Suche umgekehrt verlaufen – wegen der Effekthascherei? Vorgefunden hatte ich: übersehen, nicht beachten, nicht sehen wollen. Im Satzzusammenhang wollte mir davon nichts gefallen, also entschied ich mich für den strengeren Begriff »ausschlagen«. Dies sei nur nebenbei bemerkt, um klarzumachen, mit welchen Fragwürdigkeiten und riesigen Problemen sich ein Gelegenheitsschreiber herumschlägt.

Mit eignen Worten was zu sagen, das ist schwer, denn fremde Worte sind es, die wir in uns tragen.

Beim Schreiben sind es doch immer wieder die gleichen Wörtchen, die wie abgenützte, verstaubte Requisiten im Wege stehen, die man aber nicht umgehen kann: doch, immer, wieder, aber, man, nicht, kann, und, und, und ...

Woran mag es liegen, wenn Leute, die zwar selbst unfähig sind, Kunst zu schaffen, sich dennoch schärfste Kritik gegenüber einem Kunstwerk und seinem Urheber erlauben? Es ist wohl das weitverbreitete innige Wissen um Ideal und Perfektion.

Auch das unsterbliche Kunstwerk wird vergehen samt allen Bewunderern, alles verschwindet im Nebel der Zeit. Unvergänglich aber ist der Geist, er hat seinen Hauptwohnsitz im Unsichtbaren, und die heimatlosen Geister irren umher und sind auf der Suche zwischen den Welten, sie wohnen noch in uns.

Unsere Genies waren vermutlich in ihrem Vorleben außergewöhnlich fleißig und zielstrebig; Dilettanten ließen es bequemer angehen und haben sich wahrscheinlich noch dazu verzettelt. Auch hier gilt grundsätzlich das zeitlose Gesetz: Wir ernten, was wir säten und was wir senden, werden wir empfangen.

Im hypermodernen bildenden Künstler regiert anscheinend der Zwang, den guten Vorbildern den Rücken zu kehren und auf Biegen und Brechen etwas Neues schaffen zu müssen, schlicht ohne Rücksicht auf Qualität und die Meinung anderer.

Grob geschnitzt aus weichem Holze – lässt das die Müh vergessen, als man noch Hartholz peinlichst formte, aus meisterlichem Stolze?

Die Einzelstimme im Chor ist nur zu hören, wenn die Übrigen mal den Mund halten.

Wenn tadelloser Satzbau und gewandte Formulierung nur der Stall für erbärmliche Tiere ist, sollten die zuvor gefüttert werden.

Das Schreiben für sich wäre schon Arbeit genug; kommt dann noch die Notwendigkeit einer Idee hinzu, sowie Inhalt und Qualität, dann wird's auch schnell zur Qual, meint einer, der es wissen muss.

Entscheidungshilfe für Schriftsteller: Stellt euch vor, wie euer Buch auf Wühltischen verramscht wird. Möchtet ihr es trotzdem schreiben? Beginnt, wenn euch klar ist, dass es nur wenige Menschen gibt, die auch dort nach Perlen suchen und euer Ego sich damit begnügen kann.

Wenn Zeit Geld ist, dann sind Schwätzer und um den Brei schreibende Gesellen zumindest Verschwender.

Von den Aberhunderttausenden neu erschienenen Büchern dieser Jahre dürfte sich die *Hirnsteinsammlung* als eine irgendwie schwer zu fassende Ausnahme abheben, immerhin – gleich, wie man sie bewertet.

Eine Sammlung von Denkhappen wie *die Hirnsteinsammlung* muss nicht unbedingt gefallen, sie darf auch anecken. Sind einige Jährchen vergangen, mag es doch sein, dass die ursprüngliche Ablehnung eines Gedankens vielleicht in Nachdenklichkeit umgeschlagen ist. Damit wäre das Ziel dieser Texte erreicht.

Nach dem Konzert tauchte die spaßige Frage auf, welch künstlerische Ambition wohl der Paukist in seinem schlagkräftigen Akt gehabt haben mochte, beim triumphalen Paukenschlag? Der wird gedacht haben: »Peng – ihr Armlöcher, hört, ich bin auch da!«

Die Spielsucht eines Fjodor Dostojewski verrät, dass kaufmännische Dummheit sehr wohl in einem Genie hausen kann. Rätselhaft bleibt, was einen klugen Menschen zu dieser Unmäßigkeit am Roulettetisch bewogen haben mag? Der Schriftsteller wird die Antwort entdeckt haben, er hatte angeblich seine Sucht besiegt.

Genie ist, wenn man trotzdem murkst, nur eben genial.

Ich bevorzuge in meinen Textminiaturen das knappe Wort, weil jede Andeutung zu viel, auch missverstanden werden kann. Leider kann zu wenig davon ebenso irritieren.

Kunstbesessenheit kann, trotz aller Hingabe, nur ein Mittel zweiter Wahl sein. Wir müssen das Mittel erster Wahl finden; das ist unsere zentrale Bestimmung und Aufgabe.

Das schlichte Wort braucht sich seiner Kleidung nicht zu schämen, selbst wenn es erhabene Gedanken kleidet. Eher trifft das für schlichten Inhalt zu, der im Gewande schwülstiger Worte stolziert und dazu effektvoll verbrämt wird.

Am allerschwersten wird Dichtung, wenn du reimst – aber weißt nicht die Richtung.

Neue Ideen werden rar bei der Massenproduktion von Kunst. Es ist kaum mehr etwas wahrzunehmen, das nicht schon thematisiert worden wäre. Sei es in der Dichtung, der Malerei, der Musik oder dem Theater. Was an Brosamen für den Kunstschaffenden vom Gabentisch der Muse noch abfällt, ist allenfalls Variation. Schlimm, wenn solche in Banalität umgeformt wird und zu einer Zumutung für das Publikum ausartet. Dann bevorzugt besser die Tradition!

Vom Auslöser der Kamera zum Bild ist es ein kleiner Schritt, von Pinsel und Farbe jedoch ein riesiger!

Salomons weise Sprüche haben den Pferdefuß, vom letzten König Israels zu sein; seitdem hat sich die Weisheit dort wohl ausgaloppiert. Meine Sprüche haben den Vorzug, von einem Niemand zu stammen, dem wird kein Aas ans Bein machen.

Wer lange Romane schreibt, braucht vor allem ein geduldiges Hinterteil. Aber auch wer Einfälle in Kurztexte fassen will, muss Geduld aufbringen, mehr als ihm lieb sein kann. Zwar nicht wegen der Mühe, bis die Idee niedergeschrieben ist, wohl aber, bis sie einem eingefallen.

Manch Schaffender wäre gut beraten, ein misslungenes Werk auszusondern. Leider liegt genau darin die Schwierigkeit, oft nicht entscheiden zu können, was gelungen ist und was nicht.

Einem Sonntagsdenker und Montagsdichter, wie mir, fällt es verdammt schwer, etwas von seinen gar nicht üppigen Erzeugnissen in den Papierkorb zu werfen. Ich weiß ja nie, ob denn was Besseres nachkommt. Kein Wunder also, wenn noch reichlich verunglückter Text zu lesen sein wird. Entschuldigung, kritische Lesegeister.

Im schlichten Satzbau wohnt am liebsten die Verständlichkeit; in der komplizierten Formulierung residiert allzu gern Hochmut oder Ahnungslosigkeit.

Das Wollen kommt vor Können.

D2 – Lebensweisheiten & Anregung

Wer nicht bereit dazu ist, Ballast abzuwerfen, kann nicht aufsteigen; wir kennen das auch vom Ballonflug.

Überprüfe stets, ob das *Gute*, was dir schlechte Menschen zu tun empfehlen, ehrlich gemeint sein kann, oder doch nur niederträchtig ist, um dir zu ihrem Vorteil zu schaden.

Der Versuch, sich mit eigenen Meinungen freizuschwimmen, ist ein mühsamer Schwimmkurs, bei dem es viel zu schlucken gibt.

Hat jemand sich an einen Menschen gebunden, bleibt er daran gekettet und kommt nur dann vom Fleck, wenn beide denselben Weg gehen. Bindet man sich an Ideale, wird auch das nur gedeihlich sein, wenn auch hier die einmütige Richtung stimmt.

Auch der Souveräne wird leicht zum Tölpel auf fremdem Felde.

Eine rabenschwarze Seele, die sich mit der freundlichen Maske eines leutseligen Menschen kleidet, ist die größte Zumutung, die uns begegnen kann.

Geht man zu weit, kommt die Umkehr zu kurz.

Mit Speck fängt man Mäuse, mit Schmeichelei die Leute.

Verderbliches verdirbt und Sterbliches stirbt.

Nur die stumme Kreatur wird dein wahrer Freund sein.

Ein scharfer Schnabel und kräftige Klauen sorgen für Karriere.

Nicht nur Worte, auch Zahlen können lügen.

Gemeinheit ist wie die Liebe grenzenlos: Entscheide dich für dein Ideal!

Der Weg zur Hölle ist oft luxuriös.

Wer erkannt hat, dass weit mehr zu danken als zu bitten ist, befindet sich auf der richtigen Spur.

Erkenntnis ist auch das, was uns aus eigener Quelle als Wahrheit erscheint; Bildung und Wissen kommt von Anderen.

Wenn jemand erkennt, dass man Opfer aus eigener Schuld geworden ist, besteht die Chance, solche nicht voreilig bei anderen zu suchen.

Der Verstand wähnt sich im Recht, wenn das Herz nicht widerspricht. Andererseits rennt der Verstand gegen eine Mauer, soll er wider sein Gefühl entscheiden. Deshalb ist die innere Stimme unsre wahre Hausmacht; sie lässt sich ungleich mühevoller erobern als unser bereitwilliger Verstand, der blindlings akzeptiert, was mit Händen greifbar ist und ihm logisch scheint.

Was sich der Mensch nicht durch Erkenntnis und Überzeugung angeeignet hat, bleibt für ihn erstmal verloren.

Werte entstehen im Kopf.

Unser Bewusstsein richtet sich darauf, wohin die Welt es lenkt. Gelingt es, diese weltlichen Einflüsterungen zu missachten, vermag man seine Sinne und Gedanken selbst zu leiten.

Wie es meist besser ist, eine Arbeit bei Licht zu tun als im Dunklen, ist es auch besser, seinen lichten Gedanken zu folgen und nicht den finsteren.

Die beste Optik wird beim Fotografieren nutzlos, wenn das Licht fehlt – im gleichen Sinne, wie ein Mensch sich vergeblich um Erkenntnis bemüht, der in Düsternis weilt.

Das Böse grinst aus jeder üblen Tat.

Wer herumreist, vertreibt die Zeit; wer betrachtend ruht, gewinnt sie.

Auch was ständig an Bedeutung gewinnt, kann im Grunde bedeutungslos bleiben.

In der Erkenntnis sind wir alle Laien, doch im Glauben finden sich wahre Meister.

Was wir auf Erden immer hatten, ist der Geister Kampf um Licht und Schatten.

Indem wir auch nur einen Funken Gottesgeist in uns anerkennen, steckt darin unvergleichlich mehr Zukunft als in einer legendären Lebenserwartung.

Nicht nur Hass verleitet zum Angriff, auch die Gier und nicht zuletzt Dummheit ist dazu fähig.

Ohne Mitwirkung des Himmels gelangt niemand dorthin – und kann das ohne unsere Mitwirkung gelingen?

Auf eine Warum-Frage sollte zumindest eine Antwort möglich sein, die mit *vielleicht* beginnt.

Liebe und Hass, was ist das anderes als ein persönlicher Gewinn- oder Verlustvortrag aus vergangener Zeit. (Frühere Leben einbezogen)

Es ist evolutionär für unsere wahre Verwirklichung nicht entscheidend, welche großartigen Werke wir vollbringen, sondern einzig, ob wir die Liebe zu Gott und den Menschen dauerhaft erhalten können.

Mit unseren persönlichen Möglichkeiten steigt die Verantwortung vor dem Himmel und der Erde.

Ungeklärtes Bewusstsein ist ähnlich belastet wie ungereinigtes Abwasser; trinken wir symbolhaft lieber reines Quellwasser oder aus Suhlen?

Die Lebensreife lässt so lange auf sich warten, ahnt die Jugend; doch der Lebenswinter, dessen ungeachtet, naht mit Riesenschritten.

Unser Lebensatem ist nicht nur Luft; wir leben, wie der Fisch im Wasser, im Äther des Schöpfers.

Unkraut kommt mit dem Wind, Unrat und Schlechtigkeit mit den Menschen.

Erkenntnis bedeutet auch Abschied von der Gleichgültigkeit.

Ist der Ansatz falsch, werden die Folgerungen daraus nicht richtiger.

Selbsterkenntnis ist wie ein trüber Spiegel.

Manche Menschen sind abgründig: Tritt solchen niemals zu nahe!

Im Team gedeiht Skrupellosigkeit am besten.

Geht es etwa um Politik, trennen sich Meinungen; spricht man über Gott, scheiden sich die Geister.

Halb so schlimm, ins Spinnennetz zu tappen, wenn man keine Fliege ist!

Die Zeit als Getriebe verstehen: Im Alter hochgeschaltet, läuft die Zeit schneller aber auch kraftloser dahin.

Der erdgebundene Verstandesmensch trägt sein Schwert bei sich, während der friedfertige Idealist es zu Hause lässt; der Weise aber hat es abgegeben.

Wer nicht einsteigt, kommt nicht mit.

In manchen Gebieten des Denkens darf man seine Gedanken nicht unbeaufsichtigt herumstreunen lassen, sondern sollte sie, wie den Hund im Wald, vorsorglich an die Leine nehmen.

Mit der Überzeugung von seiner endgültigen Sterblichkeit, dennoch in einem Kreislauf von Unsterblichkeit zu leben, das wäre wahre Unwissenheit.

Die Lebensschule schreibt uns keine Noten ins Zeugnis, aber durchfallen werden sehr viele, was konkret Wiederholen bedeutet.

Trösten wir uns eben damit, dass jede schlimme Seite auch eine gute haben muss; man braucht dann nur herauszufinden, was jenes Gute ist.

Wie klug jemand ist, erkennt man erst, wenn die Person von allen guten Geistern verlassen ist.

Je dümmer dir dein Gegenüber vorkommt, umso mehr Einfühlungsvermögen und Verstand musst du eben selbst mitbringen.

Hat dir die Realität nichts mehr zu bieten, bleiben noch die Ideale, doch meide Illusionen!

Erdverbunden ist, wer seit Äonen damit lebt und sich nicht wendet oder dreht, selbst wenn die Erde untergeht.

Was du nicht möchtest gern, das halte auch von anderen fern.

Der Arme möchte reich werden, der Reiche will Macht erlangen, der Kluge versucht, seine Seele für den großen Flug aufzutanken.

Im Zweifel steckt der Deibel.

Man versteht nur, was man verstehen will.

Groll im Herzen belegt den Platz, der für Freude reserviert sein sollte.

Auch wer in sich selbst einkehrt, kommt selten wieder nüchtern heraus.

Aller Seelen Freund kann ebenso wenig sein, wie everybody's friend auch niemand ist.

Es liegt in der Konzeption des Menschen, sich etwas vormachen zu müssen.

Ein Bart hört nicht zu wachsen auf, wie der Lügner nicht aufhört zu lügen.

Das wäre mir ein Lügner, der nicht Talent hat zum Betrüger.

Ehrlichkeit sei dein Gebieter – Verlogenheit singt garstig Lieder.

Was man für großes Glück hielt, kann sich auch als Unglück entpuppen.

Viele Fragen, aber wenige Antworten sind das schwere Los der Menschheit.

Ist das denn tröstlich, wenn wir beinahe allesamt noch in den Windeln der Evolution liegen?

Lange Geschichten erfordern ein weites Ausholen und bei Lügen einen kräftigen Zuschlag.

Auf dem Humus von Frust wächst Zorn.

Abwägung ist die Mutter der Entscheidung.

Gefährlich für den Verstand, wenn bittere Galle in das Herz gelangt!

Nicht allen Menschen ist zu helfen: Wer seinen Kerker von innen verriegelt hält, ist nicht herauszuholen.

Sooft die Kugel rollt, im großen Lottorad des Lebens – könnt machen, was ihr wollt – das Spiel ist meist vergebens.

Gewalttätigkeit ist Ausdruck innerlicher Armseligkeit.

Jemand, der Verbrecher werden will, ist bereits einer.

Text ist eingemachter Geist und nicht ewig haltbar. Nur konservierte Wahrheit bleibt zeitlos gültig. Leider werden oftmals die Etiketten vertauscht.

Ungeschicklichkeit hat mit Dummheit so wenig zu tun, wie Gewandtheit mit Klugheit.

Wer ein inneres Getto aufbricht, sollte mit dem Schlimmsten rechnen.

Selbstlosigkeit ist unbewusste Bereicherung.

Nicht das Wort, die Tat ist Beweis.

Der Dummkopf greift zum Prügel, der Kluge zum Argument.

Das Einreißen kommt vor dem Aufbauen.

Als bessere Verwandtschaft zur Verschwendung dünkt sich der Geiz.

Wenn es so etwas wie ein geistiges Gewand gibt, dann kommen manche Vordenker schäbig daher.

Erwarte nicht, dass Steine schwimmen, eher fliegen sie.

Das Leben ist jedermanns Hochseilakt ohne Sicherheitsnetz.

Unvernunft kennt keine Grenzen.

Lebensglück fällt nicht vom Himmel, seine Quelle sprudelt aus der Tiefe des Selbst.

Biete Halt – erfährst du Halt!

Wenn mit der Erkenntnis nicht die Liebe wächst, bleibt sie nutzlos.

Prüfe dein Nein mit einem Aber.

Was uns die Flamme sagt: Ich bin zwar nicht die Kerze, aber deren Sinn!

Licht braucht Dunkelheit, damit sein Wesen zur Geltung kommt.

Wer die Weisheit mit dem Löffel frisst, ist besser dran als einer, der sie verschmäht.

Die schönste Weisheit nützt wenig, wenn sie nicht verstanden wird.

Freude und Trauer sind unzertrennlich und unsere treuesten Gefährten.

Lebensweisheit in ihrer schönsten Form äußert sich durch Einschränkungen zugunsten anderer.

Insider sind gewendete Außenseiter.

Brennend, wie eine Fackel, für das Dunkel der Zukunft, so lebt man auf Nummer sicher.

Sollte es uns nicht gelingen, unsere Aggressionen in Güte zu verwandeln, haben wir wahrscheinlich unsere größte Evolutionschance verfehlt.

Unsere großartige Evolutionschance sollten wir nicht mit einem untauglichen Charakter aufs Spiel setzen.

Wer das Gute findet, hat Glück.

Unrecht beugt sich nur vor Unrecht.

Werde dir darüber klar, an welche Macht du deine Wünsche richtest und bedenke, nirgendwo gibt es etwas umsonst.

Der Tod ist harmlos, zu fürchten ist die Unsterblichkeit.

Wer sich krankhaft um seinen großen Überblick sorgt, lernt leicht das Schielen.

Es dauert nie lange, bis auch die Sonnenseite im Schatten und später im Dunkel liegt.

Das wird oft vergessen: Man kann nicht weiter springen, als man kann!

Auch für die Zeit nach dem Tod gibt es Strategien, genauso, wie es welche für das Erdenleben gibt. Sie bemessen sich überall danach, was man erreichen möchte.

Das Gute, geschieht es aus Erkenntnis, ist oft nur Klugheit. Wüsste jemand, der Böses tut, dass er sich im gleichen Maße selber schadet, wäre er dann so töricht, es zu tun?

Belasten wir nicht unser ewiges Konto – sorgen wir für Guthaben!

Lebensaufgabe: Im Gewissen dorthin zurückfinden, wovon man sich zu weit entfernt hat.

Probleme, die nicht erkannt werden, sind nur durch ein anderes Problem verdeckt, denn alles ist irgendwann problematisch.

Je mehr Narren um dich sind, desto weniger hast du zu lachen.

Wer mit dem Tod schäkert, freut sich des Lebens.

Der Vater der Diskussion ist der Wille zur Selbstbestätigung.

Zu viele Worte vernebeln den Sinn.

Weisheit birgt in sich die Erfüllung aller Wünsche.

Die Welt zu verstehen, hat schon jeder versucht, die Reise in sich wird selten gebucht.

Erzähle mir, wer du bist, und ich sage dir, was du bist.

Einer glücklichen Zukunft steht oft nur unser Charakter im Wege.

Weißt du, was du willst, weißt du, wer du bist.

Der Mühe wert, wenn's Freud beschert.

In einer blühenden Fantasie reifen auch saftige Probleme.

Das Gegenteil liegt näher, als man denkt.

Wer beim Wunder der Zeugung die wahre Vaterschaft des Allmächtigen anerkennt, bekommt mit Porno, Sex & Co. unweigerlich Probleme.

Wer kein Erbarmen kennt, sollte auch für sich keines erwarten.

Wo ein Vorteil, da ist der Nachteil Nachbar.

Wer überwiegend abgründig denkt, ist schneller abgestürzt, als er sich vorstellen kann.

Wer von der hohen Brücke springt, sollte wissen, wie tief das Wasser da unten ist.

Obwohl es Nachbarn sind: Dem Winter bleibt der Sommer fremd, dem Menschen das Jenseits.

Mit wenigen Worten die Seele berühren, ist mehr, als mit einem dicken Buch nur den Verstand zu beschäftigen.

Die großen Gedanken und Ideen rufen nach den Suchenden, damit diese sie finden.

Gewagt ist immer risikoreich, aber selten schlechter als gar nicht.

Zur Neige geht, was begehrt ist; an Unnützem herrscht niemals Mangel.

Wer sich klar ausdrückt, riskiert verstanden zu werden.

Anderen selbstlos zu helfen, ist die klügste Art einer Bereicherung.

Niemand denkt so weit, wie er könnte.

Selbst wer seine Hände in den Schoß legt, kann noch einiges tun.

Je öfter jemand belogen und reingelegt wurde, umso größer ist sein Vorrat an Misstrauen.

Wer sich selbstgefällig im Spiegel des Lebens betrachten kann, kommt ohne Schminke nicht aus.

Leidenschaft lodert, Sehnsucht flackert, Liebe glimmt.

Die Gesichtsmuskeln sind das wichtigste Werkzeug des Lügners.

Lügner und Betrüger stehen meist auf denselben Beinen.

Mager wird das Wort des Weisen, wenn er selbst in Not gerät.

Nur Inhalt kann die Leere füllen!

Der Verstand des Menschen ist sein Steuermann, das fühlende Herz sein Meister.

Die Masse wählt immer die breite Straße; der Einzelne sucht vielleicht den Pfad, wagt den Grat.

Der Unterschied zwischen Theorie und Praxis ist oft ebenso dramatisch wie das Sein oder Nichtsein im Theater.

Dreißig Tage sind für ein Sandkorn keine Zeit, für einen guten Vorsatz aber eine Ewigkeit.

Begnüge dich! Wer Wasser zu lange kocht, verliert es.

Der Neunmalkluge sollte wenigstens bis drei zählen können.

Wer aus dem Tritt kommt, gerät leicht ins Stolpern.

Was uns nicht herausfordert, das schwächt uns.

Was bedeuten Fehltritte noch, wenn man bereits vom Wege ist?

Wiederholung stärkt den Trend.

Mit wenigen Schritten wird selten schon ein Ziel erreicht, doch ohne diese, mit Sicherheit niemals.

Zum Gegner wird man immer vor dem Kampf.

Verurteilen ist einfacher als freisprechen.

Unbestechlichkeit erkennt kein überzeugendes Angebot.

Früchte reifen nicht spontan und auch nicht unsere guten Pläne.

Lebenssinn heißt die wirksame Heilpflanze, die im Humus der Erkenntnis gedeiht.

Nichts ist so schwer wie die Leichtigkeit.

An der langen Leine führ den Hund; an der Hand dein Kind.

Bedenkt, unsere Kinder besitzen alte Seelen!

Werden wir in unserem Denken zu Schlüssel und Schloss: aufgeschlossen für Gutes, versperrt für Niedertracht.

Trägt eine Idee dazu bei, den Blick auf den Kern zu lenken, ist sie ergiebiger, als lenkte sie ihn aufs Ganze.

Wer selbstlos seinen Mitmenschen dienen kann, dient Gott und sich am besten.

Wer nicht *sehen* will, bleibt blind.

Gute Ideen fürs Herz und für den Verstand sind's, die uns vorteilhaft verändern!

Ein Sandkorn kann nicht für die Wüste sprechen, aber der Mensch für die Menschheit.

Wer an der Lunte riecht, kommt nicht um, aber jener, der die Kanonenkugel fangen möchte.

Wer sich ständig im Kreise dreht, kennt wenigstens seine Umgebung.

Die Niederlage schärft die Sinne, der Sieg trübt sie.

Gehe besiegt in dich, wenn du von Mitmenschen angefeindet oder enttäuscht wirst, und kehre als Sieger wieder, sobald du verzeihen kannst.

Immer wenn ein Zwerg den Riesen besiegt, hat der vorher gelacht.

Begehre nie zur selben Zeit, was alle wollen, denn im Gedränge geht es über Leichen.

Ein starker Bogen verlangt einen kräftigen Pfeil.

Gute Gedanken sind zeitlos, aber man darf ihnen das Alter ruhig ansehen.

Dem tiefen Fall genügt allein die Höhe.

Seinen Idealen hat man zu dienen, nicht die Ideale sind der Diener.

Was aufbraust und kocht, kühlt auch wieder ab.

Zweierlei Maß hängt immer griffbereit nebeneinander.

Denke an die Sonne, wenn du frierst und an das Gute, wenn dir Böses widerfährt.

Der Schwache kann sich wohl die Demut leisten; der Starke, der in Hochmut schwelgt, hat dafür keine Mittel.

Nirgends bist du einsam. Auch verlassen bist du nicht. Alles Leben ist gemeinsam. Weißt du das denn nicht?

Der Zweifel fragt, die Überzeugung behauptet.

Auch ohne die Zwiebel sind Tränen plausibel.

Die Wahrheit ist kein scheues Reh, genötigt, sich zu ducken; ihr Anspruch ist der bildliche Fels in der Brandung.

Die gedankenlose Verhunzung unserer Sprache mit unnötigen Fremdwörtern gleicht der Unart eines nachlässigen Schlampers, der seinen augenblicklichen Abfall auf die Straße wirft. Werden aber Fremdwörter bewusst angeberisch, also bewunderungsheischend eingestreut, entspricht das bildlich der vorsätzlichen Entsorgung, beispielsweise abgefahrener Autoreifen in Wald und Flur, ein Ärgernis der besonderen Art.

Mit wachem Geist und reiner Hand durchschreite dieses Erdenland.

Der meistbegangene Weg ist der Umweg.

Gehe frühzeitig mit dir ins Gericht, bevor das andere für dich tun müssen.

Gibt es denn Gründe, einen Gedanken, den wir als richtig erkennen, zu verleugnen, indem wir unsere innere höchste Instanz betrügen? Oh ja, dieser Grund ist die Feigheit vor dem, was dieser Gedanke von uns fordert.

Dummheit ertappt sich erst, wenn's wehtut.

Wer ein Urteil fällt, wird mit ihm fallen oder erhoben, sagen uns die Weisen.

Im Beginn liegt der Gewinn.

Vom Karussellfahren wurde mir als Kind schwindelig, erstaunlich, dass mir nicht übel wurde, als ich später erfahren hatte, wie schnell sich unsere Erde um die eigene Achse dreht.

Dem kleinen Dummkopf fehlt vielleicht die Schulbildung, der große Dummkopf besitzt womöglich zu viel davon?

Wer von sich sagen kann: Ich bin nicht weise, wünschte aber mehr als alles, es zu sein, hat bereits über die Hälfte des Weges dorthin zurückgelegt. Aber die restliche Strecke wird ungleich mehr Zeit erfordern, und fraglich ist, ob sie ausreichen wird.

Hören und Sehen zählen zu den wichtigsten Nahrungsquellen des Geistes. Unser Verstand wächst daraus und aus ihm unser Handeln. Und das ist es, was beispielsweise Gewaltspieler zu Gewalttätern machen kann.

Zur wahren Liebe blickt man empor, auf die falsche Liebe hinab.

Die abgeleierten Lehrsätze jeder Art Schulmeister werden zu Merksätzen ihrer Meisterschüler.

Hat sich doch einer, der selbst mit Traktaten traktiert, gerade beim Zitieren eines Traktates blamiert.

Keine Ahnung – dies ist noch immer die große Weltenformel einer ehrlichen Wissenschaft.

In unserer Zeit scheint der Mensch zum technischen Bediener zu verkommen, dem es genügt, zu wissen, wo man drücken muss und nicht, warum man drücken soll.

Es wird sich herumsprechen, dass Wichtiges auf Computern nichts zu suchen hat, die im Internet herumstreunen.

Wer ein echtes *Schatzbuch* öffnet und darin nur *dummes Zeug* vorfindet, sollte seine Enttäuschung zügeln und in sich gehen, denn ein wahres Schatzbuch enthält kein dummes Zeug! Nur hat man das Problem, eben nicht zu wissen, ob's ein echtes ist, und daher ist es ratsam, zuallererst keine voreiligen Schlüsse zu ziehen.

Majestät Weisheit lässt sich vorzugsweise erobern oder sie überwältigt die, die sie mag.

Sei kein strenger Richter, damit du nicht daran zugrunde gehst!

Bleibst du im Kampfe beharrlich und ehrlich, hast du einen Sieg nicht nötig. Versuchst du, den Kampf zu vermeiden, obwohl du ihn gewinnen könntest, so hast du bereits gesiegt.

Wo Scheinheiliges wuchert, liegt Unheiliges und Unheil nicht fern.

In Sprüchen hat des Menschen Geist doch nur gesagt, was VIEL in Kürze heißt.

Für alles hat man seine Gründe, nur, wozu man selbst ist, findet man keinen.

Ein Bierkrug muss einen Henkel haben und der Mensch seinen Glauben.

Wer das Wunder braucht, ist mit seiner Weisheit längst am Ende.

Die Lüge wird zum Tausendfüßler, wenn alles Weitere auf Lüge fußt.

Achten wir sorgsam auf die Reihenfolge, damit wir nicht zu Chaoten werden.

Gottes Bewusstsein umfasst *ALLES!* Sind wir *ALLEM* dankbar, was auch unseres erweitert.

Wer nach allen Seiten offen ist, kann auch seinen Charakter nicht verbergen.

Zwischen zwei Lügnern liegt die Wahrheit in Ketten.

Je gefesselter eine Kraft, umso stärker wird sie um ihre Befreiung kämpfen.

Erst wenn uns die Wahrheit eines Gedankens überleben kann, taugt sie etwas.

Gelingen wird nur schwer, was nicht zutiefst gewünscht.

Auf und davon zu gehen, während die Gedanken noch auf der Stelle verharren, macht jeden weiteren Schritt buchstäblich gedankenlos.

Fürwahr, kein trefflicher Gedanke und nicht mal helle, der sich aus Floskeln speist in seiner kargen Zelle.

Bevor ein Mensch weise werden kann, muss er Dummheit begriffen haben.

Erhebe den Arm nicht zur Drohung und erniedrige nicht deinen Sinn zur Rache, denn der Arm des Gewalttätigen wird einst im Schmerz erlahmen wie auch sein rachsüchtiger Geist.

Rückwärtsdenken zum Anfang und das Vorwärtsdenken in die Zukunft, beides kann hilfreich sein.

Verlieren wir Maßstäbe, sind wir verloren.

Bescheiden sei dein Wesen, erlesen dein Sinn.

Endstadium ist auch die Vorahnung eines Neubeginns.

Ein Schritt in die richtige Richtung kann auch ein Schritt auf falschem Wege sein.

Gutgläubigkeit und Misstrauen wachsen auf demselben Acker.

Nicht verstehen können, ist oft genug die Ausrede, nicht verstehen zu wollen.

Findest du nichts Besseres als dich, mach dir bei der Suche Licht.

Die Lüge ist eine natürliche Unmöglichkeit im Reich der Wahrheit.

Konnte nicht die Erde dich bezwingen, vermag's auch nicht der Tod.

Wie überwinde ich die *schlechte Welt*? Indem ich jeden Menschen so behandle, als wäre ich an seiner Stelle.

Was dem Ego dienlich ist, enthält bereits die Ablauffrist.

Menschen sind bekanntlich nicht gleich, alle haben ihre Schwächen, besonders wenn es um die strenge und oft harte Beurteilung von Mitmenschen geht. Dennoch sollten wir üben, uns als Brüder und Schwestern zu sehen. Nur mit dieser Voreinstellung ist das übergeordnete absolute Maß, der *innigen Zugehörigkeit aller*, noch am ehesten zu bewältigen.

Das Gute ist zurückhaltend, Böses aufdringlich.

Der Einsichtige lernt, aus der Vergangenheit die Zukunft zu schauen.

Erwarte nichts von eitlen Menschen: Die erwarten etwas von dir.

Wer sich bezwingen lässt, der wird auch gern bezwungen.

Du kannst denken, was zu willst, aber es wird dich richten wie eine Tat.

Ursprung einer Erkenntnis ist meist die Neugier.

Wahrhafte Sehnsucht ist einfach zu groß für das enge Korsett jeder Art von Gleichgültigkeit.

Je größer der Futterhaufen, umso mehr wird darauf gestritten.

D3 – Weltsicht & Philosophie

Spezifische Theorien können zwar im Kleinen richtig sein, doch taugen sie selten im großen Allgemeinen.

Jeder kommt mal in die Lage, den »Luther zu machen«: Hier stehe ich, ich kann nicht anders.

Satans Lebensschule hat viele Klassenzimmer, und ihre Lehrer sind raffiniert und mit allen Wassern gewaschen.

Ist dein Lebensweg ein endloser Tunnel, liegt's am Karma! Werde dir das bewusst, bleibe tapfer und gehe weiter.

Greife nicht in den großen Fleischwolf des Atheisten, auch nicht, um seine Zweifel zu erwischen; es könnte dich durchziehen!

Je älter der Mensch wird, umso geläufiger wird ihm das Wörtchen *warum?* Schließlich lohnt sich jetzt vieles nicht mehr auf Mutter Erde, aber man vergisst dabei das Wichtigste: die Zukunft der eigenen Seele.

Das »Erdenreich« folgt anderen Gesetzmäßigkeiten als das »Lichtreich«, doch weil der Mensch ein latentes Geistwesen ist, gelingen ihm manchmal auch Lichtblicke in diese andere Welt.

Auf dieser Erde hat man sich für Gott oder den Teufel zu bewähren.

Man muss schon mal durch die Hölle gehen, um den Himmel schätzen zu lernen.

Kann sich ein Mensch vorstellen, der doch zur Verständigung Worte und Sprache benötigt, dass Geist deren nicht bedarf, weil er sprachlos versteht?

Die Zukunft zu gestalten, gleicht der Mühe, die Vergangenheit zu bewältigen.

Raum und Zeit existieren nicht in der Dimension des Geistes. Unsterblichkeit ist daher keine Spekulation, sondern sie wird sich als Selbstverständlichkeit für alle erweisen, die im Menschen das Geistwesen erkennen.

Angenommen, die Schöpfung entspricht der Energie millionenfacher Sonnenriesen. Also wage ich die Frage nach ihrer Herkunft.

Es fällt einem schwer, zurückzunehmen was man einmal vertrat. Noch schwerer, sich zu lösen von allem, was man mochte, zu flüchten aus lieb gewonnenem Hort, selbst wenn man dazu die Notwendigkeit erkennt. Umorientierung verlangt so manches, der Tod aber will alles.

Die Verkehrung ins Gegenteil kann als fundamentales Wirkungsprinzip gelten, denn nichts scheint es zu geben, was hier eine Ausnahme macht: Auf ein Hoch das Tief – nach Trauer die Freude – das Glück neben dem Unglück – die sprichwörtlichen Letzten, die zu Ersten werden – Reichtum, der sich in Armut wandelt – das innige Paar Masse und Energie – Leben und Tod – aber gleichsam zum Trost, all das in beide Richtungen wirkend!

Ist der Mensch unschuldig, wenn er von dieser Welt geht? Ist er unschuldig bei seiner Geburt? Wird der Mensch wiedergeboren, stammt er vermutlich von hier und die Sache ist klar. Das unschuldige Menschenkind ist also fragwürdig, weil wir seine Vorgeschichte nicht kennen. Sieht man sich in der Welt um, ist es wahrscheinlicher, dass dieser Flecken Erde ein Treffpunkt Schuldiggewordener ist.

Alles hat bekanntlich seinen Preis: Löst sich ein selbstsüchtiger Mensch von seinen Mitmenschen zugunsten seiner Freiheit und Unabhängigkeit, bezahlt er dafür mit Einsamkeit.
Entbindet sich jedoch Geist von seiner allumfassenden Gemeinsamkeit, zuliebe einer diskreten Individualität, könnte der Preis dafür Menschsein bedeuten – mit all seinen Folgen.

Materie ist sinnbildlich der gefrorene Gedanke, welcher aus dem alles erfüllenden und durchdringenden Geist kondensierte.

Neben den Wahrheiten, die bereits gehandelt werden, lässt sich auch eine unterschwellige, noch im Entstehungsprozess begriffene, denken. Dazu dürften einstige Wahrheiten wie Sternschnuppen verglühen, wenn sie im Umfeld einer neuen Situation ihren Sinn verlieren. Eines aber scheint sicher: Der Mensch weiß so gut wie nichts über ewige Wahrheiten.

Über Anfang und Ende philosophiert es sich am trefflichsten bei einem Wurstring vor dem Anschnitt. Welchen Teil der Wurst wird man zuerst in den Mund schieben? Kann es das »Wurstende« sein, dem doch bekanntlich der Anfang folgt? Also ist es unmöglich, mit dem Ende zu beginnen? Es soll aber Hungrige geben, die schaffen das auch rückwärts.

Das Leben kann nur aus einer Quelle kommen, die selbst das Leben ist. Eine Frau kann kein Gerät gebären; genauso wenig kann die Technik Lebewesen erzeugen, auch wenn sie sich den Anschein gibt, es vielleicht einmal zu können.

Der Tod nur ein Kunstkniff? Womöglich gibt es keinen »echten Tod«, da der höchste Geist das LEBEN ist. Wenn Gottesgeist unsterblich ist, wie soll das aus ihm geschaffene Leben sterblich sein? Gott besitzt kein Verfallsdatum, noch lässt er sich durch Nihilisten abschaffen.

Nicht der endgültige Tod ist das Problem, sondern die Unsterblichkeit.

Es gibt Menschen, die materiell alles einbüßten, weil sie fremden Analysten hörig waren und jetzt auf dem Wege sind, auch ihr höchstes Gut zu verspielen, indem sie falschen Propheten vertrauen und ihre eigene Seele verleugnen.

Wer nur gab, um selbst zu bekommen, wird nicht mehr erhalten, als er gegeben hat. Wer selbstlos gibt, wird mehr bekommen, als er für möglich hält – so könnte eine Regel des ewigen Gesetzes lauten.

Neulich betrachtete ich das Gewimmel auf einem Ameisenhaufen, und reflexartig kam mir das Abermilliardenvolk der eigenen Spezis aus allen Zeitaltern in den Sinn. Diese gewaltige Menge Personen ließ mich grübeln; prompt wollten sich Zweifel an unserer Unsterblichkeit einschleichen. Nicht mein Gefühl, einzig der Verstand war es, der mich beruhigte: Es ist der Geist, der überlebt und neue Welten sucht, nicht ungezählte Esser und Verbraucher!

Es gibt kein *Nichts*, zumindest das für eine Menschenseele erreichbar wäre.

Um die Schwerkraft der Erde zu überwinden, bedarf es großen Aufwandes und enormer Energie. Ob Gleiches gilt, wer seiner irdischen Wiedergeburt entkommen möchte?

Basteln ist ein Begriff, der unserer Meinungsbildung in den großen Fragen sehr nahekommt.

Ist ein Wunsch nicht stärker als seine Widerstände, schläft er ein. Findet seine Begehrlichkeit keine Nahrung, wird das Bedürfnis sterben. Freude, aber auch Mühe und Plage, bereitet nur jener Wunsch, der auch die nötige Energie zur Verwirklichung bereitstellen kann. Hat er sich endlich verwirklicht, ist er bereits tot. Kann uns das wirklich glücklich machen?

Eines scheint zutreffend, und die Folgerung daraus wäre deshalb nicht abwegig: In Gott kann kein feindlicher Gegensatz bestehen. Entspringen der Mensch und seine Welt womöglich der Schöpfung eines selbstsüchtigen, vormenschlichen Geistes, welcher sich der eigenen Individualität willen vom EINEN trennte, um den Preis einer schier unüberwindlichen Barriere zu Gott?

Eine geistige Wesenheit hat den Schutz der Anonymität verloren, sodass alles offenbar ist und vermutlich schon daher die Scheidung der Geister um des Friedens willen unumgänglich wird.

Wer beispielsweise nicht weiß, was Hoffart bedeutet, kann nicht behaupten, nicht hoffärtig zu sein. Und wenn wir unsere vorgeburtliche Vergangenheit nicht kennen, dürfen wir uns dann für schuldlos halten?

Pass gut auf, damit deine geradlinige Philosophie, die von deiner Stirne ins Unendliche ausgeht, sich nicht irgendwann, von hinten kommend, im Hinterkopf meldet.

Wer den Lebenskampf bestehen will, muss gut gerüstet sein. Viele Schlachten werden uns abverlangt und mit Niederlagen ist immer zu rechnen. Entscheidend wird sein, welchem mentalen Heerlager wir angehören. Kämpfen wir unter der Fahne Ehrgeiz und Gier, werden wir letztlich nicht siegen. Solcher Einsatz endet im Morast des Schlachtfeldes. Jene, welche die Flagge der Menschlichkeit und Güte tragen, werden kein Schlachtfeld sehen, jedoch in ihrem Kampfe Bewährungsproben zu bestehen haben, bevor sie im Triumphzug heimkehren.

Die Bandbreite von Gut bis Böse besitzt jeder Mensch; es kommt eben darauf an, was der Einzelne daraus macht.

Besteht womöglich der wahre Sinn des Lebens darin, am Ende zu wissen, wohin man gehört, und wohin man gehen möchte?

Der Virus im Internet erinnert banal an den Virus des Lebens: ob es ähnlich böswillige Geister sind, die sich damit hervortun?

Lebensaufgabe: Besorgen wir Baumaterial, um die Schlucht der Gegensätze zu überbrücken.

Sollte unser Lebensziel womöglich sein, das Unsterbliche am Menschen mehr zu lieben als unseren vergänglichen Körper?

Eine Versuchung der Philosophie besteht darin, auch Simples höchst kompliziert zu verpacken, wohl um der menschlichen Eitelkeit zu schmeicheln. Wäre die schlichte, verständliche Formulierung nicht der kürzere und bessere Weg zur Vermittlung von Einsicht? Oder kommt es, wie bei Verpackungen üblich, auf den Inhalt gar nicht so sehr an?

Die Blindenbrille gehört gewissermaßen zum Accessoire eines Philosophen, und nicht wenige kokettieren sogar mit ihrer Blindheit.

Ein guter Philosoph sei quasi ein alter Baum mit Hirn. Standhaft, sturmerprobt, geduldig und am Ende wertvolles Baumaterial für alle Denkenden.

Lasst Philosophen nicht an die Zahlen, Rechner nicht an die Philosophie!

Wenn wir annehmen, *ALLES* sei Abstammung des Geistes, dürfen wir auch darauf spekulieren, ob es nicht das ferne Ziel der irdischen Evolution sein könnte, dorthin wieder den Kreis zu schließen. Auf eine Abkürzung zu sinnen, sollte erlaubt sein.

Der Tod - beispielsweise als Brennpunkt zwischen Diesseits und Jenseits gedacht, in dem Raum und Zeit zur *Größe Null* verdichtet sind und daraus ein für uns unsichtbares Dasein von unbekannter Art hervorgeht.

Wäre ein Tier so verständig, würde es vermutlich die Werke der Menschen für Zauberei halten. Sind nicht auch wir versucht, die Schöpfung des Allmächtigen ähnlich einzuschätzen? Doch damit lägen wir falsch, denn auch ER, wie der Mensch, wird nur im Rahmen von Gesetzmäßigkeiten stimmig und erfolgreich handeln können. Will sagen: Planloses Wirken entgegen festgelegter Prinzipien wird auch dem Schöpfer nicht möglich sein. Somit ist die Schöpfung keine *Abrakadabra-Aktion von sieben Tagen*, sondern eine wohlgeplante, gesetzmäßige evolutionäre Entwicklung.

Je höher die moralische Reife eines Menschen, umso mehr kann von ihm gefordert werden; bedenklich wird aber der Umkehrschluss.

Wie fürchterlich, sich Diesseits und Jenseits als Drehbühne vorzustellen, wo unaufhörlich in neuer Dekoration und Kostümierung weitergespielt werden muss.

Das Wort *Dasein* kommt von »da sein« und dies gilt für *ALLES*. Vorrangig nur auf unser persönliches Dasein zu fokussieren, ist schlicht falsch.

Wäre die Schöpfung ungerechtfertigterweise so, wie sie ist, könnte man sie in vieler Hinsicht ungerecht empfinden. Es ist aber unklug und anmaßend, den Schöpfer für nicht gerecht zu halten, also wird es triftige Gründe geben, für Welt und Mensch, so wie sie geschaffen sind.

Was vor fünfzig Jahren geschah, ist das *Gestern*. Was in fünfzig Jahren geschieht, ist das *Morgen*. Was du im Heute erlebst, ist das *Jetzt*. Die Zeitlosigkeit ist für uns nicht dabei.

Zum Philosophen wird man nicht, man ist dazu geboren, sagte dem Nachdenklichen die Eingebung.

Genau genommen ist das Zeitfenster, aus dem wir eine Nachricht bekommen, entweder bereits Vergangenheit oder noch Zukunft, aber nicht die Gegenwart, da Berichterstattung ihre Zeit benötigt. Selbst der elektrische Strom bei einer Life Übertragung hat winzigste Verzögerungen. Gegenwart ist aus solcher Sicht kürzer, als man denkt.

Ein System ist naturgemäß kompliziert und tatsächlich gehört alles zu einem System. Wer Einfachheit verspricht, ignoriert die Wirklichkeit.

Einsamkeit ist für den, der sie nicht wirklich kennt, unvorstellbar. Der Allgeist muss sie für ein unvermeidbares Übel halten. Glücklicherweise lebt der Mensch dessen unbelastet unter seinesgleichen.

Betrachte die Verbindungen im Gehirn als Hirnleitungen, durch die auch die grässlichste Gedankenbrühe fließen kann, aber im Gegensatz zu Abwasserrohren ruft man nicht den Rohrreinigungsdienst, sondern geht zum Psychiater.

Erkenntnis, die den Grund auszuloten versucht, kann zur unendlichen Last werden, denn ihr wäre auferlegt, nicht nur die Schöpfung zu begreifen, sondern auch sich selbst als Mensch, und wer kann sich das zutrauen?

Faszinierend, sich vorzustellen, wie bestimmte Gedankenbereiche zum Zeitpunkt X für jeden sichtbar werden; wohl nicht vor dem Auge, eher als eine selbstverständliche Wissenserfahrung.

Wenn das Credo eines renommierten Philosophen lautet: Das Leben sei sinnlos bis absurd – ja, dann belügt der Wolf das Schaf: »Du bist mir widerlich, drum fress ich dich!«

»Mensch zu sein – eine unerhörte Auszeichnung!« Meint man das im Ernst? Empfindet man Sarkasmus? Entspringt es dem Wunschdenken? Oder hat der Mensch bereits seine Seele in Zahlung gegeben, als er irdisches Leben wählte, und Menschentum wäre somit alles andere als eine Auszeichnung?

Erkenne, dass Lebensglück, Intelligenz, Schönheit und Charisma eines Menschen sein transzendentes Guthaben sein könnten. Vergleichbar dem geerbten materiellen Wohlstand, der als Guthaben davon gesehen werden kann, was früher einmal mühevoll erarbeitet wurde, unabhängig, wie unverdient es auch scheinen mag.

Wie willst du Frucht tragen, wenn dir gar nicht bewusst ist, um welche Sorte es sich handeln könnte?

Wenn wir unser Leben einer gewaltigen, unvorstellbaren Macht verdanken, ist es dann nicht frevelhaft, dem verkommenen Zeitgeist zu glauben, man sei bedeutungslos wie schimmliger Käse, der letztlich nur in den Mülleimer gehört?

Menschsein hat den praktischen Nutzen, den Charakter hinter einer Fassade verbergen zu können, eine Verstellung, die dem Geistwesen wohl kaum möglich ist. Die menschlichen Folgen sind allgegenwärtig: Lug und Trug auf allen Ebenen.

Für das künftige Geistwesen wird es keinen Datenschutz geben – ein Albtraum aller Datenschützer! Aber auch für jeden, der ihn dringend nötig hätte.

Großzügigkeit gilt als eine Tugend. Dürfen wir dann, gerade auch in religiösen Fragen, kleinlich auf Prinzipien herumreiten, die im Grunde nur Wortkrämereien und vorurteiliges Egogeplänkel sind und der übergeordneten Sache eher schaden als nützen?

Niemand weiß konkret, woher er kommt, wohin er geht, wem er sein Geschick verdankt. Darüber möchte man sich schon seine Gedanken machen, doch das werden die Aufklärer als nutzlose Spekulation abtun, besonders jene mit kraftloser Intuition und geringer Fantasie.

Solange sich unsere tiefe innere Überzeugung der irdischen Realität unterordnet, geschieht kein Wunder. Erst wenn absolute Überzeugung gegen diese Realität antritt, kann vielleicht die göttliche Matrix ein solches bewirken.

Ein Weg ist nicht deshalb richtig, weil man dessen Ziel kennt, es muss auch das richtige Ziel sein!

Ein gewichtiger Gedanke lässt sich nicht einfach ignorieren. Der will erwogen, akzeptiert oder verworfen sein.

Licht und Dunkelheit – sachliche Feststellung einerseits – transzendente Sichtweise darüber hinaus.

Zweifelhafte Ratschläge gibt es ja genug! Wie jener etwa: Wenn du zum Weibe gehst, vergiss die Peitsche nicht! War's der Nietzsche? Dann sollte er sich schämen! Der und eine Peitsche!, er durfte gar keine haben. Es ist eben die typische Denke des Theoretikers: Ideologisch der Löwenbändiger, praktisch ein Pantoffelheld.

Neben der »Stunde der Wahrheit« gibt es auch die »Sekunde der Weisheit«, und die ist sogar ergiebiger.

Der Gedanke ist ein Kind des Verstandes. Verstand ist das Kind des Geistes. Geist ist das Kind der Seele. Die Seele, ein Kind Gottes.

»Sie wollen es einfach nicht wahrhaben! Als ob Wasser nicht auch aufwärts fließen könne – ja sie bemerken es nicht einmal, wenn sie den Wasserhahn aufdrehen!«, redete der Philosoph daher.

Wo nichts ist, kann nichts geschehen: Ohne Schöpfer keine Schöpfung!

Geht man von *Endlosigkeit* aus, wäre das Ende einer Entwicklung auch gleichzeitig der Neubeginn einer anderen. Nimmt man jedoch *Endgültigkeit* an, hätte dann Gott eine Zukunft?

Ebenso wie ein vom Menschen geschaffenes Produkt das Know-how seines Schöpfers in sich trägt, ohne das es nicht existierte, hält auch die gesamte Schöpfung den Geist des Urhebers in sich gebunden.

Das spärliche Licht für den Abend ist unnötig im Lichte des Tages. Ebenso wird selbstgefällige Intelligenz hinfällig im Lichte der Weisheit.

Allein schon die Gerechtigkeit fordert in letzter Konsequenz das Weiterleben nach dem Tode.

Ein Mensch mit materialistischem Weltbild hält sich bildlich gesprochen selbst in seiner Höhle gefangen, stößt sich den Kopf unentwegt am Fels der Materie und sucht erst gar nicht den Ausgang ins Freie.

Ist es erlaubt zu bedenken, ob die Allmacht im erwarteten Himmelreich nicht ebenso entfernt von den dortigen Bewohnern ist, wie sie nahe oder fern ist, von denen auf Erden?

Was immer wir der Gottheit vorwerfen möchten, das müssen wir probehalber erst der Menschheit anlasten; dann wird sich zeigen, ob der Vorwurf an die höchste Instanz berechtigt sein kann.

Es gibt vielleicht nichts, was es nicht gibt, nur können wir das noch nicht wissen.

Der heuchlerische Kniefall vor Gott bedeutet innere Schande; der ehrfürchtige Kniefall die Ehre der Unterordnung unter Höheres als wir selbst. Der Himmel weiß, was zutrifft.

Es sind ja eine Menge *letzte Wahrheiten* in Umlauf. Entscheidend für uns wird sein, welcher Überzeugung wir unser Herz öffnen und in welches Mysterium wir letztlich einzutreten gedenken. Simpel drückt diesen komplizierten Sachverhalt eine Volksweisheit aus: Wie man sich bettet, so wird man liegen.

Überheblich ist der Mensch seit Anbeginn, drum wandelt er auf Erden; das trübe Aug erkennt das nicht; so dünkt er sich im Sonnenschein und lebt doch nur im Kerker.

Aus unserer Sicht ist das meiste relativ. Für die Schöpfung selbst gilt das wohl nicht, denn was sollte für den Schöpfer relativ sein? (Relativismus, philosophische Lehre, nach der alle Erkenntnis bedingt, also relativ ist)

Wer nicht zweifelt, nichts verliert, doch nichts gewinnt – stimmt das?

Junges Wasser gibt es nicht, denn Adam und Eva tranken es bereits. Auch wir, die neuen Lebensgeister, sind wir denn jünger als der Geist, aus dem wir sind?

Was zum Ausbruch drängt, gibt niemals auf; es macht nur Rast und sucht mit frischer Kraft den Durchbruch, ein aufs andere Mal, bis er geschafft.

Ein ungewisses VIELLEICHT mag für den Einzelnen eine unerträgliche Antwort auf seine brennende Frage sein. Dennoch wäre eingestandenes Nichtwissen in vielen Fällen die einzig ehrliche und richtige Antwort. Aber wer will schon sein Bedürfnis mit einem Fragezeichen beantwortet sehen? Man liebt doch geradezu Gewissheiten, selbst wenn sie in Wahrheit nur unrichtige Antworten wären.

Eine Fährte verrät ja nur den Weg, sie lässt nur ahnen, was da ging, verschweigt die Gründe hin zum Ziel. Folgten wir der Fährte, wäre es ein Abweg, solange wir uns den eigenen Beweggrund nicht liefern.

Redet man davon, endlich über den Berg zu sein, soll es das ja nicht buchstäblich bedeuten, wohl aber, etwas ähnlich Beschwerliches und Anstrengendes geschafft zu haben. In diesem Sinne sollten auch unsere Stammeltern Adam und Eva, ihr einstiges Paradies mit Apfelbaum und Schlange und von mir aus auch die siebzig versprochenen Jungfrauen der moslemischen Welt verstanden werden. Immer ist also ein Übersetzen angesagt, sonst bleiben Enttäuschungen nicht aus, besonders bezüglich der Jungfrauen.

Natürlich gibt es gute und böse Geister, es gibt doch auch gute und böse Menschen. Wer fühlt sich angesprochen, das zu widerlegen?

Wer von *Ewigkeiten* wie von einer Selbstverständlichkeit redet, weiß doch nicht, wovon er spricht; es ist, als wüsste das Gras, dass es zu Kuhmilch wird, und erzählte das jedem Schmetterling, der vorbeiflattert.

Dieses Lebenssystem beruht großen Teils auf gegenseitigem Fressen und Gefressenwerden. Es kann doch nur ein abtrünniger Geist diese Welt erzwungen haben, und wir sind ihm gefolgt – Fragezeichen. Zugegeben, in der *Hirnsteinsammlung* schlummern auch sehr gewagte Gedanken. Aber wo sonst sollte man sie vorzeigen dürfen, wenn nicht hier? Nirgends? Das wäre doch eine unbefriedigende Antwort.

Für ein Geistwesen ist die Vorstellung verlockend, dass Gedanken in irdischen Gehirnen uneinsehbar für andere sein werden. Vielleicht hat das viele dazu bewogen, sich Luzifer anzuschließen? Nun aber, nachdem wir uns materialisiert haben, kennen wir auch den Nachteil, was ein teuflisches Bewusstsein im Versteck eines körperlichen Gehirns bedeutet und wissen hoffentlich: Es war ein schlechter Tausch.

Was für den einen zu Ende gedacht, kann für den anderen noch undenkbar sein.

Es ist nicht der einzelne Gedanke, der uns überzeugen kann, vielmehr bewirkt das nur ein logisches Gedankengefüge, welches wie ein Puzzle zusammengehört und perfekt ineinander passt. Leider begegnet uns damit noch lange nicht Wahrhaftigkeit; Raffinesse benutzt den gleichen Weg.

Der Weg zur Erkenntnis ist mit dem mühevollen Aufstieg eines Bergsteigers vergleichbar. Auch ihm bieten unterwegs die grandiosen Ausblicke eine Entschädigung für seine Plage, sodass er den Gipfel, trotz Mühe, mit Freude angehen kann.

Hat sich Menschen die innere Wahrheit längst geoffenbart, ehe ihr Verstand sie wahrzunehmen vermag, dann sind es jene, welche ihrer Seele erlauben, zu ihrem Herzen in Gefühlen zu sprechen.

Die Krönung des Denkens ist ein aufrichtiges, inniges JA oder NEIN.

Selbst ein gewaltiges Lichtjahr von Raum und Zeit ist nur Wimpernschlag der Ewigkeit.

Die Wege der Gedanken sind oft heimtückisch und dunkel, und gelangen sie unerkannt an ihr Ziel, werden sie dennoch zum Beweis durch die Schandtat ihrer Verkörperung.

Fremder Rat an alle: Wer sich im Besitz der Wahrheit weiß, sollte nicht mit anderen darüber diskutieren, es führt nur zu verhärteten Fronten; dies zu verschulden, sei dem Weisen nicht gestattet.

Die Gedanken sind frei? Anscheinend ist es das einzige Ziel von ihnen, sich in neuen materiellen Dingen zu verwirklichen oder an Ideologien zu ketten. Aber damit haben sie sich gebunden, wie einst auch die Seele an ihre materielle Hülle, den Menschen.

Wer der Masse hörig ist, wird von ihr vereinnahmt. Wer das Individuelle wählt, findet bestenfalls sein Selbst. Später entdeckt der Suchende seinen Lebensquell. Am Ende wird eine erleuchtete Person die bisher verachtete Masse schätzen, ihrer Einzelwesen und unserem gemeinsamen Schöpfer zuliebe.

Heiße auch einen unbequemen Gedanken willkommen, erweise ihm Gastfreundschaft. Falls dieser Gast sich weder benehmen will, noch dich überzeugen kann, zeige ihm höflich aber unmissverständlich den Weg nach draußen.

Man hört sagen: Wer seine Zeitgenossen durchschaut hat, kann sie nicht mehr hoch schätzen, erst recht nicht lieben. Wer das oberflächlich betrachtet, wird dem kaum widersprechen, übersieht jedoch, dass bei solcher Bewertung der Homo sapiens nur unvollständig erfasst wurde. Zur Frage nach dem Warum ist umfassendes Nachsinnen angebracht, zumal diese tiefgründige Problematik die ganze Krux im Leben bedeutet.

Viele Wanderungen beginnen mit Wegen, die unerfreulich sind, etwa wenn sie eintönig verlaufen, vielleicht schlammig oder schier undurchdringlich mit Dornen und Brennnesseln zugewachsen sind. Dennoch kann das angestrebte Ziel dies alles entschädigen. Gleiches gilt für unsere Erdenwanderung, welche kaum ohne Hindernisse und Mühen in verheißungsvolle Regionen führt. Auch dort hoffen wir, entschädigt zu werden für ein gutgemeistertes Leben, besonders, wenn es hart und schwer zu tragen war.

Homo sapiens scheint sich reichlich bevorratet zu haben mit Neid, Missgunst, Rachsucht, Zorn und Hass gegenüber seinen Artgenossen. Wenn auch in unterschiedlicher Ausprägung, so hat er sich doch für diese Welt *qualifiziert*. Wer reinen Herzens ist, hat hier nichts verloren.

Niemand kann das letzte Wort haben, solange andere es noch denken können; nur Tote erlauben eine Ausnahme.

Durchstreife ich unaufmerksam einen mir unbekannten Wald, werde ich über kurz oder lang orientierungslos sein und nur schwerlich zum Ausgangspunkt zurückfinden. Ebenso ergeht es Menschen, die sich so stark von den Begehrlichkeiten der Welt ablenken lassen, sodass sie den Rückweg in ihre Seelenheimat verpassen, von wo sie dereinst ausgegangen sind. Vor allem dann, wenn noch zahlreiche Leben in den verschiedensten Inkarnationen vorausgegangen sind. Dem menschlichen Verstand ist das tiefe Heimweh kaum bewusst, wie eine Seele darunter leiden mag.

Niemand muss seine vielschichtige Lage erkennen, aber man sollte, wenn man die Chance bekommt.

»Arm ist ein Mensch, dem es an Vorstellungskraft mangelt«, plappert die Fantasie.

Der Mensch mag nach einem hohen Bewusstsein streben, beziehungsweise ein niederes dulden; bildlich gesagt, kann das die Hinwendung zum Lichte oder dem Zwielicht bedeuten.

Ein Bastler ist sehr schnell am Ende, wenn er nur grobes Sandpapier für eine Präzisionsarbeit besitzt. Ebenso ergeht es jenem Philosophen, der meint, seinen monumentalen Gedankenzug auf Schmalspur setzen zu können. Etwa, wenn er das, was man unter Schöpfung und deren Ursache versteht, auf das Gleis des reinen Zufalls hievt.

Alles hat seine Folgen, sagt man. Besonders was Menschen unternehmen, ist dieser Gesetzmäßigkeit unterworfen und kann Schaden oder Nutzen für sie und andere bedeuten. Einem Materialisten wird das wenig berühren, da er für das, was die *lange Zeit danach* betrifft, doch keinesfalls zuständig sein will, da ideologisch nicht mehr seiend. Davon unbeeindruckt könnte jedoch die »Haftpflicht« ohne Ausnahme allen Zweibeinern nachschleichen, um Verantwortung einzuklagen und Ausgleich zu fordern. Was denken lässt: Das *Spiel* müsste allein schon aus dieser Überlegung am Ende weitergehen.

Wird nicht am ehesten jene Person überrascht sein von den eintreffenden Ereignissen, die sie schon immer vorausgesehen hatte? Gewiss, weil sie zuinnerst selbst nicht recht daran glaubte, was sie prophezeite.

Vieles, was aus einem Blickwinkel moralisch falsch ist, kann aus anderer Sicht richtig sein. Entscheidend ist, ob die Warte, aus welcher bewertet wird, der dunklen oder lichten Seite angehört.

Sich aktiv mit Herz und Seele am Leben zu beteiligen, also sein Sinnen und Trachten vorrangig an das aktuelle Weltgeschehen zu binden, das bedeutet aber leider, auf das Wesentliche zu verzichten, was uns von den Ketten dieser Welt befreien könnte.

Wer kann es glauben? Die selbstsüchtigsten der Schwerreichen werden einst die ärmsten der Armen sein, und die größten Schmerzen werden jene ertragen, die anderen Schmerzen zufügten. Das Karmagesetz des Ausgleichs kennt keine Ausnahmen.

Wenn das Gute nicht ohne das Böse existieren kann, wie nicht nur Balinesen meinen, dann sollten doch zumindest die Gefolgsleute des Guten, das Böse in lebenslängliche Verbannung schicken.

Anschauungen wetteifern untereinander zuerst um Glaubwürdigkeit.

Die Addition positiver Erfahrungen ergibt allenfalls Lebensglück. Reife ist darüber hinaus die Summe aller Erfahrungen, der positiven wie der negativen.

Ebenso wie Postgut kommt auch der Mensch nicht ans richtige, letzte Ziel, wenn die Adresse falsch ist.

Wichtige Entscheidungen sollte man bekanntlich eine Nacht überschlafen. Ebenso halte man es mit Schriftsätzen. Es werden erfahrungsgemäß Korrekturen nötig sein, die ein Missgeschick verhüten können.

Mein Sturkopf meint: Mir ist jedes Denkmodell recht, das mein überirdisches Ideal nicht beschädigt, aber wertvoller finde ich jenes, das es bestärkt; alle übrigen Ansichten weise ich zurück.

D4 – Geisteshaltung & Glaube

Wenn es um die Erfüllung unseres Karmas geht, können wir vielleicht erfolgreich um einen zweifelhaften Aufschub bitten, doch der Tilgung und Bereinigung entgehen wir nicht.

Das Bewusstsein wird aus der Seele geboren, wie das Kind von der Mutter.

Ein guter Rechner zu sein, ist gewiss eine gute Voraussetzung für Abwägungen. Am Ende könnte erlebt werden, wie sehr man sich dennoch *verrechnen* kann, wenn ein atheistisches Weltbild wie eine Seifenblase platzt.

In seltenen Augenblicken ahnt man, was die Welt im Innersten zusammenhält: Nicht Kleber Uhu oder Patex, sondern die Liebe des Schöpfers.

Zur Entscheidung für Gott oder den Teufel reicht manchmal schon eine überschaubare Anzahl von Buchseiten. Soll aber der gefasste Vorsatz eines gottgefälligen Lebens erfüllt werden, bedarf es vermutlich vieler Erdenleben.

Du solltest mit schmutzigen Stiefeln kein gepflegtes Heim betreten, ebenso wird eine von ihrem Menschen verunreinigte Seele schwerlich Einlass in das Himmelreich finden.

Nicht das zählt, was wir für uns getan haben, sondern ausschließlich jenes, was wir selbstlos für andere getan haben füllt unsere Schatzkammer.

Wer seine geistige Kraft gering schätzt und sich keine weiterführenden Ziele vorstellen will, geschweige an sie glaubt, hat vermutlich auch von »oben« nicht viel zu erwarten. Das ist so, als würde ein Ingenieur sich seinem Arbeitgeber verweigern, indem er nichts zur Entwicklung beiträgt.

An den Pforten so mancher Erkenntnis lauern zur Abschreckung pure Ungeheuer.

Feindesliebe, wie Jesus sie lehrte, wird allen begreiflich, die nachfühlen können, wie sehr Hass und verinnerlichte Feindbilder von göttlicher Warte aus als purer Unverstand gesehen werden, mit ihren negativen, selbstschädigenden Auswirkungen.

Friert es dich an den Händen, helfen Handschuhe. Friert es dich im Herzen, hilft kurzfristig jede Art von Betäubung und Ablenkung mit allen Folgen der Verschlimmerung. Dauerhaft hilft nur die schwelende Glut der Zuneigung zu Gott und den Menschen, um den Begriff *Liebe* nicht zu strapazieren.

Ein Ungenügend für das Himmelreich ist der denkbar größte Gau für eine Erdenseele; erstaunlich, wie viele Menschen das gar nicht wahrnehmen.

Wer nicht glauben will, dass Jesus Christus der Sohn Gottes ist, akzeptiere doch wenigstens, selbst ein Sohn oder eine Tochter des himmlischen Vaters zu sein, und sei es das verlorene Kind, das sich einst von ihm löste.

Wie im Diesseits, so werden sich auch im Jenseits die Geister scheiden.

Bei den letzten unlösbaren Fragen kommt es weniger darauf an, wie sie vielleicht beantwortet werden könnten, vielmehr kommt es darauf an, was wir aus ganzem Herzen wünschen und ersehnen.

Weihnachten ist kein Ostern, nicht Pfingsten – wie banal. Es bedeutet weder Kirche, Weihrauch noch Gebetbuch, nicht Christbaum, nicht Geschenk – und doch steckt Weihnachten überall mit drinnen. Diese frohe Zuversicht, die allen vom »Heiland im Stroh« geschenkt wird, die zur Annahme bereit sind und nun auf allerlei Art ihrer Freude Ausdruck verleihen. Das Geheimnis um das Christfest aber bleibt unsichtbar, es begleitet uns das ganze Leben hindurch zum eigentlichen Ziel, unserem persönlichen geistigen Wendepunkt.

Niemand muss sich der Hoffnungslosigkeit ergeben, denn Glück, Freude und Erfüllung kann ein gottgläubiger Mensch auch etwas zurückstellen. Das mag dummes Geschwätz für die einen, aber eine vernünftige Lösung für die anderen sein.

Schnell wäre der Mensch gebessert, könnte er die unmittelbare Erfahrung an sich selbst machen, dass den Mitmenschen zugefügtes Leid in gleichwertiger Intensität zu ertragen ist. Weil es aber auf der Zeitachse fast immer zu Verschiebungen kommt, bleibt das Zweibein furchtlos und uneinsichtig.

Reue und Sühne beginnen im Geiste und müssen als gutmachende Tat enden.

Wasser kann gereinigt werden! Denken wir daran, wenn es um ein schmutzig gewordenes Menschendasein geht. Reue und Wiedergutmachung sind Grobfilter; anderen darüber hinaus in jeder Form Gutes zu tun, das wäre die Feinfilterung.

Wer sich keine sorgfältigen Gedanken über seine Religion macht, wird vermutlich nicht dorthin gelangen, wohin er eigentlich wollte. Es ist eben wie beim Omnibus, der auch nicht zum gewünschten Ziel führt, wenn man wahllos einsteigt. Mit der Anzahl von Fahrgästen beziehungsweise Mitgliedern einer Kirche, hat es jedenfalls nichts zu tun.

Die Existenz des Satans war mir erziehungsgemäß selbstverständlich. Später zog ich sie in Zweifel, und schließlich wollte ich sie nicht wahrhaben. Bis ich in späteren Jahren ungebeten die Erkenntnis seiner Existenz gewann, aber erst nach unserem Erdendasein werden wir Gewissheit haben.

Der unerbittliche Kampf gegen das vermeintliche Unrecht andersgläubiger Menschen ist immer ein Sieg des Finsterlings über die Scheinheiligen.

Mit jeder noch so kleinen Notlüge entfernen wir uns beträchtlich von der Wahrheit, also auch von Jesus Christus, der sagt: »Ich bin der Weg, die Wahrheit und das Leben«.

Eine Zeremonie ist wie Zauberstab, schwarzes Tuch und Abrakadabra für Leute, die sich gerne was vormachen lassen, obwohl sie sehr wohl wissen, was dahinter steckt.

Wie großzügig uns Erkenntnis zuteilwird, hängt auch davon ab, wie viel unser Verstand zulässt. Handelt es sich dabei nicht um ein Geschenk unserer unaufdringlichen Seele?

Könnte der Mensch glasklar erkennen, welchen Lohn Opferbereitschaft und Nächstenliebe einbringt, die Hilfsbedürftigen wären sehr schnell äußerst rar!

Sollte die Heimkehr zu Gott unsere totale Selbstaufgabe erfordern, wären wir dazu bereit, wenn wir uns in einer Phase großen Glücks entscheiden müssten?

Religionen neigen dazu, wie Werbeagenturen, die tatsächliche Botschaft so lange zu verbrämen, bis man sie schließlich nicht mehr glauben kann.

Was für eine lächerliche Gebetsfloskel, dieses *»von nun an bis in Ewigkeit«*.Überhaupt bereitet mir der gewaltige Begriff Ewigkeit größtes Unbehagen, selbst wenn er nur leichtfertig verwendet wird.

Findet unser Erdenkörper seinen Ursprung im Willen Gottes oder stand unser Seelenwunsch Pate? Die typische Antwort darauf: »Woher soll ich das wissen?« Also müsste man zu Recht erst einmal beide Möglichkeiten erwägen.

Nur der Tod ist kräftig genug, um die gefühlten tonnenschweren Lasten abzunehmen, die uneinsichtige Menschen gleichsam ein Leben lang mit sich herumschleppen; frisch gestärkt trägt sich die Bürde in neuer Existenz doch wieder leichter.

Was der Mensch denkt und tut, beruht im Wesentlichen auf dem Trachten nach Geld und Gegenleistung; die Schlüssel des Himmelreiches befinden sich an einem völlig anderen Bund.

Spiritueller Glaube ist auch ein Geschenk: Es ist nicht so, dass man leicht glauben könnte, wenn man nur wollte.

Nicht der Tod wird uns trennen, sondern die Gerechtigkeit.

In vielen guten Seelen steckt ein geläuterter Teufel.

Wenn jemand in einer Weise lebte, dächte und handelte, als wäre er durchschaubar für jedermann, wie Glas, und alles dransetzte, seinem Bewusstsein eine freudige Zukunft zu geben, bereit auch, alleinige Verantwortung für sein Tun zu tragen, er hätte vielleicht vorweggenommen, was nur der Himmel seinen Gleichgesinnten bieten könnte.

Der Mensch und seine Gottesliebe – welch ungleiches Paar!

Was ich hab, ist Gottes Gab. Nichts will ich vergeuden, nichts behalten, doch gewissenhaft verwalten.

Es ist der große Meister in uns, der uns beschenkt, wenn wir ihn ergebenst bitten, und der immer mehr gibt, als wir erwarteten.

Gewiss ist der Himmel keine Endstation, vielmehr verheißt er geistige Evolution, unbegrenztes Wachstum zum Guten, und solches wäre Tag um Tag bereits schon hier möglich.

Eine sehr vorsichtige Frage: Wenn einem muslimischen Selbstmordattentäter sofort nach seinem Tod derart verführerische Belohnungen im Paradies erwarten, warum wohl finden sich unter seinen wissenden extremistischen Glaubenslehrern so gut wie keine Kandidaten?

Die Sieben-Tage-Schöpfungsgeschichte der Bibel liefert den Spöttern Munition aufgrund ihrer eindeutigen Unmöglichkeit. Aber wenn diese damit herumballern, schießen sie sich selbst ins Bein oder sie treffen nur die eigenen unbedarften Leute. Die Verständigen bewundern dagegen die geniale symbolische Dramatisierung dieser frühen Schrift.

Vergessen wir das nicht: Wer begreifen will, dem wird auch gerne geholfen.

Muss der Mensch seinen Nächsten lieben? Du könntest jeden Einzelnen fragen und wärst am Ende nicht klüger. Muss der Mensch beten? Du weißt Bescheid!

Den Wert eines Lebens macht nicht aus, wer die lukrativsten Strategien für sich fand und anwendete, sondern wer die visionärsten aufspürte, sich selbst darin verwirklichte, und überdies an seinem Ende zuversichtlich ist.

Das Jenseits beginnt mit der Fortsetzung unseres Charakters.

Wenn man nur wüsste, was das Jenseits zu bieten hat, dann möchte man vielleicht auch sterben.

Der Weg zu den Göttern ist mit Totenschädeln gepflastert, wage ihn trotzdem!

Der rote Teppich wird sinngemäß jenen ausgerollt werden, die ihre Energie und Intelligenz uneigennützig für ihre Mitmenschen einsetzten. Mit dem Finger könnte abfällig auf jene gezeigt werden, die dies ausschließlich für sich selbst taten.

Auch eine Hartherzigkeit, die wir zu Lebzeiten nicht ablegen können, wird uns in der Stunde des großen Aufstiegs wie Ballast anhaften und uns schwerlich die erhoffte Höhe erreichen lassen.

Unglaube ist für den logischen Verstand keineswegs leichter als der Glaube, nur viel bequemer.

In die beiden Buchdeckel des überirdischen Vermächtnisses ist jeweils Krippe und Kreuz tief eingebrannt, dazwischen eingebunden, die Frohe Botschaft für alle Menschen.

Unglaube ist auch das Unvermögen, Sachverhalte zu akzeptieren, die über die bisherige Erfahrung der Person hinausgehen.

Auf dem Grunde der Seele lagern immense Schätze, oft auch unter dickem Schlamm begraben.

Auf der unendlichen Zeitachse sind alle Menschen Brüder und Schwestern, auch wenn sie sich zeitweise wie Fremde oder gar Feinde benehmen. Diese Unwissenheit kommt alle teuer zu stehen.

Des Menschen wahre Religion ist seine eigene tiefe Überzeugung, alles andere ist nur Ritual.

Wer begehrt denn stärker zu finden als ein Suchender? Auf solchem Weg sind viele Geister unterwegs.

Die billigsten und zugleich die wertvollsten Edelsteine sind *gottgefällige Hirnsteine.*

Liebe und Hass sind die wenigen Kräfte, die über unseren Tod hinaus wirken.

Wäre ich doch Erz und könnte als Glocke zum Lobe des Herrn rufen!, dachte der gläubige Feigling, der sich verkrochen hatte.

Habt Dank, meine guten Geister, empfehlt mich eurem Meister.

Konsumrausch und Weihnachten, das passt zusammen wie ein Mercedesstern über dem Stall von Bethlehem. Es mag für uns Erdenbürger bekömmlicher sein, trunken zu werden von den Geschehnissen der Heiligen Nacht: Normalität ist das nicht – es ist einfach sensationell!

Erkenntnis schließt ein, des Menschen schwere Schuld zu ahnen, die tief verschüttet ist und vielleicht auch gar nicht wahrgenommen werden will.

Furchtbar, wenn man sich nicht einmal selbst mehr spirituell hilft, obwohl man sich noch helfen könnte; dann ist es aus und vorbei, wie traurig ist das!

Da bezeichnet sich jemand als Atheist, und die Stimme verrät einen gewissen Stolz. Ein armer Mensch! Bekundete ein anderer, der ärmste Bettler vor dem HERRN zu sein, er wäre unendlich reicher als jener.

Ich lege meinen »Computer« in Gottes Hand: ER bietet mir kostenlose Updates, hilft mir bei Problemen, gewährt mir Schutz vor Angriffen und dem gefürchteten Absturz.

Die *Ware*, welche im Jenseits ausgegeben wird, ist nur im Diesseits zu beschaffen; geliefert wird einst Leid oder Glück.

Wir sind auf Erden, weil wir nicht mehr im Himmel sind.

Das große Glück des Himmels, welches wir uns innig wünschen mögen, gibt es nicht im Ausverkauf, es muss, wie diesseits üblich, mühselig zusammengespart werden.

Was bei der Immobilie die Lage, das ist bei einer Investition in Gott die Aussicht.

Dereinst wird Lohn und Rache sein, von dem, was einmal war.

Wie schwer müsste sich doch die innere Überzeugung tun, wenn empfundene Glaubenswahrheiten verteidigt werden, aber dabei aus Rechthaberei, gar Gehässigkeit, gegen die hohe Regel der Menschenliebe verstoßen wird, der man sich im Christentum zuallererst verpflichtet fühlen sollte!

Warum werden wir nicht der Gedanken an den Tod müde, wenn es zum Sprachgebrauch gehört, des Lebens müde sein zu können?

Ich denke, die erschütternde Nachtoderfahrung wird sein, sobald wir in den Spiegel der Wahrheit blicken, welcher den durchgängigen Charakter unserer Wesenheit spiegelt und uns schlagartig bewusst macht, welch ungemütliche Zeiten, Äonen gar, noch vor uns liegen.

Ist's Narretei, Berühmte zu bewundern? Wir waren's längst vor ihrer Zeit, Seelengeist ist nicht von hier.

Hat man in seinem Leben zu oft gelogen und betrogen, wird es einem schwerfallen, an sich selbst zu glauben, geschweige denn sich selbst zu trauen.

Wenn du einst deine Totenglocke nicht hörst, dann wurde sie nicht geläutet.

Einen Führerschein erhält nur, wer sich die Theorie, besonders die Verkehrsregeln, und die nötige Fahrpraxis angeeignet hat. Eine Seele erlangt ihren Flugschein zu Gott, indem der Mensch die Zehn Gebote, die Bergpredigt Jesu und deren Anwendung im täglichen Leben gemeistert hat. Voraussetzung ist, hier wie dort, zuerst einmal die Regeln und Gebote zu kennen, um sie im Leben umsetzen zu können.

Falls eine Wiedergutmachung nicht mehr möglich ist, kann sich das Bittgebet empfehlen. Wo sie möglich wäre, jedoch unterlassen wird, hilft auch kein Gebet, würde es doch nur das Unrecht an jener höchsten Stelle bekräftigen, wo Gerechtigkeit waltet und Ausgleich zwingendes Gesetz ist.

Lichtarmut der Seele und eine damit ursächliche Uneinsichtigkeit des Verstandes sind Größen, anhand denen wir überschlägig abschätzen können, wie es *licht- und strahlungsmäßig* mit uns steht.

Im Himmelreich mögen sich viele finden, vermutlich aber keine unmenschlichen Glaubensvermittler, die anderen die Seligkeit verwehren und stattdessen lieber ewige Höllenstrafen verhängen möchten. Denen ist wohl eher bestimmt, sich im irdischen Kreislauf eines Besseren zu besinnen. Die abschreckende Feuerhölle ist wohl deren Erfindung und ein altbewährtes Druckmittel, ihre Glaubensschafe im Pferch zu halten.

Sich eines »Grüß Gott« schämend – lieber »guten Tag« gewünscht und dies noch gar nicht wörtlich nehmend.

Kann man Jesus tatsächlich in luxuriösen Limousinen nachfolgen – 500 PS für Schritttempo?

Der Himmel weiß es, ich brauche es ihm nicht zu klagen.

Atheisten schmeicheln dem Satan, egal an was sie glauben oder nicht.

Der Tod bedeutet bedingungslose Kapitulation für alle Gleichgültigen, Gedankenlosen, Nachlässigen und Säumigen, die diesem Angriff nichts entgegensetzen können.

Betrachten wir das Leben auf Erden aufmerksam auch in seinen Auswüchsen und seiner Abgründigkeit, denn erst dadurch können wir diese Welt durchschauen und unsere derzeitige ausgegrenzte Situation erkennen. Dann erahnen wir vielleicht jenes wahre, glückliche Dasein, wie es denn ursprünglich vorgesehen war.

Wollen oder können wir nicht erkennen, dass alle Menschen unsere Schwestern und Brüder sind? Im göttlichen Sinne sind sie es sogar umfassender als unsere leiblichen Geschwister.

Sind wir dereinst körperlos, wird jeglicher Zweifel am Faktischen witzig sein.

Gewiss gibt es erklärte Heilige, die das nie im Leben waren, wiederum werden Leute als scheinheilig bezeichnet, die es nicht sind. Besser, wir verabschieden uns grundsätzlich von *menschlichen Heiligkeiten*, wie Jesus es fordert.

Beständiges Lebensglück ohne eigenes Zutun scheint verdientes Seelenkapital einer Wesenheit zu sein. Solches dürfte durch ein gewissenloses Leben leicht verspielt werden. Warum sollte es der Menschenseele grundsätzlich anders ergehen, als reichgeborenen Glückspilzen, die dank ihres Vermögens die Sau rauslassen und ruckzuck alles verlieren?

Wird kirchliche Andacht nicht mit Disziplin verwechselt? Ein gesittetes Verhalten, das man Gott und den Priestern im Ritual schuldig zu sein glaubt? Auf Äußerlichkeiten legt zwar die Priesterschaft größten Wert, die Allmacht wird vermutlich mehr Wohlgefallen an Innerlichkeit finden, vor allem im herzlichen, mitmenschlichen Umgang.

Es ist alleine der Mensch, der die Erde zur Hölle macht. Er ist es, der dies verantwortet und auch die Konsequenzen zu tragen hat. Manche denken irrig, Gott wäre schuld, und damit bürden sie sich zusätzliche Last auf.

Solange Menschen um himmlischen Beistand bitten, wird auch im Lichtreich kein Platz für untätiges Ausruhen sein.

Erdling, vergeht denn ein Tag, ohne dass feindselige Gedanken deine Sinne bewegen? Wie willst du einen Pass ins Friedensreich bekommen?

Tägliche Gewissenserforschung: Bin ich heute auf den mühsamen Pfad zu Gott unterwegs oder flaniere ich auf Beelzebubs Wegen?

Ist es Leichtsinn, womöglich Torheit, wenn man annimmt, jegliches Leid, das wir anderen zufügen, würde für den Verursacher belanglos und ohne Folge bleiben? Dem ist nicht so, denn wie ein Echo trifft es dessen Seele und wird als ausgleichendes Karma in gleicher Heftigkeit schmerzlich zu ertragen sein.

Eine bedrückende Situation, wenn wir einst die Erde verlassen: Angenommen, mein erlerntes Wissen, meine Fähigkeiten seien nutzlos, weil sie zum Allgemeingut aller geworden sind, dann frage ich mich, was habe ich sonst noch zu bieten? Genau! Es wären ausschließlich die neutestamentlichen Schätze, die wir auf Erden gern zu erwerben vergessen. Arm, die Seele, welche ohne sie ins Jenseits geht.

Mensch bedeutet begriffsbestimmt, »der sich von Gott trennte«.

Zwei Umstände sind es, die wir weder begreifen noch akzeptieren wollen: URSACHE und WIRKUNG, bezogen auf eigenes Denken und Tun; dennoch bewirken sie unser Karma.

Bekenne dich zu Gott, schon bist du für die breite Masse eine Person mit einem Sprung in der Schüssel. Doch sei getröstet! Die Mehrheit liegt fast immer falsch. Und die Leute wissen das insgeheim, weil niemand seiner Sache absolut sicher sein kann, das lehrt uns die Erfahrung. Lebe daher nach dem Motto: Stur will ich sein und auf Gott vertrauen! Deswegen ist man noch lange kein Fanatiker, den der will ja anderen eine Ideologie aufzwingen.

Beim entscheidenden Lebenslauf geht es, im Gegensatz zum Marathon, nicht um Zeit. Vielmehr werden Hilfsbereitschaft, Charakter und Herzensgüte gewertet. Die kleinen Scharen, die nicht auf der Strecke bleiben, werden unter Jubel im legendären Stadion zur Ehrung einlaufen. Es wird Freude sein, die nicht vergeht, heißt es über das Lichtreich. Für alle, die es nicht schafften, gilt, beim nächsten Lauf die gebotene Chance zu nützen!

Kann ein Ehepaar sein Glück alleine mithilfe des Verstandes finden? Niemals, es braucht dazu die Herzen! Im gleichen Sinne ist es ebenfalls das »Herz«, welches Einlass ins Lichtreich erlangen kann. Dem Verstand ist auferlegt, Wegbereiter zu sein.

Bejahe das Leben auf dieser Erde zumindest als Chance, dich auf dem Wege ins Lichtreich von hier für immer zu verabschieden, statt wieder mal irdisch nachzusitzen.

Wie könnte ein *Rettungsfloß* alle Menschen aus dem Lebensmeer aufnehmen, die im letzten Orkan ihres Daseins fremde Hilfe und Rettung erhoffen? Man stelle sich nur vor, wie groß das sein müsste und wie erst der Ansturm! Ist es nicht besser, man sorgt selbst vor, beschafft rechtzeitig die eigene Schwimmweste und trägt seinen Rettungsplan im Herzen?

Gotteskrieger? Kinder des Lichts greifen niemals zur Waffe.

Grenzgänger sein, zwischen den Gefilden alter Kirchengemäuer und einer natürlichen, lebendigen Ackerkrume. Aus dem einen dringt totes Ritual, aber auf dem Acker wächst unser tägliches Brot. Wo ist besser, Dank zu sagen?

Wen Ritus-Religion langweilt, versuche doch einmal probehalber in die Fußstapfen des Praktikers Jesus von Nazareth zu treten. Schlicht, seinem Wort mit Taten zu folgen.

Nicht nur was du sagst, ist für das Lichtreich maßgebend, noch mehr gilt, was du dabei denkst.

D5 – Gott

Wer an Gott glaubt, ist nicht unbedingt besser, doch viel weiter.

Gott möchte wissen, wie du über IHN denkst; darum weiß er es auch.

Wie sollen wir leben? Wer kann folgender Antwort zustimmen? »Wir leben zur Ehre Gottes.«

Entweder stellst du dich unter Gottes Schutz oder fügst dich in Satans Gewalt; du hast die Wahl.

Sind wir nicht alle ziemlich ramponierte Empfänger im Sendebereich der Bewusstseinsstrahlung unseres Schöpfers? Eigentlich so kaputt, dass wir nur noch das Rauschen und Pfeifen eines Senders hören, der vermutlich ein rabiater Störsender ist?

Mein Gott hat sich für das Gute und die Liebe entschieden.

Der Atheist flüchtet in den Humanismus, wenn er die Hoffnungslosigkeit seines *Glaubens* nicht mehr erträgt.

Das Eine in der Vielfalt des Ganzen, das ist mein Gott.

Selbst wer Planeten formen könnte, ist noch lange nicht mein Gott.

Gehen wir ruhig davon aus, dass der Ratschluss über die Menschheit im Plan bereits vollendet ist. Zwar sagt der einzelne Mensch als Puzzleteil ebenso wenig darüber aus, wie es aufgeschüttete Mosaiksteinchen tun, die das Kunstwerk schon enthalten und nur noch geordnet werden müssen.

O ja!, im schlichten Wort *Liebe* wohnen viele gut geratene Kinder! Sie hören auf Namen wie – Güte, Barmherzigkeit, Wohlwollen, Herzlichkeit, Sanftmut, Innigkeit, Selbstlosigkeit, Hilfsbereitschaft, Freundlichkeit, Milde, Zuwendung, Verständnis, Verzeihung, Vertrauen. Wen wundert, dass die Liebe bei Gott über allem steht?

Womöglich gleicht der Wunsch eines Menschen nach seiner Heimkehr zu Gott eher dem Boxenstopp eines Rennfahrers, den sein Rennleiter so lange wieder unverzüglich in die gefährliche Runde schickt, bis das große Rennen für ihn beendet ist.

Zwischen Gott und den Menschen bleibt immer eine gewisse Trennwand, doch entscheidend ist, wie wir unsere persönliche Wandstärke auswählen, die uns den Zugang erleichtert oder unmöglich macht. Japanisches Pergament zum Durchschlüpfen oder meterdicker armierter Stahlbeton?, könnte die bildhafte Frage lauten.

Unsere Gottesvorstellungen sind immer nur Stellvertreterbilder. Wir hängen so sehr daran, selbst wenn wir damit völlig danebenliegen und das insgeheim natürlich auch wissen. Leider besitzen wir nichts anderes; unsere Fantasie ist da schnell am Ende.

Verstehen zu wollen, setzt dessen Wahrnehmung voraus – eine Binsenweisheit. Die Weigerung, sich für etwas zu öffnen, verhindert natürlich, dieses *Etwas* zu erkennen. Wird beispielsweise Gott von vornherein geleugnet, blockiert das die Erkenntnis. So ist die Anerkennung einer möglichen Existenz Gottes erst einmal gewichtiger als die Frage, ob man an IHN glaubt und im Herzen aufnimmt.

Götter, welche der Mensch ersinnt, sollen seit jeher seine alten Klamotten auftragen, weil er glaubt, sie hätten die gleiche Konfektionsgröße.

Mit verdrängtem Gottesglauben lässt sich zwar kommod leben, aber keineswegs gut sterben, denn so gewiss wie der irdische Vater ist uns auch der himmlische.

Was lehrt uns der Zeitgeist? »Vermeide es, über Gott zu reden, damit du nicht als Gestriger giltst.« Der Zeitgeist ist nämlich im Grunde gottlos; er verkörpert die Welt der Sinne und vertritt nicht die Anliegen des Gottesgeistes.

Und am Ende läuft alles doch in Gottes Hände.

Gott ist groß: Alles findet Platz in IHM! Ob Gott in uns ist, das wäre die entscheidende Frage.

Es entdecke sich der Mensch im Nächsten und alle Menschen auch in Gott.

Hilfreicher als einen Mitmenschen zu verfluchen, zu hassen, wäre der Versuch, ein Gespräch mit dem Höchsten in dieser Angelegenheit zu führen.

Achte den dir zugeteilten Richter, der dich beschützt und dir nur Folgen auferlegt von üblen Taten, die du selbst begangen; deine Seele weiß: Er ist gerecht!

Gegen jemanden zu sein, bedeutet, gleichzeitig auch gegen den Schöpfer und sich selbst zu sein, da ER in jedem von uns das Leben ist.

Das Meer ist Wasser, aber Wasser ist nicht das Meer. Gott ist Geist, aber der Geist ist nicht Gott.

Was uns den Zugang zu Gott so erschwert, ist unsere Individualität; Gott ist Universalität, Unfasslichkeit.

Da sind zwei glaubensstarke Menschen: Der eine stellt an *seinen* allmächtigen, großzügigen Gott höchste Ansinnen. Der andere unterstellt Kleinlichkeit und bittet daher minimalistisch. Beide erhalten das ihre; ist das gerecht?

Für unsereins nicht fassbar: Der Allmächtige ist unbestechlich, nicht manipulierbar, unparteiisch und absolut gerecht. »ER sei unseren Seelen gnädig« – welche blauäugige Floskel, bei dieser Erkenntnis!
ER ist aber auch die tiefste Ur-Liebe – wie könnte er da nicht gnädig unserer Seele sein?

Die Sonate im Klavier zu suchen, gleicht der Vergeblichkeit, im Menschen Gott zu finden. Dennoch ist die Sonate im Klavier und Gott im Menschen, für den, der solches zu erwecken vermag.

Sei unpersönlich und geduldig wie ein Stein: Ihm ist es gleich, wer auf ihn tritt. Er weiß um die, die ihn berührten, und kennt sie als die Seinen. Mensch erkenne, wie du Anteil hast an allem! Du suchst in dir und findest dich in Gott, dem All-Geist, der in ALLEM ist.

Wer die Existenz einer höheren Macht leugnet, glaubt das wahrscheinlich selbst nicht hundertprozentig und wer an Gott glaubt, hat wohl auch seine prozentualen Schwierigkeiten.

Vertrau auf Gott! Denn dazu ist der HERR zu groß, dass kleinlich er sich uns verweigert.

Was Gott bisher nicht konnte oder wollte: Die Menschen von sich zu überzeugen; dies scheint unsere Aufgabe zu sein.

Der Glaube an ein liebevoll strahlendes Gottesbild macht irdischen Pessimismus erträglich.

Wir sollten nicht untätig auf die Hilfe von oben warten, zumal wenn wir an die Kraft Gottes glauben. Denn, wie Eltern von ihren Kindern Selbstständigkeit verlangen müssen, erwartet auch unser himmlischer Vater, dass wir die vererbten Fähigkeiten vertrauensvoll einsetzen.

O Gott, wie unverständig ist der Mensch und wie unendlich klug sollte er sein, da DU ihn erschufst.

Gebet eines Fußballers: HERR, ich habe den schwierigen Ball aufgenommen, den du mir zugespielt hast; schenke mir Glück, damit ich ihn ins Ziel bringe.

Ich denke, Gott fügt sich väterlich unserer innigen persönlichen Vorstellung über ihn.

Unwahrscheinlich, ob der himmlische Vater einen Menschen verstößt, der Gott nicht verworfen hat.

Gott ist für den Menschen wie der Treibstoff für das Fahrzeug, das ein Ziel erreichen soll.

Du rechnest nicht mit Gott, glaubst aber, ein tüchtiger Kaufmann zu sein? Ein weitblickender Kaufmann glaubt an Gott!

Man muss Gott zuvor anerkannt haben, bevor man an ihn glauben kann, das ist das Problem.

Gott ist das Bewusstsein von ALLEM, das des Menschen sind nur Splitter aus Details.

Nicht Gott verlässt den Menschen: Der Mensch entfernt sich von Gott. Ebenso gibt der Mensch sich selbst preis, wenn er unmenschlich ist.

Nichts ist zu Ende gedacht! Nur – der allumfassende EINE denkt halt weiter als der irdische Kleine.

Löse dich vom Detail, hänge dich an ALLES (an Gott).

Weniger zu Gott, zu unserer eigenen Person müssen wir um ein rechtschaffenes Leben beten, uns bedrängen, das überhört auch ER nicht.

Der Unendliche hält sich in jeder Gottesvorstellung verborgen und kommt Neugierigen entgegen, die IHN aus aufrichtigem Herzen suchen.

Wie du in Gott hineinrufst, so schallt es zurück.

Vielleicht macht es Gott überhaupt nichts aus, wenn man nicht an ihn glaubt, ebenso wie es dem Strom gleichgültig ist, ob man seine Kraft nützt oder ablehnt. Wichtig ist, was WIR aus Gott machen!

Wer an ein existierendes NICHTS zu Beginn glaubt, hätte es wesentlich leichter, an GOTT zu glauben.

Ist ein Angebot groß, wird man wählerisch. Ist es begrenzt und klein, hat man die Qual der Wahl. Ist es ein alternativloses Angebot, empfindet man es schnell als Zumutung; vielleicht wird auch der Glaube an Gott so gesehen.

Im gleichen Maße, wie wir Gott in uns erhöhen, erfahren wir Wachstum.

Gott hat niemand alleine für sich, man muss ihn sich mit Abermilliarden Menschen teilen.

Wer sein Geschick uneingeschränkt in Gottes Hand legt, kann nicht erwarten, dass nun alles Geschehen Gottes Wille ist, aber er kann darauf vertrauen, dass er wenigstens Gottes Wohlwollen besitzt.

Gott zu ehren, bedeutet zuallererst den Nächsten und sich selbst wenigstens zu achten. IHN zu lieben, das wäre die höchste Form.

Auf Gott ausgerichteter Lebenssinn ist geistiges Kapital, und auch dafür ist hart zu arbeiten.

Es gibt Bewusstseinsstufen, die dich treppauf zu Gott führen.

Wie der Regentropfen sagen könnte: Ich bin ein Teil des Meeres, kann der Mensch sprechen: Ich bin ein Teil Gottes.

Ist uns bewusst, dass wir beim Beten die geistige Verbindung zur gewaltigsten Macht herstellen, mächtiger als die Herrscher aller Zeiten zusammen, die dagegen völlig bedeutungslos sind?

Gott ist gerecht. Haben sich deshalb so viele Seelen von IHM abgewandt? Gerechtigkeit kann doch sehr unbequem werden, wie jeder weiß.

Was soll ich tun? Nimm die Steine, spricht der große Baumeister in uns und füge sie zusammen, damit es ein Werk in meinem Sinne werde.

Auch in einer falschen Vorstellung über Gott kann der uns nahe sein.

Ein Mensch wird bewundert, verehrt, geliebt, gefürchtet, gehasst, abgelehnt, verleumdet, ignoriert, bekämpft oder nicht wahrgenommen. Gleiches gilt für das Verhältnis des Menschen zu seinem Schöpfer – mehr nicht, das ist schon alles.

Wer mit Gott in geistige Verbindung treten kann, ist keinesfalls das niedere Geschöpf, wie uns das vielleicht naturhistorisch gesehen in den Sinn kommen könnte.

Um eine Verbindung mit unserem himmlischen Vater herzustellen, müssen wir nichts investieren, nichts einrichten, keine Vertragsverpflichtung eingehen, nicht mal aus dem Haus gehen, wir brauchen nur zu sprechen.

Mein Herr und Gott, vor deines Hauses Einlass will ich knien, so lange, bis mir aufgetan.

Jene, die vom Sturme reden, als brächte der nur willkommene Abwechslung ins laue Schönwetter ihres Daseins, sie kennen nur das Wort, doch nicht die Wucht, die im Begriff wirklich steckt. Ihnen aber, denen ein Sturm das Dach über die Köpfe hinweggetragen hat, ist sein Wesen zur schrecklichen Offenbarung geworden. Und sie, die von Gott reden, als handle es sich um lästiges Juckpulver fürs Gewissen, fielen wie Steine zu Boden, würden sie von IHM erfasst.

Göttliche Liebe kann man nicht kaufen, doch man bekommt sie geschenkt, wenn man sie erwidert.

Sei Herzdenker: Mach Gott zu deinem Hobby!

Es kann selbst Gott nicht retten, was der Verstand des Menschen seiner Seele versagt.

Was von den Göttern ist, kann man sehen, nur denken mag man es nicht.

Die perfekte Planung eines Universums wird erst gelingen, wenn zuvor alle künftigen Gesetzmäßigkeiten bis ins kleinste Detail ersonnen wurden: Der Schöpfergeist hat das vollbracht. Atheisten schütteln so etwas aus dem Ärmel des Zufalls, namens Evolution.

Es gibt keine verschiedenartigen Götter, jedoch unterschiedlichste Ansichten über den EINEN.

Warte nicht, bis dir auf deine dringendste Frage Gewissheit von Menschen gegeben wird, gib sie dir selbst, indem du deinen wahren Vater in dir darum bittest.

In meiner Vorstellung ist Gott weder allmächtig im Sinne eines Zauberers aus dem Märchenbuch, noch allwissend, gleichgültig, welche hinterlistige Falle man bei dieser Thematik aufstellt. Somit erspare ich mir, über Widersinnigkeiten und Unmöglichkeiten zu spinnen, die gelernte Dummköpfe ernsthaft diskutieren. Beispielsweise: Wenn Gott allwissend und gütig ist, hätte er doch um den Zustand dieser verdorbenen Welt gewusst – warum hat er sie also geschaffen? Andererseits wäre er nicht allmächtig, falls er seine Schöpfung nicht besser hinbekam.
»Kann Gott aus zwei Eseln drei machen? Und aus einem Badeschwamm ein Auto?«, fragte ich einst meinen Papa beim gemeinsamen Bad in der Badewanne. Solcher Kinderkram dient vermutlich Erwachsenen in atheistischer Absicht dazu, den Glauben an Gott als Hirngespinst und Utopie beweisen zu wollen.

Gottesnähe ist wahrhaft nur eine Frage der persönlichen Entfernung.

Nicht überall, wo Gott draufsteht, ist Gott drin.

Gott ist die unermessliche Bühne von ALLEM und zugleich Eigentümer.

Die Größe Gottes hängt nun wirklich nicht von der beschränkten Vorstellungskraft des Menschen ab; sie überfordert dessen Fantasie über alle Maßen.

Haben eine Leserin, ein Leser, ihre liebe Not mit diesen Texten? Finden womöglich nichts daran, vermissen Geniales, Großes in den Miniaturen? Als Urheber kann ich das nachfühlen, denn bei etlichen Gedanken erging es mir beim Niederschreiben ähnlich, da ich oft nicht wusste, was damit anzufangen sei. Erst nach wiederholtem, mehrmaligem Lesen kam zu meiner Überraschung Bewegung in die Worte, traten Bilder hervor; ich nahm neue Aspekte und Gefühle wahr, was mich bewog, diese Gedanken nicht fallenzulassen. Deshalb mein Rat: Bitte nicht vorschnell aufgeben! Gelegentliches Schmökern scheucht immer neue An- und Einsichten auf. Wünschte man sich mehr Ausführlichkeit und Details, dann kann ich meinen *Denkerband* empfehlen: »Am besten himmelwärts – Plan B zur Selbstbefreiung«. Der liegt druckfertig in der Schublade und drängt hartnäckig auf baldige Veröffentlichung.

Den Tag mit Gott beginnen, heißt hinzugewinnen!

E1 – Beobachtung

Umso vielseitigere Interessen du hast, desto mehr wirst du dich in deiner Umgebung vereinsamt fühlen; eigentlich möchte man doch das Gegenteil erwarten.

Wenn sich ein gewisser Unterschied bemerkbar macht, von deiner Schreibweise gegenüber anderer Leute, dann bist du vermutlich nur alt geworden.

Ein Normalmensch kann den Genius eines Genies nicht verbessern, so wenig wie die Maus die Katze fängt. Versucht man es dennoch, könnte bestenfalls nur Normalität erreicht werden.

Wer nicht zu gewissen Teilen auch ein Narr ist, hat auch keine umfassende Bildung.

Wie lange noch wird meine Halogenleuchte über dem Schreibtisch durchhalten? Sie brennt nun schon mehr als ein Jahrzehnt – wird sie meine Lebensdauer übertreffen? Die Vorstellung, mit einer Lampe womöglich im Endspurt zu liegen, lässt mich lächeln. Humor ist bekanntlich, wenn man trotzdem lacht.

Wohl der beliebteste Selbstzweck einer akademischen Ausbildung scheint der Dünkel zu sein; kein Wunder, wenn die Hörsäle überquellen. Damit aber beseitigt sich das Übel von selber, indem das Studium sich mit der Zeit abwertet.

Nur mit grenzüberschreitendem Denken lassen sich vertraute Horizonte weiten.

Nichts springt höher als der menschliche Geist, aber dennoch reißt der ständig die vorgegebene Messlatte, welche ihm Verneiner und Zweifler seit Menschengedenken auflegen. Nur wer sich darüber hinwegsetzt, kann über sich hinauswachsen.

Dieser alte Wehrmachtshaudegen bezeichnete sich gerade selbst als einen Feind Gottes. Der Wind hatte mir das im Biergarten von einem Nebentisch zugetragen. Gegrinst hatte niemand, als ich mich danach umwandte, und darauf gesagt hat auch keiner etwas, und was man sich dachte, weiß nur der Geist, der in den Köpfen weht.

Vermutlich bringt erst eine umfassende Bildung es zustande, den *bedeutenden Narren* im Menschen zu wecken. Wie könnte es sonst sein, dass gerade unter den einflussreichen, gebildeten Leuten so viele dieser Sorte anzutreffen sind?

Nachrichten heißen wohl so, weil die Informationen *nachgerichtet*, also für die Leute passend gemacht werden?

Neutral zu sein, ist praktisch fast unmöglich, sobald es auch um eigene Interessen geht. Gleichwohl wird Neutralität allen Ernstes vorgegaukelt und so gut wie überall zelebriert.

Verdrängung findet seit jeher statt. Das eine verdrängt das andere. Neues das Alte, Frisches das Verbrauchte, Stärkeres das Schwache, Rücksichtslosigkeit den Anstand und womöglich die Gier und Unvernunft des Menschen ihn selber, seine eigene Gattung. Bleiben wir deshalb standhaft im Guten, damit dieses nicht vom Bösen verdrängt werden kann.

Von unvernünftigen Leuten sind keine vernünftigen Ansichten zu erwarten. Wiederum hat der Besonnene nichts anderes zu bieten als das, was ihm die Vernunft nahelegt. Somit ist diese nur ein einseitiger Aspekt im Leben. Problemen ist alleine mit Vernunft nur selten beizukommen, denn es sind mehr Armleuchter unterwegs als Einsichtige.

Die katholisch gebrauchte Vorsilbe Erz- erfährt bei etlichen Landsleuten eine ruppige, negative gedankliche Erweiterung. Woran mag's liegen: Ansichts- oder Erfahrungssache?

In dieser wirren Zeit, kein Jahr jünger zu sein, scheint mir inzwischen zuträglicher, als ein Jährchen mehr auf dem Buckel zu bekommen.

Lange genug hat es ja gedauert, bis ich den Zusammenhang erkenne: Wenn ich anderen etwas schenken möchte, will ich mir selbst etwas geben. Das ist nun wirklich keine Selbstlosigkeit, doch Eigennutz im besten Sinne und förderungswürdig, da nützlich für beide Seiten.

Um die Kommandozentrale des Denkens funktionstüchtig zu halten, muss diese fortlaufend neuen Erkenntnissen angepasst werden. Jeder Neuzugang eines Gedankens ist deshalb immer auch mit den Erfahrungen des Verstandes und des Herzens abzuwägen. Erst nach gründlicher Prüfung geschieht seine Anerkennung und Aufnahme. Neuen Anwärtern ist höflich, aber kritisch zu begegnen; ähnlich einem fremden Besucher, der an unserer Haustüre klingelt. Ungehobelte Leute werden wir gewiss nicht einlassen und so sollten wir es auch mit Zumutungen halten.

Es gibt Leute, die anscheinend nur aus Antworten bestehen und andere, die nur Fragen sind. Gleichermaßen lassen sich darunter welche ausmachen, die entweder pure Überzeugung sind oder der blanke Zweifel.

Achtung! Nichtgrüßen ist ansteckend!

Freunderl, das Wetter kann gar nicht so schlecht sein, wie du!

Wetterprognosen zählen zu den windigsten, besonders wenn Sturm angesagt ist.

Wenn Jahresrückblicke *en bloc* abendfüllend gesendet werden, kommt einem sogar das Gähnen bei Szenen, die damals Gänsehaut bescherten.

Die Gedanken an Gesundheit, Wohlstand und Lebensfreude sind Balsam für unser wehleidiges Ego. Daher sind das beliebte und begehrte Wunschziele im Leben. Wird aber das Ego herausgefordert durch ein mühevolles, opferträchtiges Streben nach menschlicher Vervollkommnung, wird sich der innere Schweinehund zur Wehr setzen und die Umschau nach angenehmeren Wegen beginnt, selbst wenn der Himmel offenstünde.

Ehrgeizige, geizt ihr denn damit, anderen die Ehre zu geben?

Millionenfach wird uns in den Medien vorgeführt, warum und vor allem, wie Menschen misshandelt oder umgebracht werden. Dagegen kaum wahrnehmbar und eher verschämt, die Botschaft, weshalb wir unseren Mitmenschen mit Respekt, Freundlichkeit und Güte begegnen sollten, und wäre es auch nur im eigenen Interesse.

Ein komplizierter Mensch, der sich dazu zwingt, nur Unkompliziertes niederzuschreiben, tut sich damit keinen Gefallen; das ist auch nicht seine Aufgabe.

Durch das Elend der anderen wird die eigene Last erträglicher.

Ich gebe zu, säuerlich zu werden, wenn ich Lyrikgefasel abbekomme, aber auch, wenn ich Meisterhaftes lese, das mich so winzig macht.

Wenn wir unsere Selbsttäuschung erkennen, fühlen wir uns da nicht auf falschem Fuße ertappt? Besonders unangenehm kann uns berühren, wenn verfestigte Meinungen geändert werden müssen oder eherne Grundsätze zu verwerfen sind. Dabei wäre es so segensreich für uns, dies immer wieder zu üben, auch wenn das schwerfällt. Übungsmaterial gibt es ja reichlich: Öffnen wir dazu unsere Sinne und üben neues Eingeständnis, wo es sich bietet!

Wer denn kann vor einem notorischen Kritiker Bestand haben, außer er selbst?

Der Pessimist trägt ständig seinen Fallschirm. Was ihn dabei unsympathisch macht: Er begibt sich nicht auf Sprunghöhe.

Leichter wäre es, die Sandkörner eines Sandhaufens zu zählen als einen Fanatiker zu überzeugen.

Alles ist heute werbesprachlich kinderleicht, aber vieles gewiss nur einen Mausklick weit entfernt von totaler Rat- und Hilflosigkeit.

Die Person lächelte charmant, aber ich fühlte ihre tiefe Traurigkeit.

So sind die Menschen: Ihre Körper verhätscheln sie, aber ihre Seelen lassen sie vergammeln.

Persönliche Beobachtung: Auffallend böse war die Person, wenn sie längere Zeit mit sich alleine war.

Todernst und angetan mit schwarzen Stoffen, folgte die Gruppe dem bunten Hallodri an sein Grab.

Die Umsetzung eines wertvoll erachteten Gedankenfadens auf Papier gelingt nur mit großen Verlusten, etwa wie eine Schlacht nur mit vielen Toten auf beiden Seiten zu gewinnen ist.

Wer *nach-denkt*, wird auch fremden Ideen *nachlaufen* müssen.

Lesen + Denken = hoffentlich Freude.

Weist du das Neueste: ich – ich – ich – ich ...

Schade, dass auf eine einzige schwere Frage gleich so viele leichte Antworten folgen.

Als ich bemerkte, wie meine Notenhefte mit den Schlagern der Jugend so muffig rochen, wie einst die Schlagerhefte meines Vaters, wurde mir sehr heftig mein Alter bewusst.

Überrascht feststellen, dass Gedanken, die man für sich neu entdeckt hält, in jahrzehntealten Notizen auftauchen.

SOS! Im Gedankenmeer kommt Sturm auf, rette sich wer kann!

Jemand, der dem Gras das Gießwasser nicht gönnt.

Immer wird es Leute geben, die Tabus grundsätzlich nicht respektieren. Sie tragen, wie der Einbrecher, einen Bund Dietriche bei sich, um alles zu öffnen, was sich in den Weg stellt.

Alle tragen wir Keimzellen zur inneren Verwahrlosung in uns.

Aufregende, ungewöhnliche Lebensweisen stoßen oftmals auf Ablehnung, besonders dann, wenn solche Lebensart insgeheim Sehnsucht ist und unerreichbar bleibt.

Wer mit Worten sparsam umgeht, muss sich über Leute wundern, die unentwegt nur plappern und sich erstaunt fragen, woraus sie schöpfen.

Während der Sprachgewandte wie gedruckt daherredet, macht sich so mancher Zuhörer viel mehr Neidgedanken über den Redner als über das, was der denn sagt.

Der Volksmund hat ja Recht: Wenn etwas kommt, so kommt es tatsächlich, wie es kommen muss.

Der überschwänglich nette Mensch beherrscht meist auch die Register zu außerordentlicher Garstigkeit; ein Grantler hingegen hat da eine bedeutend geringere Bandbreite.

Man kann selbst denken oder man lässt in sich denken, was gelegentlich sogar die effektivere Art ist.

Logik ist so eine Ware, die auch gerne mal unter dem Ladentisch gehandelt wird, wenn man sie nicht ans Licht bringen will.

Selbstzufriedenheit: Es gibt Menschen, die sind klug, intelligent, gebildet, charakterstark, gottesfürchtig, kreativ, fleißig, geschäftstüchtig, reich, gesund – das alles bin ich nicht. Aber von allem habe ich ein klitzekleines bisschen, das ist doch eine ganze Menge.

Wer ausdrücken möchte, was ihn zutiefst bewegt, läuft immer in Gefahr, dass man ihn für nicht ganz gescheit hält.

Niemand mag es, wenn ihm Moral gepredigt wird, zum andern erwartet man von jedem, solche selbstverständlich zu besitzen. Da gibt es jedoch viele Fragezeichen und unterschiedlichste Auffassungen darüber, was denn eigentlich Moral ist. Am ehesten ist es wohl das, was man höchst ungern gepredigt bekommt.

Ein unterschätztes Problem ist die Unentschlossenheit. Sie wurzelt in der Angst, das Falsche zu wählen oder zu tun. Dabei verstärken die versäumten Gelegenheiten und erlittenen Nachteile die Furcht vor künftigen Entscheidungen noch mehr. Also ist es besser, sich mutig zu entscheiden, auch auf die Gefahr hin, sich einmal zu irren.

Bestien kennen keine Diskussion, und auch das menschliche Stammhirn scheint solche nicht zu kennen. Beobachte Menschen und überzeuge dich, wie ausgeprägt dies bei manchen ist und wie nahe noch die Verwandtschaft.

Gib dem Trübsinnigen Umgang, Speis, Musik und Wein, er wird auch ohne Geld zufrieden sein.

Der utopische Wunschtraum eines Autors: Ich suche keinen Verlag, soll doch der Verlag zu mir kommen. Ist der Mensch prominent, sein Ruf gar schillernd bis zweifelhaft, lässt sich mit fabriziertem Massenramsch der Traum aber leicht erfüllen.

In der Fassade eines Menschen bedeutet die Mimik die offene oder geschlossene Haustüre.

Gefallen finden, heißt auch, Seiten neu zu entdecken, die man zuvor noch nicht wahrnahm. Gefallen verlieren: abzugeben, was man inzwischen als vermissbar einstuft.

Als er den Pappkameraden auf dem Gehsteig sah und las: *Durchgehend warme Küche – es kocht der Chef!*, da nahm der Hungrige Reißaus.

Was mir einst das Herz erglühte, hat längst nicht mehr die gleiche Güte.

Andere verspottet, ausgelacht und insgeheim an sich gedacht.

Drehenden Derwischen zuzusehen, bereitet mir großes Unbehagen, weil mich die schnelle Drehbewegung an das kleine Kinderkarussell erinnert und mir heute noch schlecht wird, wenn ich intensiv an mein Fahrerlebnis denke. Was nur müssen diese Tänzer in den Köpfen haben!

Leute, die sich daran gewöhnt haben, fix dotierte Gutverdiener zu sein, schauen gelegentlich etwas geringschätzig auf jene herab, die in ihren Arbeitsleben nur erfolgsabhängiges Einkommen beziehen, auch wenn diese gut davon leben können. Müssten solche Gehaltsempfänger ihre Brötchen überwiegend mit Erfolgsprovision verdienen, wären gewiss viele von ihnen nicht dazu in der Lage, ihren Lebensstandard zu halten.

Nein! Keineswegs ist alles gut, was ein Team für richtig hält: Man braucht schon ein Komitee, das überprüft, ob es auch ihm gefällt.

Je komplizierter eine Entscheidung ist, umso leichter lässt sich dafür oder dagegen sein.

Im Laufe der Lebensjahre hat sich der Apparatefotograf in mir damit begnügt, die meisten Aufnahmen nur noch theoretisch in der Hirnkammer zu entwickeln.

Von Duzbekannten überraschend wieder mit Sie angeredet zu werden, kann ich nur als angenehm beschreiben, nachdem das fragwürdige Zerwürfnis mit ihnen recht eigentümliche Wirkungen zeitigte und mir deshalb das vertrauliche Du wie ein Stein vom Herzen fiel.

Ein bedrucktes Blatt Papier wird mir leider eher zur Offenbarung als ein leibhaftiges Gegenüber.

Ein interessantes altes Gebäude zu erkunden, fesselt meine Sinne in einer Art, als wäre ich ein Architekt. Aus einem ähnlichen Grunde höre ich gerne klugen, gütigen Menschen zu, als wäre ich ihr Freund.

Sturheit wird dem Sachverstand nicht nachgeben, schon gar nicht, wenn nur wenig davon vorhanden ist.

Wer in der Sache schwach verwurzelt, wird leicht durchs Argument entwurzelt.

Im todernsten Gesicht zuckte es wie Wetterleuchten und ich ahnte, welch große Mühe es den Beobachteten kostete, beim Anhören von Behauptungen nicht in lautstarkes Gelächter auszubrechen.

Schaut man der Masse zu, gewinnt man den Eindruck, die Leute führten ein Leben nach den Regeln des Brainstormings. Alles, was in den Sinn kommt, wird wahllos eingebracht, allerlei davon nach Gusto aufgegriffen und gedankenlos abgelebt.

Rückblickend muss ich meinem Vater den leisen Vorwurf machen, mir nicht erklärt zu haben, wie das Filmbild auf die Kinoleinwand gelangt. Er redete nur wenig, und da machte ich mit. Weil ich ihn nicht danach ausfragte, musste ich das Kino selbst erfinden, was für einen Dreikäsehoch schon schwierig ist. Anfangs meinte ich sogar, die Bilder würden von einer großen Papierrolle vorübergezogen – aber da weigerte sich schnell meine Fantasie. Und richtiges Theaterspiel war das ja auch keines, da gab es noch viel zu grübeln. Als ich aber das Strahlenband über meinem Kopf entdeckt hatte, war ich derart frustriert über meine Naivität, weil die Sache schließlich viel genialer war, als ein Kindskopf es sich vorzustellen vermochte. Sind wir im übertragenen Sinne nicht alle Kindsköpfe, die einst noch reichlich *geniale Erfahrungen* machen werden?

Wie taxiert man Seelen? Dem einen sind sie Schrott, dem anderen Juwelen.

Im Gegensatz zum Autor einer extremen Gedankenmixtur muss jemand, der das zu beurteilen versucht, ein kluger, verständiger Mensch sein. Und die unvoreingenommene Bewertung wird ihn noch klüger machen.

Sitzt einem der Feigling in den Füßen, geht man nicht hin. Liegt er auf der Zunge, gibt es nichts zu sagen. Guckt er aus den Augen, will man nichts gesehen haben. Horcht er im Ohr, hat man gewiss nichts gehört.

Rückblickend setzt sich mein Leben aus lauter Bruchstücken, vielen Scherben und auch einigen Trümmern zusammen. Betrachte ich es bei Lichte, sehe ich, wie sich die Fragmente doch zu einem einträchtigen Puzzle als Ganzes ergänzen. Das nenne ich eine glückliche Fügung.

Neulich einem zugehört, der so vernebelt daherredete, wie ihm Hochprozentiges den Blick flackern ließ, und der bösartig wurde, sobald man widersprach.

Man kann Leute beobachten, die selbstsüchtig am Leben hängen und sich so einrichten, als würden sie die Erde nie verlassen. Zugleich handeln sie in einer Weise, dass sie nach ihrem Ableben sofort dafür verurteilt werden müssten. Ist ihnen ihre ungleich wichtigere Zukunft denn egal?

Dich berührte es wohltuend, wie der Nadelbaum dir sachte und freundschaftlich über die Schulter strich? Taste gleich mal den Stoff ab, ob dein Gefühl auch ehrlich ist!

Der Traube trügerischer Schmuck ist allzu oft das Etikett des Weines.

Sagen sie nur das Wort »*Liederadur*«, die werten Österreicher, schon hat man ihre Schrammeln und den Heurigen im Sinn.

Wie leicht kann ich von allen der Letzte sein, aber unvorstellbar ist es, der Erste von allen zu werden!

Ich wundere mich sehr, warum mich der relativ laute Wasserfall am Hotelpool den ganzen Tag lang nicht im Geringsten stört, dagegen das wasserfallähnliche Gerede der Person auf der Liege nebenan schon nach einer Viertelstunde.

In meinem Leben ist mir vieles klar geworden, aber weit mehr ist unklar geblieben oder unverständlicher geworden. Nur, ist es klug, darüber zu klagen? Wie ungünstig wäre es doch, von Anfang an klar zu sehen bis zum bitteren Ende – und noch dazu falsch.

Sind erst einmal die Richtigen durch falsche Logik gewonnen und verführt, übertrumpfen sie mit ihrem Eifer und ihrer Grausamkeit sogar den Teufel.

Fällt mir spontan nichts Vernünftiges ein, gerate ich leicht ins Schwafeln. Geht es dir auch so? Ehrlich gesagt, das wäre mir angenehm. Warum also reden wir die Schwafler schlecht?

Zur Aufsicht saß in der Ecke des Museumssaals ein Abwesender. Als ihn eine Dame fragend ansprach, schien er von sehr weit zurückzukommen. Er reagierte verlegen, leicht verwirrt und schüttelte sich gewissermaßen das Fell durch, fast so, als wäre er ein Hund.

Genauso bescheuert wie andere zu sein, die man dafür hält, kommt häufiger vor, als man zugeben möchte.

Ideen kommen nie allein, meist sind sie zu zweien. Die eine gefällt, die andere vergällt.

Den Daumen strikt nach unten, den Druck im Blut erhöht – so werden die Gedanken zu dem, wie es dir geht.

Zieht man für sich selbst keine Grenzen, ist alles grenzenlos, und man geht dann einfach zu weit.

Weihnachten zum Beispiel, das Fest der Liebe, macht aus dem Suchenden einen Beschenkten. Der Gleichgültige wird spöttisch, der Spötter zornig, und der Zornige entwickelt Hass.

So zu sein wie die anderen – ja, da wäre man insgeheim happy! Nicht zu sein wie die anderen – darauf ist man anscheinend stolz.

Ein abscheuliches satanisches Verbrechen trägt wahrscheinlich mehr zur geistigen Gegenposition des Einzelnen bei, als es Bände erbaulicher Schriftwerke vermöchten.

Von einer Wegwerfgesellschaft ist kein allzu weiter Weg mehr hin zum Wegwerfmenschen. Stichworte Abtreibung, Sterbehilfe, Todesstrafe, Kriegsbefürworter, leichtsinniges Risikospiel mit dem Leben und desgleichen. Schwierig bleibt die Unterscheidung, wo das Bewahren endet und das Wegwerfen beginnt.

Ob das, was man hat, sich mit dem vertrüge, was man nicht besitzt, so man es denn wünschte und bekäme, das ist eine verzwickte Frage. Denn das Schicksal, welches wir oft irrtümlich für Glück halten, verfährt nicht immer gnädig mit uns.

Es wäre nur eine Kleinigkeit nötig gewesen, nur der sprichwörtliche Handgriff, um Frieden zu schaffen. Doch war daraus eine jahrzehntelange Sisyphusarbeit vor Gerichten geworden. Zur Einsicht hat das den Beteiligten nicht verholfen. Sie tragen ihre Last unverdrossen mit schamlosem Vergnügen an gegenseitiger Schadenfreude und Gehässigkeit stolz vor allen Augen zur Schau.

An den wenigen Tagen, an denen ich meinen Humor vermisse, fehlt mir gleichzeitig die Ernsthaftigkeit der Gedanken; übrig bleibt nur Trübsal.

Hundert Vergleiche kannst du anstellen, um zu überzeugen, doch nützt es eher der Festigung deiner eigenen Auffassung als jemandem, der schlichtweg nicht vergleichen will.

Heute entspricht das Wetter genau meiner tristen Verfassung. Ändere ich meine Einstellung, verändert sich das Wetter? Wohl nicht, aber das Wetter kann mir den Buckel runterrutschen.

Doch! Es gibt sie, jene selbstherrlichen Menschen, welche sich unaufhörlich einreden, wie umwerfend sie sind und die sich ständig selbst beweisen müssen, warum die ganze Welt sie am liebsten umarmen möchte. Ja! Und es gibt auch die gegensätzliche Person, die an sich verzweifelt und deren sehnlichster Wunsch tagtäglich in ihrem Herzen schwelt: Möge doch ein Mensch dieser Welt einmal auf sie zugehen, ihr verständnisvoll den Arm um die Schulter legen und mit Rat zur Seite stehen. Aber die Person ahnt schmerzvoll, dass ihr zwanghafter Drang, sich abzukapseln, dies zuverlässig verhindern wird. Niemand wird es wagen, dieser *starken Persönlichkeit* zu nahe zu treten, denn sie ist ein grandioser Schauspieler.

Wer die Mühe hatte, hat selten den Lohn.

Gedanken zum Nachbartisch: Was für ein aufgeblasener Zeitgenosse, der dort die Rede schwingt! Ein Wunder, dass er noch nicht geplatzt ist. Wer hat mal eine Nadel?

Aufgeschnappt: »... dieser Kerl wollte damals von mir Schadenersatz, weil er auf meinem Grundstück gefallen sei – Beinbruch und so weiter – forderte Schmerzensgeld, weil ich bei Glatteis nicht gestreut hätte. Warum ist der nicht im Krieg? Wo die anderen fallen, wie es sich gehört, wenn schon Krieg ist. Aber dieser Drückeberger fällt mir lieber auf den Geldbeutel!« Der Erzähler war damals wegen Untauglichkeit vom Kriegsdienst freigestellt, hatte also gut reden.

Ein Umzug gibt jetzt meinen alten Knochen nochmals die Gelegenheit, woanders anzuwurzeln. Doch es gleicht der Illusion einer betagten Pflanze, die gar nicht mehr ans Erdreich gebunden ist, sondern bereits herausgenommen wurde.

Freude! Manchmal habe ich Macht über »*sie*«, wenn es mir wieder gelungen ist, »*sie*« einfach abzuschalten, diese widerlichen Meinungsmacher.

Wieder einmal einen Sprachästheten ertragen, dessen Mundwerk, gemeinsam mit der Zunge hinter den Zähnen, vor Ausgabe der vermeintlichen Köstlichkeiten, gleichsam erwartungsvoll vorkostend, in Bewegung geriet.

Ich will meine eigenen Ratschläge nicht mehr hören, dennoch erscheint mir ihre Eingebung oft wahr und richtig.

Entdeckt man, dass einem das unentwegte Habenwollen allmählich überdrüssig wird, hat sich unmerklich ein Grundstein zur Reife eingerichtet, und wer darauf weiterbaut, wird zufriedener sein.

Schnee fällt heuer reichlich, und die alte Schneeschaufel ist vom Räumen ausgefranst, doch weil aus Eisenblech, bleibt sie hoffentlich noch einige Jahre standhaft. So will auch ich, zwar nur aus Fleisch und Blut und von den Widrigkeiten des Lebens angeschlagen, tapfer den Abraum meiner Vorsätze und Versäumnisse schippen.

Auch jetzt, wo das Alter anklopft, ragen meine Pläne und Ziele noch weit in die Zukunft hinein. Das kann nicht gut gehen! Deshalb ist es nötig, etliche lange Stämme vom Lebensfuhrwerk abzuladen. Andere muss ich kürzen, damit ich um die Kurve komme und nicht vor dem letzten Liefertermin auf der Strecke bleibe.

Unvergleichlich groß, ja unerschöpflich ist das Themenfeld, das ein Sprücheschmied und Kurztexter um sich versammelt hat. Nur sieht gelegentlich auch er vor lauter Bäume den Wald nicht und tut sich dann schwer, ein passendes Thema zu finden.

Der Mensch sieht sich entweder eigenen Zielen verpflichtet oder er folgt fremden Interessen, etwas anderes gibt es nicht. Daraus Egoismus oder Selbstlosigkeit abzuleiten, wäre jedoch zu simpel. Ich kann unter fremden Interessen sehr wohl egoistisch sein und im eigenen Interesse selbstlos; ja sogar egoistisch Selbstlose soll es geben, sieht man Leute, die sich fanatisch den Rücken blutig geißeln oder *gottesdienstlich* mit anderen in die Luft sprengen.

Ich schweige im Sturm und brülle in die Einsamkeit der Stille: wie töricht von mir!

Meinen Dank dem Lichte, in eigener Dunkelheit nicht blind zu sein.

Je länger ich nun schon an meiner *Hirnsteinsammlung* schreiben darf, umso schäbiger komme ich mir bei manchen Einträgen vor, schließlich kann ich die Ansprüche, die ich im Grunde vorrangig an mich stelle, beileibe nicht erfüllen. Wer sie aber erfüllt, wäre einer tiefen Verneigung würdig, denn das ist aus meiner Sicht ein Übermensch!

Wie grandios sich doch Verlogenheit hinter Scheinheiligkeit verstecken kann!

Mit aller Gewalt etwas erreichen zu wollen, ist für Betroffene nicht lustig, doch für Unbeteiligte ist das schier zum Lachen.

Grüßt dich höflich so ein »Hirn- und Kopfloser«, siehst du auf einmal seinen Kopf.

Ein kleiner Notizzettel ist die beste Wahl, große Gedanken, ohne Ballast festzuhalten; Faslern reicht dazu kein Heft.

Wer ein Leben lang mehr zugehört hat, als er selbst redete, hat sich seine Menschenkenntnis verdient.

Dagegen zu sein, scheint mir leichter, als für etwas zu sein. Dabei müsste diese Unterscheidung im Gleichgewicht liegen, ist doch in beiden Fällen eine richtige und oft keineswegs leichte Begründung gefragt.

Läuft aus meiner »*Werft*« ein besonderer Gedanke, ein für gut befundener Text vom Stapel, spielt keine Musikkapelle und ich kann nicht einmal vorhersehen, ob das Erzeugnis nicht schon im nächsten Augenblick untergehen wird, wie beim missglückten Stapellauf eines Bootes.

Der Anteil meines eigenen Wissens über sogenannte Tatsachen mag im Promillebereich liegen, der Rest ist aufgeschnappt.

Ich sage: Mir ist es egal, meine aber, es wäre mir ein Anliegen. Ich sage: Es wäre mir ein Anliegen, denke aber, mir ist es egal. Also bin ich ein Lügner!

Sobald mich Hass erfüllt, und sei er noch so berechtigt, schreibt er mir Unrecht ins Stammbuch.

Hohe Sensibilisierung der Empfindungsfähigkeit bedeutet subjektiv, größeres Leid ertragen zu müssen, andererseits aber auch, mit übermäßiger Freude beschenkt zu sein.

Das *Nebenbei* hat sich bei mir letztlich als Hauptsache erwiesen.

Selbstvorwurf: Du schreibst und beklagst, doch selbst änderst du nichts, das macht mich wütend auf dich!

Nicht das reimende Element ist das Problem, es ist fast immer das inhaltliche, grübelt heute der Montagsdichter, und morgen wird er denken, es wäre genau umgekehrt.

Meine abgelaufenen Kalender fliegen Jahr für Jahr in den Papierkorb und mit ihnen die Tage, die ich nebenher lebte. Auch sie sind abgelaufen, hinfällig – auch zu Abfall geworden?

Am Ende kostet es selten, was ich bezahlen möchte, und häufig ist es auch das nicht, was ich eigentlich haben wollte; auch solche Erfahrungen machen mich zunehmend sparsamer.

Meine innigsten Augenblicke im Leben waren immer nur erhellende Blitzlichter in die Dunkelheit.

Es ist so manches, was ich schreibe, nicht von mir, und dennoch ist's nicht abgeschrieben, nicht kopiert.

Ich unterdrücke inzwischen reflexartig jeden übermäßigen Bedienungsanspruch; ja, ich empfinde jetzt ein so erzeugtes *Bedientwerden* eher unangenehm, weil mir klar geworden ist, dass ich im gleichen Maße meinerseits zu dienen haben werde, wie ich jetzt Bedienung fordere.

Wer einen Dummkopf um sein Selbstbewusstsein beneidet, erkennt vielleicht dadurch seine eigene Enge.

Des Nachts liegt wach in dir, was du am Tage, im Lebenseifer, hast verdrängt.

Heute Nachmittag rechte ich das Laub zusammen. Wie viele Blätter es waren, kann ich natürlich nicht sagen. Hätte ich die Blätter gezählt, wüsste ich ihre Anzahl – was brächte mir das? Nun, es scheint eine Menge Leute zu geben, welche ihr Leben mit nutzlosen Zählungen verbringen, anstatt einzusammeln, was sie ursprünglich wollten.

»Zufrieden? Ja doch!«, sei man schon, sagt man so leicht. Doch bin ich ehrlich, so richtig war ich's nie.

Es genügt durchaus, anders als die Mehrheit zu sein, um als kauzig zu gelten. Doch sind die komischsten Käuze keine Minderheiten, viel eher müsste man sie zur Verwandtschaft des Massenmenschen zählen, sieht man, was sie seit jeher Verrücktes treiben und veranstalten.

Jeder Zeitgeist lässt seine Uniform von Dummköpfen auftragen.

Sorglosigkeit ist der Spielraum zwischen Bequemlichkeit und Unvernunft.

Wenn einem nichts mehr einfällt, bekommt die Einfalt ihre Chance.

»Mein Herrgott ist die Ladenkasse!« Dieses Bekenntnis kenne ich noch aus meiner Kinderzeit von einer Geschäftsfrau.

Der klügste Satz entfleucht, wenn seine Buchstaben ihre Reihenfolge aufgeben, wie auch der beste Mensch verebbt, der seine Prinzipien durcheinanderbringt, die guten gar entlässt.

Das Reich der Sinne verspricht uns viel, halten wird es wenig. Die Gedankenwelt zeigt sich anfangs spröde, doch belohnt sie reichlich alle, die voller Neugier ihre Gäste sind.

Wo Ernsthaftigkeit wohnt, lungern eben auch immer Hanswurste herum, die vernarrt darauf sind, diese lächerlich zu machen.

Eine besondere Gnade, im Erleben des Erdenglückes zu erkennen, dass die Welt keine wirkliche Bedeutung für einen hat.

Geht es um *gezeigtes Mitgefühl*, könnte man annehmen, es wird allgemein viel mehr Herzblut vergossen, als jemand selbst in den Adern hat. Aber es soll auch Leute geben, die keinen einzigen Tropfen freiwillig hergeben wollen. Beides macht den Menschen aus, aber dies sollte nicht allzu ernst genommen werden, denn die Wahrheit liegt bestenfalls in der Mitte oder eben dort, wo es einen nichts kostet.

Äußerst mitteilsam ist der Zweibeiner und zugleich sehr diskret: Wie er zu dir steht, erfährst du als Letzter von anderen.

Ein vom Verstand her gefühlter Gewinn wird leider hin und wieder als Verlust von Herz und Gemüt empfunden.

Hat sich ein bedeutsamer, glaubwürdiger Gedanke festgesetzt, kommt kein anderer mehr daran vorbei; ohne Abwägung geht es fortan nicht mehr.

Zuweilen scheint mir, ständig in Anführungszeichen sprechen oder schreiben zu müssen.

Nimmt man erst einmal wahr, dass um einem her die ähnlichen Jahrgänge begraben werden, hat man nicht mehr viel Zeit zu weiten Lebenssprüngen. Ein Wohnmobil für den späten Lebensabend ist dann auch keine überzeugende Lösung. Spazierengehen und Nachsinnen seien angesagt, hört man sagen. Na, dann gehe ich jetzt; Sinnvolleres ist kaum zu tun – doch!, fällt mir ein: Dahin gehen, wo man Hilfe leisten könnte. Aber schließlich zieht man das Nachdenken dem Helfen vor; welch dumpfe Moral!

Oberhalb der Tischdecke machen sie coole Gesichter, starren ungerührt aufs Gegenüber, aber unter dem Tisch spielen heimlich die Füße der beiden zärtlich miteinander. Niemand in der Runde bemerkt es.

Hinter der Maskerade einer netten Fassade, ahnt man schon mal den Geifer im Munde.

Was vergeht, muss Leben abgeben, und was entsteht, bekommt welches eingehaucht.

Eintrag nach Umzug: »Glücklich! Habe wieder fußnahen Wald um mich«.

Abweisenden Geistern kann niemand helfen, ausschließlich sie sich selbst.

Lässt sich für eine Problematik kein plausibles Gleichnis finden, können viele Zeitgenossen diese Thematik nicht begreifen.

Schnell kommt ein böses Wort aus einem Munde, und lange wartet man aufs gute.

Das ewige Jasagen führt doch letztlich zum endgültigen Nein.

Sobald ich hier im Garten wandle, ist's nur wieder Schrittemachen; nicht wunderschöne Wandelhallen sind's, nur entlang an Wand und Fenstersims.

Die eigene empfundene Blamage ist rückblickend leider viel schlimmer, als die objektive Wirklichkeit gewesen sein mag. Blamieren ist doch menschlich und schon deswegen sympathisch! Gegenteiliges bieten Leute, welche vor nichts zurückschrecken, um ihren Gesichtsverlust zu entgehen.

Da schreibt einer sein Gemüt aus dem Leib, um sich, gerne auch anderen, Zuversicht einzuflößen. Kurz darauf landet das Herzensstück eben doch im Papierkorb. Verworfen, was man für edel und beständig hielt, und augenblicklich ist es gegenstandslos. Man kann das auch kürzerfassen: Alles für die Katz!

Seine Fragen hatten mich beeindruckt, weniger die Antworten, die er darauf zu geben versuchte.

Geht es abwärts, kommt alles ins Rollen, was rund ist, Kantiges bleibt liegen bis zum Fußtritt; frei nach der Devise: Willst du nicht mein Kuli sein, dann tret ich dir den Hintern ein.

Angebliche Zufriedenheit mit einer Erwerbung kann auch vorgetäuscht sein. Erkennt man, übervorteilt worden zu sein, dann lügt man sich schon mal in die eigene Brieftasche. Aus Frust wird eben Genuss, oder eben eine Sache, »die jeden Cent wert ist« , den man dafür bezahlt hat.

Aus einer Verzweiflung lacht am Ende nur noch irre Angst.

Auch eine unlösbare Situation schreit nach einer Lösung, also wird die präsentiert, obwohl sie wissentlich falsch ist.

Mitgefühl verhält sich etwa so, wie eine nur begrenzt vorhandene Ware. Wird zu viel davon verlangt, geht die Masse der Hoffenden leer aus.

Schaut der Kleine aufs Große, wird er es zwangsläufig bewundern oder kleinreden, je nach Charakter.

Gedankliche Probleme lassen sich beim Schreiben am besten vor dem Leser verbergen, wenn sie in eine verrenkte Ausdrucksweise gepackt werden; andernfalls würden sie leichter bemerkt.

Die Menschheit ist schuldig geworden, sie redet die Allmacht klein, kürt sich selbst zur Krone der Schöpfung.

Vor unbezwingbaren sichtbaren Mauern haben wir Respekt, vor unsichtbaren jedoch Angst.

Was man selbst in keiner Weise in sich hat, glaubt man auch bei anderen leugnen zu müssen.

Wie meine Mutter einmal sagte: »Wenn der Herrgott einen Narren braucht, lässt er dem Mann die Frau sterben.« Dass sie selbst so früh gehen musste, hätte sie wohl nicht gedacht, aber mit ihrer Prognose lag sie richtig.

Ich fühle es: Die Tage gehen kopfschüttelnd an mir vorüber.

Wer *langsamer* lebt, lebt länger.

Wer über all seine Schritte grübelt, stolpert über die eigenen Füße.

Birgt in Kindertagen der schlichte Alltag noch das Abenteuer, erwartet hohes Alter solches nur noch im Sterben.

E2 – Abstraktes & Gedankenspiel

Jede Aussage, jeder Widerspruch ist relativ; so auch diese Behauptung.

Vergangenheit – Gegenwart – Zukunft entspringen der *Zeitlosigkeit*, ähnlich den Spektralfarben des Regenbogens, die aus weißem Licht hervorgehen.

Es gibt für uns kein Nichts.

Ein Typ, der sich nur aus dem Erdgeschoß aus dem Fenster stürzt.

Ich wähle, bildlich gesagt, nicht die rammelvolle Autobahn mit Flüsterasphalt, die in elendige Staus führt, sondern den mühseligen Pfad in klarer Luft, der sich ins Lichtreich emporwindet.

Materie ist eher nur die Spitze des Eisberges. Der weitaus größere Teil liegt im verhüllten Bereich der Transzendenz, und dieser Ursprung muss größer sein als das, was daraus hervorgegangen ist.

In einem Zeitsystem, wie wir es kennen, ist Ewigkeit eine gedankliche Zumutung, die nur aufzulösen ist, indem wir jede materiell bestehende Ewigkeit in Abrede stellen und stattdessen Zeitlosigkeit eines anderen Systems wählen.

Unser Bewusstsein scheint in einem Boot zu sitzen, das auf den grenzenlosen Weiten des Unbewussten schwimmt. Welche Möglichkeiten gibt es für den Steuermann im Reich dieser Welt? Entweder lässt man sich ziellos treiben oder paddelt verzweifelt herum, ohne zu wissen, wohin. Vielleicht hat man ein Ziel verinnerlicht und versucht, dieses durch anstrengendes Rudern zu erreichen. Es geht auch auf bequemere Art – wer für Solches vorgesorgt hat: Das Segeln nach Karte und Kompass! Der Geist weht zwar, wo er will, doch wird er für alle, die das rechte Ziel haben, unterstützend zur Stelle sein.

Bin ich von idiotischen Gedankenfeldern umgeben, und habe ich als Lieferant zu solchen beigetragen oder bediene mich als Abnehmer, so bin ich selbstverständlich auch der Idiot. Rupert Sheldrakes *»morphische Felder«* lassen grüßen! Erwarte nichts, was nicht von dir verursacht ist. Auch der Volksmund wusste es längst. Abgewandelt sagt er: Wie man in den Wald hineinruft, so schallt es zurück.

Wer den Ozean als Pfütze empfinden kann, dem sollte auch der Himmel nahe sein, und wer umgekehrt im Wassertropfen ein Meer erkennt, hat es leichter, das Universum zu verstehen. Der Fantasielose aber tut sich schwer damit, da er nur das endlose Meer und den fernen Himmel sieht.

Er stand darauf, doch als er ging, war da gar nichts unter ihm.

Die Kinderstube des Sichtbaren müsste beinahe unendlich klein sein, wenn das Universum daraus hervorging.

Wie in der Welt der Technik die unterschiedlichsten Anschlüsse eine passende Verbindung oder Konfiguration benötigen, so erfordert auch das menschliche Wesen den jeweils richtigen Adapter für das gegenseitige Verstehen. Verständigungsprobleme sind nichts anderes als ungeeignetes Kontaktzubehör, sozusagen falsche Einstellungen im Hirnstübchen.

Der Ein-Aus-Schalter beendet oder veranlasst etwas. Im Prinzip funktioniert so auch unser Denken, doch wir wissen leider nicht immer, ob unsere Ja-Nein-Entscheidung nicht das Gegenteil von dem bewirken wird, was wir eigentlich wollten. Das ist der feine Unterschied zum verlässlichen Schalter.

Es wird Zeiten geben, da du dich weder an dein Zuhause, deinen Namen, noch an diese Erde erinnern wirst, nur dein Charakter ist bei dir geblieben. Du glaubst das nicht? Sagt, Unsterblicher, woher er kommt!

Das Sterben ist wie *Ausschneiden* und *Einfügen*.

Endpunkte entwickeln sich vom Anfang her. So findet auch der Mensch sein Finale im Geiste, wie er ursprünglich einmal aus jenem hervorgegangen ist.

Ein Sehnen, welches sich in die Regionen der Sterne verirrt und Ausschau nach einem Himmel in so weiter Ferne hält, guckt ahnungslos durch Himmel und Hölle in nächster Umgebung hindurch, ins Nichts.

KRAFT, komme zu mir, erfülle mich mit Leben, betet ein Elektrogerät zu seinem Strom; das Irrgläubige spricht so zum Bediener.

Eine Menge Fragen: Ist es vorstellbar, sein inneres Gleichgewicht zu behalten, während man seine Heimat verliert? Oder verliert man zwangsläufig beides?, was ja noch schlimmer wäre. Und beinhaltet der Begriff *Heimat* nicht zugleich auch die ganz persönliche Gedankenwelt, das bisher gehegte Gedankengut? Kann sein Verlust nicht sogar schmerzhafter sein, als der Verlust des angestammten Bodens unter den Füßen? Oder winkt gar eine Entschädigung – etwas, das uns im schmerzlichsten Verlust noch bereichern kann? Ein neuer Standpunkt? Die berechtigte Hoffnung? Eine wundervolle Perspektive? Ja, das alles steht uns frei, wenn wir nur wollen. Noch scheint sie uns fremd, jene verhüllte Wahrheit, aber jede Seele kennt sie.

Wenn wir unsere Seele mit dem Wesen ihres Schöpfers vergleichen, denken wir doch einmal an Strom: Ein Gewitterblitz im Vergleich zum Schwachstrom einer LED-Lichtquelle macht schon einen Unterschied, obwohl es dieselbe Verwandtschaft ist.

Die Freiheit des eigenen Denkens ist das wertvollste, aber auch das gefährlichste Geschenk, das der Mensch erhielt. Was aber sträflich unterschätzt wird: Gedanken sind eine verkannte Kraft, die sich alleine genügt und meist mehr Schaden anrichtet, als man sich vorstellen kann. Ist man sich dieser Gefahr bewusst, sollte umsichtiges Denken seine vorteilhafte Stärke zeigen.

Wer nach den Sternen greift, braucht lange Arme und viel Zeit.

Bedingungslose Liebe – der *atomare Kern* des Geistes?

Das Leid ging mit den Überzeugungen spazieren. Da begegnete ihnen die Konsequenz und schlug das Leid mit roher Gewalt. Das Leid schrie: »Warum tust du das?« Und die Konsequenz entgegnete:
»Mit denen du gehst, sie haben mich dazu genötigt!« Das Leid aber schluchzte: »Du bist gemein, warum verleumdest du meine Freunde?«

Stimmungen gleichen Momentaufnahmen bei schlechtem Licht; sobald sich unser Gefühl bewegt, schon ist es verwackelt, denkt der Fotograf.

Wer es nicht für möglich hält, dass uns andere Welten umgeben, denke gleichnishaft an die verschiedenen Fernseh- und Radioprogramme im Äther.

Den abstrakten Begriff *Umkehrschluss* erklärt ein kurzes Beispiel besser, als die Wortbedeutung zu definieren wäre: »Das Kind ist krank geworden – also ist es vorher gesund gewesen ...«
Ebenso ist es leichter für einen Egoisten, eine Erfahrungsrarität, wie Selbstlosigkeit, durch einen beispielhaften Menschen zu verstehen, als ihm das zu erklären versuchen.

Jeder einzelne Mensch ist ein unverzichtbarer Buchstabe im Alphabet einer unendlich reichen Sprache, die untilgbar und beständig ist.

Der Kern des Ärgers liegt im Unterschied.

Der Narr schreibt Klagen in den Sand, wenn Sturm aufkommt; er redet, wenn er schweigen sollte und schweigt, wenn er zu reden hätte, das macht uns Narren krank.

Beim Abschied durch ein geschlossenes Fenster zu schauen, bringt doch niemanden auf den Gedanken, ein Hindernis zu überwinden. Dennoch geschieht es! Der Blick wandert ungehindert nach draußen, die winkende Hand aber bleibt hinter dem Glas. Ähnlich verhält es sich beim letzten Abschied, den wir vom Körper nehmen.

Die Form höchster Gerechtigkeit ist gegeben, wenn sich der Täter automatisch durch seine Tat richtet; damit sollten wir rechnen.

Ist es nicht letztlich die Neugierde, die uns antreibt, mehr oder weniger große Hirnsteine aus unserer subjektiven Gedankenwelt zu sprengen, um auch hinter die Dinge zu blicken? Anders ausgedrückt – unser Bemühen, mit verändertem, auch unbequemem Standpunkt, zu tieferer Einsicht zu gelangen.

Die meisten Reden sind vergleichbar mit einem geschnittenen Film, der ja vergessen lässt, welche Tricks dahinter stecken, die Ablauf und Tatsachen geradezu auf den Kopf stellen können.

Auch Menschen können, wie Sterne, Lichtjahre voneinander entfernt sein.

Jemand, der erklärtermaßen nicht zurück, sondern prinzipiell nach vorne blickt, hat vielleicht sein Ziel vor sich, will aber wohl verdrängen, woher er kommt; dabei bedingen sich Herkunft und Ankunft.

Wer verkörpert das größere Übel: diejenigen, welche den Teufel, oder jene, die Gott austreiben wollen?

Ein faszinierender Gedanke – wie Wandfarbe zu sein! Die frisch aufgewalzt an Wand und Decke Erfüllung findet in einem klaren, eindeutigen Ziel.

Nach demselben Gesetz, wie die Welt entstand, könnte sich möglicherweise auch der Plan des Menschen erfüllen.

Unbegrenzter Anstieg ist ebenso unmöglich wie immerwährender Abstieg.

Bei einem Plan sind Überlegungen wie Hobelspäne eines Werkstückes.

Das Leben als unbestechlichen Buchhalter erkennen: Nichts wird vergessen, und für alles gibt es Buchung und Gegenbuchung.

Wer bin ich, dass ich die Ehre habe, Mensch zu sein?

Auf seiner ursprünglichsten Ebene ist selbst der Stein nur Theorie.

Sind wir gar eine materialisierte Kopie einer transzendenten Wesenheit, welche unsere Rückkehr erwarten muss und machtlos und bekümmert unser hiesiges Tun erlebt? Die zutreffende Antwort liegt zwischen null und hundert Prozent.

Ansichtssache: Leben ist Geben – Tod ist Nehmen. Oder: Leben ist Nehmen – Tod ist Geben.

Mit der Zeit kommt selbige vielleicht einmal zurück?

Das Unglück des menschlichen Geistes ist seine Unberechenbarkeit und trotzdem ist es ein Glück, dass er unberechenbar ist.

Das Diesseits – eine *Großfilteranlage* für das Jenseits?

Wer die Wahrheit sagt – auch dieser Mensch kann dabei lügen.

Das tragisch komische am Bewusstsein der Wesenheit Mensch ist ihre Unwissenheit, weil nur der Himmel weiß, welch niederträchtige Schurken wir womöglich in Wahrheit sind, noch dazu, wenn wir uns in diesem Leben tadellos und gottgefällig fühlen.

Wer die Botschaft hört, obwohl sie andere nicht hören, hat besondere Fähigkeiten. Aber auch jener, der die Botschaft nicht hört, obwohl sie alle zu hören glauben, hat solche.

Wohl die unheimlichste Zeit, die ein Mensch sich vorzustellen wagt, ist Ewigkeit.

Gebet als Kommunikationsverbindung verstehen, zu allem was ist.

In der Zukunft dieser Welt erwartet uns auch wieder Gegenwart und Vergangenheit.

Was ist's? Winziger als ein Stecknadelkopf mit dem Gewicht einer Masse des Universums? Göttliche Energie am Anfang.

In einzelnen Menschen ruht ein stark beanspruchter Opferaltar und sie ahnen es nicht einmal; möglicherweise sind sie, die sich als die Letzten fühlen, jene, von denen es heißt, sie würden die Ersten sein.

Hinter denen, die uns zeugten, steht die Menschheit.

Wir müssen nicht Unbegreifliches verstehen, sollten aber willens sein, uns in Unbegreifliches zu fügen.

Die Nacht besitzt Schwärze, die nicht Farbe ist, sondern nur fehlendes Licht. Mit unserm Gemüt verhält es sich hin und wieder ebenso. Wenn Schwarz aber Farbe ist, hilft auch kein Licht.

Den Mächtigen gehört die Welt, den Schläfern das Niemandsland, den Toten die Zukunft.

Glanz ist nicht allein Verdienst des Objektes, glatt und poliert zu sein. Ebenso gut ist es das Verdienst seiner Bearbeiter, wie dem Polierer, und nicht zuletzt das der Umgebung, die sich darin spiegelt. So ist auch der Mensch nicht Verdienst seiner selbst, auch nicht alleiniges Verdienst seiner Eltern, sondern ebenso der Glanz des Göttlichen, der sich in ihm spiegelt.

Bei neuen Gesichtspunkten fest in seiner Meinung sein, wie glühendes Eisen in der Schmiede.

Wer sich selbst zu wichtig nimmt, könnte die Realität dieser Welt missverstehen. Oder sollte man besser sagen: Wer sich selbst nicht wichtig nimmt, wird diese Welt nie begreifen? In diesem Dilemma steckt der Mensch.

Bin sehr gespannt, wie weit ich den Bogen überspannen kann – wen ich mit meinen Pfeilen traf und noch treffen werde, und woher das Geschoss geflogen kommt, das am Ende mich durchbohrt?

Sieh im Tod die Vollendung jedermanns Lebenswerk – quasi ein zu Lebzeiten errichtetes Bauwerk mit Ausblicken nach drüben und einer Türe, die sich dorthin öffnen lässt. Und bedenke: Entscheidend bei Immobilien sind neben der Bausubstanz die Lage, die Lage und nochmals die Lage!

Nur mit ausreichender Tragfläche und Thermik gelingt der Segelflug. Aber auch Gedanken, die uns emportragen können, benötigen große Spannweite, Tragfestigkeit und Stabilität in den Aufwinden eines starken Willens.

Reichtum wird in Wahrheit mit einem Blankoscheck erkauft, auf dem bei Fälligkeit die Stellvertretung der Menschheit, *Majestät Gerechtigkeit*, ihre Forderung einträgt.

Was man zutiefst verabscheut, hat man, ohne es zu wissen, womöglich auch selbst zu verantworten?

Da spricht ein Zweibein zur Pflanze:
»Ich ahne, du bist nicht weniger als ich – nur, wie soll ich das wissen?« Und die Pflanze entgegnete:
»Du bist nicht weniger als ich, wenn du es weißt.«

Innere Ablehnung bei einer grundsätzlichen Lebensfrage ist der ausgeknipste Hauptschalter auf einer geistigen Etage: Alle dazugehörenden Räume sind damit deaktiviert.

Das Denken zwischen genial und idiotisch scheint im Normalbereich zu liegen – aber ist es deswegen richtig?

Den Pflanzen zu unterstellen, sie seien ohne Bewusstsein, entspräche pflanzlicherseits der Behauptung, der Mensch hätte keinen Körper – und der wissende Himmel amüsierte sich.

Man muss zwar mit Gegensätzlichkeiten im Herzen leben, sollte aber ohne sie sterben können.

Was du denkst, ist nicht dasselbe, was du tust; und was du fühlst, nicht das, was du willst.

Es soll Fragen geben, die ein lebenslanges Nachdenken erfordern und selbst dann nicht beantwortet werden können, wenn sie durch den Tod bereits scheinbar beantwortet wurden.

Jede Sache hat ihre zwei Seiten, sagt man. Wer kann da glauben, dass jede Sache tatsächlich unzählige Seiten hat.

Jeder Zustand enthält implizit auch seinen entgegengesetzten Zustand.

Wohlgemerkt! Ein *Nutznießer* braucht nicht das Taschentuch anderer. Die Betroffenen werden es vielleicht selber brauchen!

Mein Erhabenstes, was ich schriftlich mitteilen möchte, wird nur Gestammel bleiben. Das Erinnern daran ist schon genug, denn jeder Mensch trägt es in sich.

Das elfte Gebot: Du sollst deinen Gedanken Flügel verleihen!

Fantasie ist nicht das Material, wie der schwere Brocken Marmor, aus dem der Bildhauer seine Vorstellung herausgemeißelt hat. Fantasie ist eher einer Knetmasse ähnlich, jedoch nur so lange geschmeidig und leicht verformbar, bis sie unserem Denken genügt. Auch ein erstarrtes Leben ist nicht das, wie es uns vordergründig scheint, sondern es ist inwendig leicht veränderlich, solange noch ein Hauch Leben in uns steckt. Überall begrüßt uns dieser fantasievolle und bewegliche Geist, wenn wir uns nicht von ihm abwenden und ihn erstarren lassen.

Vordergründige Größe bedeutet gleichermaßen perspektivische Verkleinerung im Hintergrund; unser Dasein ist immer auch eine Frage der Perspektive.

Grausam schreitet die Zeit dahin; unbarmherzig zeigt sie sich den endlichen Köpfen, den ewigen aber muss sie gnädig sein.

Sind es nicht immer die gleichen Worte, die wir ein Leben lang verwenden? Dennoch möchte vielleicht jemand unsere Gedanken zum x-ten Male erfahren. Woher aber sollte ständig neuer Inhalt in eine so kluge Welt kommen, die gelernt hat, das Gras wachsen zu hören? Tatsächlich sind es eben auch die gleichen Inhalte, die wir mitzuteilen haben – nur eben neu verpackt in anderer Formulierung.

Der Frevler badet gern in Tugend, noch lieber duscht er im Geheimen.

Vertrittst du den Standpunkt einer Kugel? Dann achte auf den Untergrund. Wer unsicher ist, sei besser Würfel.

Äußere Einflüsse sollten nicht wie durch eine Drehtüre in unser Inneres gelangen. Dadurch kommt Gutes herein, doch ebenso leicht auch das Böse. Gegen unerwünschten Zutritt helfen aber nur eine verriegelte Türe und die hartnäckige Anfrage: »Wer da?«

Die Schrift ist's nicht, die etwas will, es ist der Schreiber. Und auch der Tod ist's nicht, der Hoffnungslosigkeit verheißt, es ist der Mensch, der sie gewählt.

Von unten her schauten auch die Würmer den Himmel, hätten sie nur Augen, ihn zu sehen.

ALLES LEBT, WAS ICH KENNE – eine Vorstellung, die ich gleichwohl als Bürde, als auch Ehre empfinden kann.

Vermöchtest du auch nur eine einzige Farbe dem Lichte hinzuzufügen, die es nicht bereits enthielte? Eine Schwingung zu erzeugen, deren Ton noch niemals in der Welt erklungen? Temperaturen, die unserer Mutter Erde fremd wären? Du sollst nicht denken, dein Gedanke wär allein und einzig hier im All, längst stand er auf der großen Tafel.

Damit irgendwas Sinn macht, muss es zuvor das Tor mit den zwei lästigen Wachen passieren:
Herr Warum und *Frau Wozu* tun dort Dienst. Komisch! Das Einzige, was sie zu sagen haben, sind ihre Namen, mag da ein wacher Kopf denken.

Wer Vorsprung sucht und nur nach vorn und hinten blickt, sieht nicht die Massen über sich.

Entschlafen wird der Mensch zu Erden und erwachen wird er in wunderlichen Gefilden.

Dass keine Rede davon ist, heißt nicht, es gäbe nichts darüber zu reden. Unausgesprochen, gleich wie das Wort im Buche steht, ruht die Rede hinter der Stirn.

Auch die lumpigste Haut lässt sich über den Leisten ziehen, bis ein passender Schuh daraus wird.

Niemand kann über seinen eigenen Schatten springen, doch ein einziges Mal im Leben, wird man dazu gezwungen sein und selbstverständlich wird es auch gelingen.

Die Gedanken der Nacht tragen ein anderes Gewand als jene des Tages, doch beider Outfit scheint dürftig, denn sonst wären wir doch mit unserer Kleidung vor dem inneren Spiegel zufriedener.

Zäher Schleim mag die symbolische Warnung für einen phlegmatischen Geist sein; reines Quellwasser sei das Ideal.

Auch im Kopf gibt es imaginäre Jahresringe, ähnlich jenen eines Baumstumpfes, die uns stolz werden lassen, je weiter ihr Umfang.

Gebe einer neuen Ansicht die Ehre, sei sie noch so fern der alten Meinung, nachdem sie deine neue Überzeugung ist, für welche du deine Hand nicht nur in die kalte Asche, sondern in das Feuer legst.

Sich an der Menschheit unerkannt vorbeizumogeln, ehe sie dich zu fassen kriegt – ist das nicht eine verführerische Vorstellung?

Mit der Vorstellung von Zeiträumen ist das so eine Sache: Müsste ich zweitausend Bäume pflanzen, wäre das ein Baum pro Jahr, zurück bis Christi Geburt. Eine Menge Arbeit! Ist es da nicht verlockender, sich fünfzig Generationen vorzustellen, die in vierzig Jahren nur ihre eheliche Pflicht erfüllten?

Ist ein Haus nicht mehr bewohnt, bewohnen es eben andere: Silberfischchen, Asseln, Spinnen, vielleicht auch Mäuse und Ratten, und unter dem Dach nisten sich Siebenschläfer ein. Das braucht uns nicht zu stören. Doch was geschieht, fänden sich im stillgelegten, untätigen Geiste neue Untermieter ein, die uns viel mehr erschreckten, wären wir denn wacher Sinne?

Am liebsten singt das Böse sein falsches Lied aus guten Sängern.

Wahrheiten zu zerbrechen, gelingt am besten, wenn man sie mit Lügen wie ein Eisbrecher durchpflügt; doch zu bedenken ist die Macht des Eises, die das eiserne Lügenschiff zerquetschen kann.

Die subjektiv weiteste Entfernung kann beim Suizid die Distanz zu sich selbst sein, eben wie Egoismus wohl die äußerste Nähe bedeutet.

»Wo gibt es denn noch einen letzten Funken Hoffnung?«, jammert die Hoffnungslosigkeit. Niemand gibt ihr Antwort, stattdessen verspotten die Kreaturen das trostlose Geschöpf, obgleich viele jenen Ort sehr wohl kennen, aber keine will ihn verraten, um nicht das Elend um sich zu haben.

Dahingeschrieben, ohne Anfang, ohne Ende: ... und zu allem Übel fügte ihnen das Leben weitere harte Schläge zu, bis sie es endlich verstanden hatten. Die unbewegten, eisigen Züge dieser Menschen hatten einem milden Lächeln Platz gemacht, welches von dem neu gewonnenen tiefen Verständnis über ihr irdisches Dasein herrührte ...

Menschliches Format entwächst aus übermenschlichen Entscheidungen.

Der Wütende schrie: Ihr könnt nicht einmal den Geschmack von Äpfeln oder Walnüssen beschreiben und maßt euch an, wie wirkliches Glück zu schmecken hat. Verbrauchernarren! Ihr schielt nach den falschen Rezepten, wenn ihr meint, vollkommenes Lebensglück entspränge aus haltlosem Konsum.

Leichtfertigkeit marschiert gedankenlos durch breite Straßen oder sie tanzt ziellos über Gemeinplätze; ihre ernsthaften Geschwister aber dödeln und prinzipienreiten in engen Gassen herum und kommen nicht vom Fleck, geschweige an ihr verfolgtes Ziel.

Meine Zimmerpflanze starrt mich unentwegt mit Hunderten ihrer Blätter an, ich streife sie gelegentlich mit zwei Augen. Kann ich annehmen, sie besser zu kennen als sie mich?

Ohne Moll, kein Dur – kein Berg, kein Tal – kein Geist, kein Wort – und so weiter und so fort.

Kunststoff, einst zu Granulat zermalmt, gepresst in neue Formen – vergleichbar unserem Tod – verwest und wieder neu geboren.

Hat ein reifer Mensch in vielerlei Hinsicht gefühlsmäßig die Welt gegen sich, so ist er außergewöhnlich oder ein Narr, wenn er sich darüber wundert.

Mögen uns doch Flügel wachsen, damit wir dahin zurückkehren, wo es reichlich Früchte gibt und allzeit Wärme ist.

Einer, der im Kohlenkeller das Sagen hat, wird nicht bereit sein, ans Licht zu kommen, wenn er dort Diener des Glücks und »Lichtträger« wäre.

Angenommen, vor dir lägen drei leere Papierbögen: ein kariertes, ein liniertes und ein unbedrucktes Blatt. Welches davon würdest du wählen, um damit herumwedeln, zu zeigen, welcher Menschentyp du bist? Ich sollte mit zwei Blättern fächeln, ohne dem Karierten.

Des Menschen Geist ist Schüler, sein Herz ist Praktikant.

Denkbar ist es, aber ist es wahr? Der Mensch, ein desertiertes lichtes Geistwesen, das sich in Gefolgschaft des »*Lichtträgers*« immer mehr verschattete und nun in Materie verdichtet vegetiert.

Am Ende heißt es Schlange stehen unter Schuldigen vor einer gigantischen Zahlstelle; die Geschenkausgabe gegenüber hat, wie üblich, nur wenig zu tun.

Die wackelige Himmelsleiter aufzusteigen sei eine Tortur. Doch ist es in keiner Weise gefährlich, wie man meinen könnte, und sogar weniger anstrengend als die erdgebundene Sisyphusarbeit, welche man für weitere Erdenleben womöglich gepachtet hat.

Unausstehliche für Gott und die Welt – zu wem gehören solche Wesen eigentlich?

Besäße einer von uns den einzigen Schlüssel zum Glück für alle, er wäre nutzlos, denn jeder wählt sich nach wie vor sein eigenes Schloss; so bleibt alles, wie es ist.

Dreimal gebückt und dreimal geflucht, weil es wieder nicht der richtige Schlüssel zum Glück war, nach dem wir suchten. Man muss wissen, der liegt nicht auf der Erde!

Im *Tal des Todes* reicht man die Hand lieber den schäbigsten Verleugnern als einer Himmelskraft, käme diese höchstpersönlich daher.

Könnten wir unser Tun aus der Perspektive der Zeitlosigkeit betrachten, sähen wir uns da nicht als Trottel?

Zwei wundersame Momente erlebt ein jeder: Während der Empfängnis, wie im Sterben finden eine »*Körper- und Seelengleiche*« statt, wenn salopp gesagt, sich beide Wegbereiter im Wechsel den Türgriff in die Hand geben.

Der Schädel ist das windige Versteck unserer Gedanken; das Unsichtbare weht hindurch und weiß alsdann Bescheid.

Ein Rätsel dürfte für viele bleiben, ob man diesmal auf- oder abgestiegen ist, auf der imaginären Grauskala, welche unsere überzeitliche Wesenheit begleitet. Weiß bedeutet auf dieser Skala strahlendes Licht und schwarz, die Finsternis.

Der Tod synchronisiert das Leben mit der Zeitlosigkeit, und das Leben wird wiederum aus der Zeitlosigkeit in die Illusion der Zeit geboren.

Kommt eine Wahrheit ans Licht, stürzen deren Leugner in den Abgrund.

Umso mehr Argumente auf dem Gelände einer Diskussion eingepflanzt werden, desto wahrscheinlicher wird es, den einzelnen Baum im Wald nicht mehr zu sehen.

Wie sich das Licht im Regenbogen in seinen Spektralfarben zeigt, ähnlich könnte sich auch die Menschenseele mit ihren inneren Werten zu erkennen geben, wenn sie sich in ihrem Lebensbogen vor allen Wesen zu offenbaren hat.

Wer sich nur auf die Zehen stellt, wird den Himmel nicht erreichen.

Wer viel einnimmt, hat üppige Hinterlassenschaften und dies beispielsweise nicht nur als Erblasser.

Solange kein Feuer in dir brennt, besitzt du vielleicht nichts, was brennen könnte. Besäßest du Brennbares, fehlt ja nur der Funke.

Das stürmische Meer der Seelen spült auch reichlich Halunken an irdische Gestade.

Offenheit wird besonders geschätzt, wenn das Gegenüber ein nach allen Seiten aufgeklappter Spiegelkasten ist, in dessen menschlichen Seiten man vor allem sich selbst gespiegelt sieht. Das erklärt, warum verschlossene Mitmenschen so unbeliebt sind.

Der Einsichtige sagt: »Ich tue, was ich kann, mehr geht einfach nicht!« Der Bequeme meint: »Mir wird alles Zuviel. Es kommt eben, wie es kommen muss, zu ändern ist daran nichts.« Der Weise spricht: »Lasse dich vom nächtlichen Firmament eines Sternenhimmels beraten; tue, was sie dir vermitteln!«

Das tiefste Unverständnis mit Zahlen gewinne ich aus der Null. Sie verkörpert wenig bis nichts, oder auch unbegrenzt viel; meine Lieblingszahl.

Jeder gegnerische Treffer reißt ein Loch ins Gemüt; Mensch, wach auf, es war doch nur ein Eigentor!

Gefühle aus den obersten Etagen springen am raschesten aus dem Fenster. Im Erdgeschoss besteht dazu ebenso Anlass, nur macht ein Sprung keinen Sinn: Hier wird erduldet und frische Luft am offenen Fenster geschnappt, eindeutig die gesündere Variante beim Selbstmitleid.

Du kannst auf dem Meer die Position nur mit Hilfsmitteln bestimmen. Natürliche Orientierungshilfe bietet der Blick ins Firmament mit seinen Himmelskörpern. Gleichnishaft schwimmt dein Leben auch auf einem unermesslichen Ozean; Kurshalten geschieht in ähnlicher Weise, per Weitblick ins Himmelszelt.

Mehrschichtige Sichtweisen sind einfach tragfähiger.

Das Leben fügt sich nahtlos in die Warteschlange zum Sterben ein. Werden wir uns bewusst, was beim Anstehen durch unseren Kopf geht.

Versucht da jemand mit letzter Kraft einen Klimmzug, gibt es immer welche, die sich an seine Beine hängen.

Liegt der *Schweinehund*, den wir im Mitmenschen zu erkennen glauben, schon im Lager unserer Vorurteile als kopierbereite Vorlage? Im Umkehrschluss hieße das: Keine Vorlage, keine Kopie und somit kein Vorurteil.

Sind wir stärker als unsere Begierden, stehen wir unserem Zentrum nahe. Wir können dann üben, wer man gerne wäre, um vielleicht sogar werden zu können, was man sein sollte.

Wer seinen Schirm überspannt, kennt die Folgen. Was aber geschieht mit denen, die sich selbst überspannen? Das wissen die wenigsten.

Alles, auch der Zufall hat seinen Grund.

Ein Grund, warum ich Gründe kenne: weil ich im Grunde Gründe trenne.

Was schert uns das Ganze, wenn wir nicht einmal das Viertel unzähliger Hälften sehen?

E3 – Gefühl & Humor

»Elender, was machst du?«
»Ich ergreife eben Maßnahmen, die mich noch tiefer ins Unglück stürzen werden.«
»Gut so!«, bemerkt gelassen das Schicksal.

Dumm! Es bringt mich um, das Schreiben!
Lasse ich das Schreiben bleiben, bringt's mich um.

Man müsste mich schon totschlagen, damit meine offenen Fragen für einen Augenblick unterbrochen würden.

Was für verführerische Bilder sie sehen, welch wundervolle Klänge sie hören, die wir für blind und taub halten! Einigen von ihnen ist mehr gegeben, als ein müdes Auge oder ein abweisendes Ohr zu fassen vermag.

Ob lügnerisch, brutal, gemein – so kann nur Mensch geboren sein. Wer vom Bösen fasziniert, scheint solcher Art reinkarniert.

Geradezu zwingend muss ein technisches Gerät einen Zweck erfüllen, damit es eine Existenzberechtigung hat. Sollte dies für den Menschen nicht zutreffen? Und worin besteht der Zweck des Menschen? Es kann durchaus Lebenssinn oder Zweck sein, den herauszufinden.

Zwei Seelen von Liebenden, die sich im Laufe eines Lebens verbündet haben, werden eines Tages getrennt. Aber sie werden sich erneut finden, wieder zusammentun und abermals trennen. Sie werden sich von Mal zu Mal aufs Neue binden, solang sie es in Jahrtausenden nicht lassen wollen. Und ebenso mag es den Seelen von Hassenden ergehen, welche ihr Hass über die Zeiten hinweg aneinanderbindet, bis sie bereit sind, die Bindung zu lösen und sich gegenseitig zu vergeben.

Lieber drei *tasmanischen Teufeln*[1] begegnen, als einem Gutmenschen, der gern umerziehen möchte.

Vermutlich sind die meisten Spielfilme für den Geist so ungesund wie zu viel Zucker für den Körper.

Kann ich mich im Herzen selber nicht ausstehen, wie sollte es glücken, eine andere Person darin liebevoll einzuschließen? Wenn ich mir meine eigene Liebenswürdigkeit durch eine entsprechende Lebensweise selber beweise, dann vermag ich auch, mich anzunehmen. Erst dann dürfte es gelingen, meine echte Liebe zu schenken, wem ich möchte.

Jenseits allen Übels, allen Kampfes im Leben, steigt Tag für Tag, gleich der Sonne am Morgen, unsere unterdrückte Sehnsucht empor; wir müssten nur der Bewölkung unseres Denkens gestatten, den Blick auf den Himmel freizugeben.

---

1 Neugieriges, aggressives Beuteltier auf Tasmanien

Weltlicher Plunder ist eben alles, was im Lichte der Ewigkeit nichts taugt.

Ein krummer Vogel fragt nicht viel, der pfeift uns was!

Na klar, dann ist die Leuchte eben defekt, wenn die Glühbirne sich als intakt erweist,– doch wer denkt an einen defekten Lichtschalter? Fühlen wir uns denn schuldig, solange wir bei anderen die Schuld suchen? Übersehen wir womöglich, dass die fremde Schuld unsere eigene sein könnte, die wir mitzuverantworten haben?

Schlimm, wenn die eigenen Ansichten wie Tennisbälle hin- und herspringen.

Gewiss ist die narkotisierende Annahme reizvoll, unser Leben sei nur eine zusammenhanglose unverbindliche Episode eines evolutionären Zufalls ohne weitere Folgen. Allerdings fehlen mir dazu Fantasie und Überzeugung. Meine Lebenserfahrung lehrt mich: Sei wachsam Menschlein, damit du weder unter die gefährlichen Räder der Materie, noch zwischen die Mühlsteine des Geistes kommst!

Aus mystischer Sicht ist es doch eher so, dass die Großen und Mächtigen einst den Part von ohnmächtigen Kleinen zu übernehmen haben. Gleichwohl würden die Unbedeutenden dieser Tage alles für Einfluss, Größe und Macht geben; wie töricht!

Wir wissen, dass die Erde kein Schlaraffenland ist, wo Milch und Honig fließen. Ebenso wenig ist das Himmelreich der Ort, wo Menschen augenblicklich in Wesenheiten verzaubert werden, die nun alle wie auf Kommando guten Charakter besitzen, sich mit Verständnis und Güte begegnen und Gott anerkennen und preisen. Eine solche Vorstellung mutet doch sehr blauäugig an. Ist nicht die Annahme realistischer, der geeignete Charakter müsste, zumindest ansatzweise, vorher erworben sein?

Im höchsten Sinn des Lebens spiegelt sich die Sehnsucht des Himmels nach uns, welche wir erwidern.

Für einen Menschen kann es das glücklichste Ereignis sein, wenn ihm das Licht der Erleuchtung streift.

Solange Körper und Geist kein Tempel oder wenigstens ein schmuckes, sauberes Häuschen für unsere Seele sind, wird diese den Höchsten nicht in Ehren empfangen können; aber wer sonst sollte so ein Treffen arrangieren?

Das Lichtreich ist für mich der Gegenpol, das Nonplusultra zu einer korrupten, verrohten und charakterlosen Welt. Und da ich *menschlichen Seelengeist* für unsterblich halte, fände ich es nachlässig, kein begehrenswerteres Ziel zu kennen, als die Wiedergeburt in Materie auf dieser tückischen Erdkugel. Gleichwohl bestehen größte Zweifel, ob es diesmal gelingen wird, das zu verhindern.

Geld und Besitz sind nicht das allein seligmachende Mittel. Viel erstrebenswerter wäre doch eine Stätte glücklichen Daseins, wo Reichtümer, welche Begierden und Habsucht wecken, überhaupt keine Rolle spielten. Da ist reich, wer Güte statt Güter besitzt und selbstlose Zuneigung schenkt. Im Lichtreich soll das ja so sein.

Glaubt man an die unsterbliche Seele und an die Nichtexistenz einer Hölle, dann stellt sich die Frage: Wo sind eigentlich die Seelen der Übeltäter vergangener Epochen? Wenn sie nicht in anderen Welten oder Gefilden weilen, dann sind sie unsere Mitmenschen. Was ist von folgender Beschreibung zu halten: Eine Wesenheit, die seit Äonen bis heute dem Einfluss satanischer Kräfte erlegen ist, sie vielleicht sogar in vielen Leben förderte und nicht versucht, ihr verlorenes Erbe, die Gottesnähe, wiederzuerlangen – großes Fragezeichen.

Es braucht schon eine gewaltige Menge Herzensgüte, wenn Menschen bereit dazu sind, ihren Widersachern und Schädigern innerlich zu vergeben.

Ohne anzuklopfen dringt das Böse durch die dicksten Mauern und fragt niemanden, ob es willkommen ist.

Warum fliegen wir nicht? Unser Geist ist doch ein wunderbarer Vogel, und so mancher hat ihn in unterschiedlichster Weise!

Oftmals wird man es nicht, sondern ist es bereits: Charakterferkelchen liegt schon in der Wiege, und Genie kann man werden, so man die Begabung bereits hat. Nur, gezwungen wird niemand, sein Genie oder die große Charaktersau zu entwickeln.

Beruht unser zufriedenes *Durchschnittsgewissen* nicht zum Teil darauf, weil viel Übles, das von uns ausging, einfach verdrängt wurde? Trotzdem ist nichts davon verschwunden, sondern es haftet uns noch immer an. Selbst gesunder Menschenverstand dürfte einer Tilgung nur zustimmen, wenn zuvor das ein oder andere Vergehen wieder gutgemacht und Vergebung erlangt wurde. So gesehen steht es nicht besonders gut mit uns – oder?

Wenn wir uns der schwachen Ergebnisse unsrer guten Eigenschaften schämen müssen, aber auf unsere dunklen Seiten stolz sind, dann ist diese Lebensweise als verhängnisvoller Fehlschlag zu werten.

Wer in sein eigenes Bewusstsein als irgendetwas von Bedeutung eingehen will, muss in dieser Hinsicht etwas leisten, denn ein *vernünftiges* Bewusstsein ist unbestechlich. Oder lässt es sich etwa von uns selber hinters Licht führen?

Drei Pedale und nur zwei Füße? Deswegen lernen manche das Autofahren nie!

Menschlicher Wahnsinn ist kaum zu stoppen, hätte der Tod nicht mal Erbarmen.

Der Erfolg einer massiven ideologischen Beeinflussung hängt davon ab, wie viel Zeit dafür zur Verfügung steht und in welchem Lebensalter ein Mensch *bearbeitet* wird. Kirchen haben seit jeher frühzeitig den Fuß in der Türe.

Wie kann man sich die seltene Form linearer Gerechtigkeit vorstellen? Wenn beispielsweise ein Inquisitor, welcher den Scheiterhaufen verordnet hatte, selbst darauf verbrannt würde; der Glaube an eine Wiedergeburt erlaubt dieses Vorstellungsbild.

Das *Böse* verdient doch nur Mitleid, wenn man weiß, dass ausnahmslos und akkurat abgerechnet wird; verinnerlichen wir das, so werden wir bessere Menschen. Bestreitet man das, welchen zweifelhaften Vorteil verspricht man sich?

Im Reisen liegt eine der letzten vermeintlichen Sinngebungen der Alten. Die Jugend tut's aus Abenteuerlust. Der reife Vogel aber wird sich's sparen für Nestbau und Aufzucht.

Fragte man die gepferchten, gequälten Tiere in ihren KZs und könnten diese reden, hielten sie die Zweibeiner gewiss für die leibhaftigen Teufel. Wehe uns, wenn sie einst Anklage beim Schöpfer erheben!

Bescheidenheit und unbedingte Lauterkeit darf zu den größten Schätzen einer Person gerechnet werden. Nur jene sind unvergleichlich reicher, die rundum gottgefällig leben.

Gesunden Menschenverstand und das Herz auf dem rechten Fleck, das meinen viele zu besitzen. In Wahrheit schlägt das Herz auf der linken Seite und der Verstand befindet sich im Krankenstand.

Je mehr eine Fassade verspricht, umso größer kann die Enttäuschung dahinter sein.

Die pompöse Verpackung schmeichelt der Eitelkeit, der Inhalt aber rührt vielleicht das Herz.

Und schimmerte das silberne Mondlicht bis ans Kopfkissen heran, es wäre nicht Manns genug, den eisigen Gesichtszügen des Verstorbenen Wärme zu geben. Ganz im Gegenteil.

Ein Casanova denkt: »Oh, wie gut, dass niemand wissen, was ich als Rumpelstielchen müssen ...«

Wovon der Ehrgeizige träumt? Unsterblich zu werden! Und der Bescheidene? Wenigstens ein bisschen ...

Harte Gedanken hinterlassen ihre Spuren, gleich Pirouetten auf dem Eis.

Das Gewissen mahnt: Du machst dir Gedanken, für die du dich früher schämtest. Dann ist es höchste Zeit, umzudenken.

Sketch: Gast bestellt aus der Karte: »Herr Ober, ich nehme den Schweinebraten mit zwei Knödeln; aber bitte reichlich Soße ...« Bestelltes wird präsentiert; Gast beschaut das Gericht gründlich: »Sehr ordentlich, ach lassen Sie das bitte pürieren, ich möchte es löffeln!« Dem verdutzten Ober zeigt der Gast eine zahnlose Grimasse.

Ein Ton hier – ein Tönchen dort: Schließ schnell die Tür – gleich bist du fort!

»Ja! Lasse den Teig nur gehen, es schadet nicht, wenn er fort ist!«, sagte der Nörgler zur Hausfrau.

Ein Pantoffelheld müpft solange auf, bis sie winkt ab.

Als der Politiker beteuerte: »Ganz sicher, ganz bestimmt!«, da waren die Schafe zufrieden.

Da seufzt der Schaumschläger und bekennt: »Meine schäumende Rede stört mich gar nicht, mich nervt aber das Geplapper der Kolleginnen und Kollegen, wenn sie es auch versuchen.«

Spatzen scheren sich nicht um den Stern, aber das Korn unterm Rad, das haben sie gern.

Besitzt der Mensch gar einen weisen Doppelgänger, der für alle Dummheiten einstehen und leiden muss, die sein irdischer Ableger anrichtet? Seele ich höre dich trapsen!

Dummheit wird gefördert durch ein fehlendes oder falsches Vorbild, ein Gutteil kommt von Bequemlichkeit und Faulheit, und der Rest ist persönlicher Besitz.

Weshalb nur kleine Schritte gehen?, lachte der Vogel und schwang sich in die Luft.

Aus dem Tauchbericht: Habe gesehen Buntbarsch, Rotbarsch und Nacktarsch.

Das Dunkel der Nacht verschwindet mit dem Tag. Wann aber die Schwärzungen vergehen, die wir unserer Seele zufügen, weiß niemand.

Solange wir Menschen sind, macht ein Kopf voller Ideale erst Sinn, wenn diese auch körperlichen Ausdruck finden.

»Sollen doch alle zur Hölle fahren, mir reicht's, ich haue ab!«, schrie ein frustrierter Teufel und sprang leichtsinnig auf die verfluchte Erde.

Die Welt bedrückt mich nicht, es sind die Welten.

Kritik mich positiv berührt, solange sie zu Besserem führt.

Nicht alle Blätter sind grün, nicht alle Menschen sind schlecht. (Nicht ernst gemeint!)

Wenn einer behauptet, ihm wären die Hände gebunden, ist es die beste Zeit, ihn abzuführen.

Unser Sohn hatte auf eine seiner schrägen Lausbubenzeichnungen notiert:
Der Gewinner wird umgebracht – der Verlierer muss sich selbst umbringen.

Eine uralte Krankheit: die Maul- und Hirnseuche.

Wenn das Hochgefühl in einem ansteigt, wie die Flut, so folgt immer darauf die Ebbe und zurück bleiben Pfützen der Armseligkeit, in denen sich Kleinmut und Angst als Bodensatz sammeln.

Gesteht man dem Geist Unsterblichkeit zu, dann bedeutet der Tod des Menschen die letzte Verbeugung am Ende eines Theaterstückes.

Es muss kein Dachschaden vorliegen, wenn es in der Hirnstube gelegentlich poltert; es könnte auch der *Eiserne Heinrich* sein, der dort auf und ab geht, wenn kämpferische Gedanken gewälzt werden.

Drei Brillen betraten den Speisesaal und ihre Sklaven hielten hinter den Gläsern Ausschau nach freien Plätzen.

Unsinnig kurvenreiche Straßen auf ebenem Bauernland – sind das nicht Denkmale sturer Bauernschädel?

Es mag sein, dass der Suff Tore öffnet, welche die Nüchternheit aber knallend wieder zuhaut.

Beleuchtet die Räuberhöhlen in euch, öffnet die Tore und gewährt Neugierigen Einlass zur Abschreckung! (Verstehen Sie Spaß? So ist es gemeint!)

Viele Menschen sterben an Hunger, andere an Übermästung; aber nur die Letzteren hatten ihren Spaß, bis es soweit war.

In einem Glas Wasser steckt das Know-how des Schöpfers – im Schnaps jenes vom Deibel.

Lassen wir nicht manchmal im hintersten Winkel unserer Hirnstube Gott und den Teufel miteinander Kartenspielen und bieten uns geflissentlich an, Schmiere zu stehen, damit man sie nicht zusammen sieht?

Hassgefühle sind dummerweise selbst errichtete Mauern, die uns einsperren und gefangenhalten.

Diese Welt eröffnet für den Erdenbürger Himmel und Hölle. Uns erscheint es geheimnisvoll, wie die Zuteilung erfolgt, obwohl es so simpel ist: Nehmen wir doch selbst Einfluss darauf!

Gefühle sind die Heckenschützen des Unbewussten.

Hängt man nicht an sich selbst, wie der Affe am Gitter?

»Seid ihr alle da?«, schrie der Kasper und sprang unter die Menge, und seitdem hält einer den anderen dafür.

Geht eine Freundschaft zu weit, wenn sie fächert Fehler breit?

Einer, der sich selbst hasst, ist vielleicht ehrlich, aber nicht umgänglich.

Wer eine Ziege hat, braucht keinen Rasenmääher.

Wer was ist: Wer nicht Egoist ist, ist Idealist!

Wenn viele schon nichts mit ihrer begrenzten Freizeit anzufangen wissen, wie muss sie dann erst die Vorstellung von einem ewigen Leben langweilen?

Laberkäse ist die Leibspeise der Redner.

Ein erfolgreicher Kampf mit dem Gegensatz erfordert einen klugen und toleranten Kopf.

Menschen werden immer auf Probe geboren – werden sie als Unmenschen sterben?

Es ist nicht tragisch, wie das Leben einem mitspielt, wenn es eine ausgleichende Gerechtigkeit über den Tod hinaus gibt.

Wie treu doch die Planeten um ihr *Kraftzentrum* kreisen, ihm Abermillionen Jahre die Treue halten, was Menschen oft nicht mal für ein paar Tage gelingt.

Werbliche Vergeblichkeit für Produkt X:
»... damit auch Sie im Alter wieder kraftvoll zubeißen können!« »Bin ich denn ein Hund?«, grinst der Alte zahnlos vor sich hin.

Gleichwie man über Werbung denkt: Ohne Werbung gäbe es auch uns nicht; Frauen wollen bekanntlich umworben sein!

Erzählt einer, er habe sich totgelacht, der lügt doch schamlos!

Der Einsatz einer Straßenwalze wäre die stilgerechte Form, um Plattmacher jeder Art zuverlässig kleinzukriegen.

Schwere Gedanken werden mit Humor nicht leichter, aber erträglicher.

Woher mag unser Unheil rühren und manch dumpfer Zorn, der in uns wohnt? Haben wir einst in glücklichen Tagen nicht übermütig die Türe zur Glückseligkeit zugeschlagen und sind für immer gierig in die Welt gegangen? Könnte das eine Erklärung sein?

Zerreden lässt sich eine Sache viel leichter, als jenes besagte Weinglas mit hohen Tönen zersingen.

Der Mensch kam mir vor, wie ein »*Sternenhimmel-Blitzer-Knipser*«, ohne jede Ahnung.

»Guck mer mal von andersrum«, sacht der rheinländische Vielosoof. »Ne, klärn mer erst, was mer rinngeguckt hann«, sacht der Psücholoog.

Natürlich stößt der Frauenschleier auf Vorbehalte, zumal er ja auch *schleierhaft* ist; mir sind aber die Männer noch viel schleierhafter, die ihn fordern.

Ein Beamter ohne Formulare ist wie ein Toter ohne Bahre.

Die Menschheit, eine endlose Karawane, welche ohne Kamele, Gewehre und Dolche zufrieden um einen Erdball aus Schokolade, vorbei an Berggipfeln aus Krokant schlurft – welch beruhigendes Bild!

Ist es ein beknackter Mensch, der einer selbstbewussten Katze begegnet und ihre Überlegenheit empfindet? Nur so viel: Die Katze braucht keinen Berater für Ernährung, Gesundheit, Ehe, Erziehung, Kosmetik, Einrichtung, Energie, Beruf, Finanzen, Recht, Steuern, und so weiter; die stolze Katze bewältigt ihr Leben souverän allein.

Kennst du Schnelleres als Lichtgeschwindigkeit? Eine Schnecke läuft dem Sonnenschatten locker davon. Oder haben wir, wie oft genug, da etwas falsch verstanden?

Morsche Balken im Hirnstübchen erfordern Ursachenforschung; mit dem Austausch alleine ist es nicht getan.

Wer Brot achtlos wegwirft, könnte ebenso gut tuchlos ausschnäuzen, denn er zeigt damit mehr, als man gerne sehen möchte.

Gibt es eine Wiedergeburt, könnte auch eine frühere ungewöhnliche Art des Todes prägend sein. Einige werden vielleicht rätselhafte Fälle kennen, die sich so deuten ließen.

Da schleppt jemand einen Kosmos von Gefühlen und Überzeugungen, wie einen Schatz mit sich herum und weiß nichts damit anzufangen, aber damit ist er gewiss nicht alleine.

Sähe ich in manch beiläufiger Begegnung nicht Freunde, so hätte ich keine.

Mögen diese Schnecken ihr Ende im Kochtopf finden, stöhnt der schießende Salat.

Einer Brennnessel wurde in die Wiege gelegt, auch Heilpflanze zu sein. Leider ist das bei einer menschlichen Brennnessel nicht so.

Als die Schmeißfliege im leeren Bierglas nach einigen Rundflügen ihr Triebwerk ausschaltete, hatte sie endlich Muße zum Auftanken. Und der einsichtige Mensch gewährte ihr gönnerhaft ihren bescheidenen Bedarf, weil er sie in einem wohligen Zustand wähnte, der dem seinen ähnelte.

Der gute volkstümliche Rat, auf dem Teppich zu bleiben, hat nur einen Haken: Was tun, wenn man keinen Teppich besitzt?

Gute Tat bleibt gute Tat, selbst wenn Geltungssucht und Ehrgeiz ihre Triebfedern waren; und was solche Tat persönlich wiegt, hat Mensch nicht zu bewerten.

Zu wertvoller Zeit läuft auch die billigste Uhr.

Auch das ist Relativierung: weltberühmt sein – auf einem Staubkorn in der Unendlichkeit des Alls.

Es sagte mir der Vierundachtzigjährige:
»Ich muss heuer noch möglichst oft zum Gleitschirmfliegen nach Italien fahren, weil ich nicht weiß, ob es nächstes Jahr noch geht.«

»Honig?«, fragte gedehnt und mit spitzbübischem Tonfall der alte Professor. »Du magst Bienenkotze?«

Heftig mit dem Kopf Übles aus Aug und Ohr schütteln.

Als Gangster fing er zweifelnd an, am Ende hing er gar daran.

Wer eine spezielle Maßnahme ergreift, bekommt leicht schmutzige Hände.

Die Erinnerung in uns liegt im Schatten wie eine friedlich schlafende Katze. Weckt man sie, kann sie ihre gegenwärtige Laune zeigen, uns anfauchen und ihre spitzen Krallen zeigen.

Sentimentales Weinen könnte ebenso gut irrationales Lachen sein – Einmanntheater! Echtes Weinen ist das nicht.

In einem gestandenen Mann weckt das gefallene Mädchen doch nur den höflichen Gentleman, nicht wahr?

Das Wörtchen *immer* zwinkert uns gewissermaßen zu, es nicht allzu wörtlich zu nehmen. Wer ist schon immer Optimist, immer Pechvogel, immer fleißig?

Sollte es wider Erwarten keinen Gott geben, werden sich garantiert einmal Leute darum prügeln, diese Rolle für uns zu übernehmen. Guckt man genau hin, tun sie es schon jetzt!

Siehst du abgemagerte Haustiere, die bei dicken Menschen wohnen – ach, geh weiter!

Alle Esser dieser Erde fein, beißen einmal in sie rein.

Sagt man nicht: Je größer die Ohren, umso höher die Intelligenz. Was soll man da von Eseln halten?

»Na, wie geht's denn unserem armen Würstchen?«, fragt der Facharzt seinen Patienten.
»Ach, Herr Doktor, das ist schon eine komische Sache: Jedes Mal wenn der Hunger am größten ist, schrumpft es zusammen und der Appetit ist weg!«

Geschwollener Rede dumpfer Sinn, ein Schlag, so hart wie unters Kinn.

Die Krönung der Schöpfung sei der Mensch, findet der. Einiges ihm Unbekannte wird wohl geweint haben vor Lachen, als es das hörte.

Das farbenprächtige Laub der herbstlichen Bäume als einen freudigen Aufschrei vor dem Winter empfinden, dem doch wieder junges Grün im Frühjahr folgen wird. Eine Entsprechung für ein vollendetes, gnädiges Leben – das zarte Lächeln des Sterbenden, kurz vor dem Übertritt.

Ach, häng dich doch nicht ständig auf; einmal genügt doch!

Werden manche Schurken bereits geboren? Wenigstens hätten sie dann die Chance, sich in ihrem Leben zu bessern.

Drangsaliere nicht Worte so lange, bis sie einen Sinn ergeben, sondern fasse den Sinn in Worte. Kurz: Denke, bevor du redest!

In des Geistes grüner Au, sonnt oft sich nur die nackte Frau.

Gott und der Teufel brauchen nicht zu werben; man kauft auch so dort ein.

Liebenswert bleibe der Mensch wenigstens so lange, bis nichts Gegenteiliges bewiesen.

Wo liegt der Hund begraben, wenn der Leser seine Nase rümpft? Meistens zwischen den Zeilen!

Schnell ins Hirnle reingelauscht, zu hören, was Verständle plauscht.

Gehst du in dich auf Entdeckung, vergiss den Sicherheitsfaden nicht, um wieder herauszufinden.

Es ist doch keine Leistung, auf den Tisch zu schlagen, dass die Teller hüpfen. Wenn schon, dann sollten die Tischbeine in den Estrich fahren! Auch mein Opa selig haute lediglich ein Eck der Tischplatte ab, als er erfuhr, dass sein Neugeborenes, also meine künftige Mutter, ein Mädchen sei. Aber sonst war er ein zurückhaltender, braver und gutmütiger Mann, und das ist doch das Wichtigste, nicht wahr?

Das Zweibein – ein Auslaufmodell? Die neue Serie bekäme Räder? Aber sicher! Ein aus O-Beinen mutierter Evolutionssprung machts möglich. »Das kann doch nicht wahr sein! Wie viele Räder denn …?« Interessierte sich der Tausendfüßler.

Wem sein Palast Ballast geworden, so wie auch jede Reise, der gehört wohl an, dem Kreise reicher Greise.

Das Ende meines Stammbaums: Meine Großeltern Josef und Maria sowie Josef und Babette zeugten jeweils Maria und Josef. Josef und Maria zeugten – nicht doch! – nur mich. Wir zeugten Marco. Unser Einziger verunglückte im Alter von zwanzig Jahren. Und wie zu erwarten, die Erde dreht sich weiter.

Konnte heute zwei dicht nebeneinanderstehende Jagdsitze bestaunen. Gedacht: Wer zuerst schießt, hat den Braten!

Wenn ich krank und Fliege wär, flög ich nicht zum Veterinär.

Der letzte Schrei: »Polizei!«

Schon erlebt? Den Großfamilienbesitzer, der sich gegenüber dem Single fühlt wie ein Großgrundbesitzer zum Knecht? Aber sagt da einer was, dann bekommt er garantiert zu hören:
»Selber schuld! Hättest halt mehr ... müssen!«

Durch den Wald geschlendert, dem Frühlingsgesang der Vögel gelauscht, an die hämische Singstunde gedacht, die vor langer Zeit so viel Überwindung beim Vorsingen kostete, froh, darüber hinweg zu sein und erleichtert ins Moos gegrinst, sich wohlgefühlt unter den arglosen Sängern.

Auch ein verdrängtes Erlebnis bleibt ein Leben lang real, genauso wie der Kopf auf seinem Körper sitzt; verliert man den Verstand, bleibt doch der Kopf.

Obwohl die Zeit keine Beine hat, läuft sie uns stets davon, als möchte sie vor uns fliehen. Erst, wenn wir gemächlicher leben, beruhigt sich auch die Zeit, bis sie eines Tages mit uns stehenbleibt; dann sind wir eins und gute Freunde.

Ich denke nicht – ich lasse denken: Willst du mir 'nen Einfall schenken?

Vater reagierte auf meine geäußerte Möglichkeitsform immer in drastisch einleuchtender Weise: »Hätte, hätte – hätte der Hund nicht g'schissen, hätte er den Hasen erwischt!«

Wenn um dich her der blanke Wahnsinn herrscht, sei nicht verwundert: Das ist normal!

Franken ist das Land, wo die Hasen Hosen und die Hosen Hus'n hasen (heißen), werkli! (wirklich)

Die Mitte liegt Frau und Mann am nächsten!

Schäferstündchen: Es breitet aus, auf kaltem Boden, der Schürzenjäger seinen Loden.

Unerschöpflich scheint das Leben – bis der Löffel abgegeben.

Deutlich mehr ist viel weniger als maximal, hört man da den Schweizer sagen.

Zeuge: »Das sagte ich doch schon: Gesagt hat er, dass der andere nichts gesagt hat, Herr Richter.« »Wer denn?« »Das sagt er nicht!« »So, dann spreche ich jetzt das Urteil im Namen des Volkes ...«

Flohwalzer: Die Bürste kämmt, die Bürste pflegt; sogar man fänd' – die Bürste lebt!

Das Gewehr gehört dem Schützen, aber der Besitzer der Kugel kann leicht ein toter Mann sein.

Endloses Grün unter den Füßen, das unendliche Blau über dem Kopf: Welch Gemüt entfaltet da nicht seine Flügel in der Sonne?

Das hohle Wort, so feurig abgeschossen, war im Flug bereits erloschen.

Lebensecht: »Sieh nur«, schwärmte die Ehefrau, »wie üppig meine Lieblingspflanze hier gedeiht. Ich liebe diese prächtigen Geranien!« Spöttisch darauf der Ehemann: »Dort, die schwere Kübelpflanze, das ist mein Liebling!« »Wie denn das?«, verwundert die bessere Hälfte. »Unvergesslicher Hexenschuss, letzten Herbst!«

Mein Verstand flüstert mir: Was ich mir leiste, verdiene ich nicht, und was ich verdiene, soll ich mir nicht leisten. Bin ich verrückt?

Was für ein bigottes Mundwerk! Wenn es einmal Ruhe gibt und offensteht, wollte man sich am liebsten ein Herz fassen und hineingreifen in diese geschmeidige Weihwasserschale, um sich dagegen zu bekreuzigen.

In den Niederungen unseres Seins klagen wir in allen Ecken unseres Schicksals herum und wären doch insgeheim froh, wenn das, was wir zu beklagen haben, nicht uns, sondern besser andere getroffen hätte. Der Kuckuck soll mich holen, wenn ich damit falschliege.

»Steig mir doch auf den Buckel«, dachte ihr tierischer Bettvorleger, als der neue Freund ins Schlafzimmer geschlichen kam.

Missgeschick: Leider stieg der Leiter auf der Leiter eine hohe Sprosse weiter, die dann brach – und sein Genick.

»Wenn wir sie nicht an ihren Werken aufspüren, an was sollen wir die Berechtigten denn erkennen?«, fragten sich ratlos die himmlischen Türsteher.

Gegen Mitternacht, vor dem Schlafengehen, eine Weile den stillen Schneeflocken zugeschaut. Gefühlt, wie sie vor dem schwarzen Nachthimmel im Gegenlicht der Straßenlaterne ins mürbe, abgestumpfte Gemüt hineinschwebten und dabei früheste Jugendempfindungen wachriefen. Gleichzeitig fragte ich mich, wie wenige Male mir eine derart bezaubernde Herzensgala wohl noch vergönnt sein wird?

Solange wir Anderen etwas zumuten, was wir selbst für uns ablehnen, sind und bleiben wir schlicht nur Primitivlinge.

Morgen schauen sie in meinen Kopf hinein: Von allen Seiten, ringsherum, wird gescannt. Was werden sie finden? Nichts? Das wäre ja ausgesprochen dumm! Und fänden sie zu viel, dann wäre es schlimm. Sie werden mir schon sagen, was drin ist; ob sich die Polypen noch woanders verstecken als dort, wo sie der HNO-Arzt hatte sehen können. Er wird sie hoffentlich bald herausschneiden können, mit seinem Instrumentarium, diese nachwachsende Plage.

Des Deutschen *WÜRDE* existiert geradezu überschwänglich im Konjunktiv.

In der Hotelhalle: »Herr Baron kommen vom Speisen?«, buckelt der Assessor in Richtung Speisesaaltüre. »Ach wo, nur vom ... Klo, mein lieber Hellseher – beim Essen war ich vorher!«

Im Gegensatz zu Luther möchte man gelegentlich ausrufen: Hier sitze ich – ich kann auch anders!

Auf dem Teppich blieben alle gern, wenn es denn ein echter Orientale wäre.

Seilschaft: Fest zusammenhalten, wie Pappschnee, bis die Wetterlage sich geändert hat.

Wer aus dem Fenster springt, genießt weder Aussicht noch den viel zu kurzen freien Fall, wozu also?

Mitnichten ist jemand immer allein. Mit vielen Nichten schon gar nicht.

Bevor der Käse das Laufen lernt, schenke ihm Wärme, hinterher Verständnis; mit deinen Kindern halte es ebenso.

Bis auf die letzte Frage konnte das Untier alle beantworten: Gibt es dich? Ja. Bist du aus Fleisch und Blut? Nein. Woher kommst du? Aus eueren Köpfen. Warum bist du da? Zu eurem Gruselvergnügen. Hast du eine Zukunft, wenn du nur Mythos bist? Darauf zuckte der Drache nur mit seinen Flügelschultern. Möge er noch lange Feuer speien.

Der springende Punkt kann sogar das fehlende Komma sein, ist das nicht verrückt!

Mensch, bedenke beim Wannenbad, dass du zu 70 bis 80 Prozent aus Wasser bestehst, also ziehe nicht voreilig den Stöpsel! Was bleibt dann noch übrig?

Man hatte den Ärmsten so ausgiebig und langatmig geehrt, dass ihn dabei Bauchweh plagte und er die Honoratioren, die ihm das antaten, allesamt zum Kuckuck wünschte, samt ihren Titeln und Ehrenabzeichen.

Unter Umständen befindet sich der Umstand unter unseren Möglichkeiten, die Umstände zu ändern?

Eine Minute vor zwölf ist es beim grüblerischen Blick auf die Uhr. Ich denke erschrocken: Das ist sehr viel schlimmer als fünf Minuten vor zwölf, denn mit dieser Zeit ist alles gesagt, alles vorbei. Alles wäre im Fall des Falles zu spät – was könnte man dann noch tun? Keine Tat, nur noch ein Gedanke, vielleicht nur ein Gedankensplitter fände noch den Notausgang, in den letzten sechzig Sekunden.

»Fünf Minuten vor zwölf!«, ist es das nicht zweimal täglich?

Gestörter Durchblick: Geht es darum, Weltbewegendes zu denken, zu schreiben, dann bekommen die Brillengläser den Dampf ab, der kondensiert an den Scheiben.

Ist ein Projekt wahnsinnig teuer geworden und ist es letztlich für die Katz, dann fällt mir dazu nichts Griffigeres ein, als zu denken: Der Flug zum Mond hat sich gelohnt.

Wenn Satan tief befriedigt durchatmet, geht sogar das Licht aus, und in den Bunkern die Luft zum Atmen. (So mein Eindruck nach dem Film »Dresden«, Teil 2, über den Feuersturm)

Meine *Hirnsteinsammlung* erweist sich als schwere und langwierige Geburt, bei der man als Autor leicht hätte sterben können, ehe sie in den Jahrzehnten endlich durchgestanden ist.

Welche unterschwellige Freude, diesen ehemals so vertrauten Waldweg nach langer Zeit wieder entlangzuschlendern! Man blickt gleichsam in das Gesicht eines alten Freundes, dessen Züge sich verändert haben. Die kleinen Ableger zu beiden Seiten des Weges sind zu stattlichem Gebüsch herangewachsen; damals sahen sie in Kniehöhe zu mir hoch. Und die alten Buchen, die Fichten, jene weit ausladende Eiche dort an der Wegegabel – die kennen mich nun schon seit zwanzig Jahren. Alle erwidern würdevoll meinen Gruß. Mir ist, als müssten sie in sich hineinschmunzeln, ertappen sie mich ja immer noch, wie ich mir hin und wieder flüchtig Notizen mache, dabei den winzigen Schreibblock auf dem Oberschenkel gelegt, das Bein abgestützt auf einem ihrer gefällten Freunde.

Mit spärlichem, kaum wahrnehmbarem Licht wollte der Blinde sich begnügen, um auch nur eine Spur davon in seiner Dunkelheit zu sehen! Der Gelähmte würde sich wohl glücklich schätzen, vermöchte er nur erkennbar wenigstens den kleinen Finger seiner Hand zu heben. Wie maßlos selbstverständlich sind uns solche Fähigkeiten, womit wir im Überfluss leben dürfen. Haben wir dem Himmel jemals Dank gesagt?

Dringend ist etwas nur dann, wenn es auch leicht in die Hose gehen könnte. Beachtlicher noch der praktische Rat aus dem Internet: Vorbeugen ist besser, als auf die Schuhe zu kotzen. <STRONG> (Hier mit aufgenommen, damit für jeden was dabei ist.)

Des einen Freud, des anderen Leid: Ein Heißduscher mag seine Wassertemperatur geradezu lieben, während Legionellen im Boiler dabei elendig zugrunde gehen.

Schätze der Weisheit, welche uns zu Füßen liegen, werden verschmäht, doch eine Dummheit auf zwei Beinen, die umarmen wir.

Durch Spenden sich zum Guten wenden, sich in Geldwert dorthin senden.

Das Geflüster der Friedhofsgießkannen belauscht: Morgen werden wir arbeitslos, Landregen ist vorausgesagt!

O ja, ich möchte schon das Mäuschen im Hirnstübchen sein, bei dir, wenn du die heiklen Texte liest. Nur was hätte ich davon? Indessen bleiben deine Gedanken hinter den lesenden Augen unerforschlich verborgen, wogegen meine Sichtweise frei vor dir im Buche ausgebreitet liegt. Hätte denn ein Ritter, der sein Visier so weit öffnet, nicht Angst vor den Speeren? Und kann sich ein Schreibender diese Offenheit leisten, oder sollte er nicht besser in Deckung bleiben und Unverfängliches schreiben?

Das Zerbröseln kann selbst starker Beton nicht verhindern; soll besagen: Alles, auch der Mensch zerbröselt, zumindest körperlich.

Eine Verbeugung kann auch nur Vorbeugung sein.

Gute Werke müssen nicht »*groß*«, sollten aber ein Leben »*lang*« sein.

Das Bewusstsein der Leute hat Füße und nur selten Flügel.

Ist jemand wo reingetreten, bleibt das für den Betreffenden doch ein kleines markantes Ereignis. Deshalb hatte ich jenen Kuhfladen am Isarufer mit tiefer Schadenfreude und innerer Anteilnahme abgelichtet. Auch wenn das fotogene Sohlenprofil bereits eingetrocknet war, blieb es hervorragend fixiert und überliefert den Moment des Erschreckens.

Lasst euch bloß nicht auf Latein über den Tisch ziehen!

Der Gast revanchierte sich für die frostige Bedienung des Obers. Gefragt, ob es noch ein Dessert, ein gutes Eis sein darf, meinte der Gast, er werde jetzt eh gleich hinausgehen und da wäre es ja kalt genug.

Zu faul sein, sich zu fürchten ist etwas völlig anderes als faul sein zum Fürchten.

Mit mehr als zwei Schuhen an den Füßen kann kein Mensch laufen, aber ein Dutzend davon möchte jeder doch mindestens haben.

Heute sehe ich es zum Beispiel so: Mein Kopf ist das heilige Gefäß, in welches nur lautere Gedanken Zugang finden sollten. Gestern war es anders: Da war der Schädel eben noch ein Abfalleimer. Und morgen? Hoffentlich wird der nicht zum Müllcontainer mutieren, wie es heutzutage bereits massenhaft geschieht.

Versammeln wird man sich doch dürfen, dachte wohl der Attentäter und zog Leine.

Nun liegt es auf der Hand ...! Weil es uns jemand hineingesabbert hat?

Streng genommen sollte man nicht so sein, wie man ist, das weiß doch fast ein jeder.

Nie wird diese materielle Welt vollendet, war wohl nicht geplant, die Zerstörung ist mit Mensch und Teufel viel zu fest verzahnt.

Wo Köpfe rollen, braucht's 'nen Stürmer, denkt der Fußballfan.

Mitunter geht sogar ein Schwimmer unter.

Kannst du nicht einschlafen, dann siehst du die Schafe nicht, die du zählen sollst oder es sind einfach viel zu wenige.

Erstaunlicherweise leidet Engstirniges nie unter Platzmangel.

Kein Fell, doch eines Esels Ohren, zwei Beine nur und Esels Stimm' – wo wird denn so etwas geboren? Unglaublich ist's, doch halb so schlimm!

Dass so wenig aus unserem Ort im Regionalblatt berichtet wird, wundert sich meine Frau beim Durchblättern. Kaum etwas im Polizeibericht zu lesen – ja, und nicht einmal die Leute sterben hier!

Allen Gefühlen zum Trotz findet sich häufig der einzig richtige Gedanke, wie die gewinnende Lottozahl, unter lauter falschen.

Mir träumte von einer ballistischen Meisterleistung: Die Panzerbesatzung erfreute sich überschwänglich ihrer vielen Treffer. Dabei schoss die Kanone nur in nächster Nähe in den Boden, dies war allein schon genügend Grund zur Freude. Und als ich erwachte und mir diese Dummheit in den Sinn kam, fand ich sehr schnell, wie klug doch diese Leute waren und wie sie ein rechtes Vorbild für alle Kämpfenden sein könnten.

»Hut ab!«, das sagen als Anerkennung auch Leute, die gar keinen Hut auf dem Kopfe haben. Wenn sie so offensichtlich lügen, darf man ihnen ihr Lob trotzdem abnehmen?

Der Erfinder der Wärmflasche hat mit Edison, dem Erfinder der Glühbirne, Ähnlichkeit: Erster füllte Wärme in Flaschen ab, der andere Licht in Glasbirnen.

Der Reiche mag goldene Klosettdeckelscharniere besitzen, der Wohlhabende silberne und ein Normalbürger vielleicht welche aus Kunststoff. Der Arme besitzt gar keine Toilette, er kann sich mit seinem Rollentausch im Lebensrad trösten, das einer gerechten Weltordnung gehorcht. Das sehen die Toilettenbesitzer natürlich anders; sie werden das für eine Latrinenparole halten.

Wer aus den Wolken fällt, hat gut loslassen, braucht sich um nichts mehr zu kümmern; ein Aufsteigender aber hat seine liebe Not, sich an allem festzuhalten, was irgendwie greifbar ist, um höherzukommen.

Heute wieder mal unsere beiden reisefreudigen Genies Goethe und Mozart übertroffen! An einem Tag mehr Kilometer gefahren, als sie in einer Woche schafften, das nenne ich Stolz auf unterster Stufe!

Kein leichtes Los für alle, denen das Können abhandenkam, aber nicht das Wollen und die sich das weder eingestehen können noch wollen.

Nur im Hirnstübchen kannst du dich unter die Lupe nehmen, wo denn sonst?

Mätresse: »Eure Durchlaucht, gestatten mir eine unkultivierte Bemerkung: Sie sind ja heute wieder eine echte Wildsau!« »Aber ja, Madame, meine Gnädigste, das hat nun wohldosiert getroffen; ich fühle mich sauwohl und bin nach allen Seiten offen.« »Sie auch, Sir ...?«

Vielleicht ist es List, wenn frivol jemand ist.

Wünschtest du, dass dir eine Menge Leute gern in den Allerwertesten krabbeln möchten? Etliche Zeitgenossen sollen darauf größten Wert legen. Die einen, dass sie kriechen dürfen, und andere, die auf solche Kriecher sehnlichst warten. Jetzt aber im Ernst: Nein, vielen Dank!

Nicht jeder der Hartmann heißt, ist ein harter Bursche, doch gewiss waren die ersten Namensträger keine Weichlinge, sonst hätte man sie doch Weichmann gerufen.

Wärest du der Allmächtige – was hieltest du von der Behauptung: Der Mensch sei das Ebenbild Gottes? Du müsstest stinksauer sein und dich fragen, welch unverschämter Geist so etwas in die Welt setzt.

Bevor ein Gast eine Wohnung betritt, streife er die Schuhe ab und seine schmutzigen Gedanken, damit die inneren Augen der Gastgeber etwas Ordentliches zu sehen bekommen und erfreut aufleuchten können.

»Nur mit Not und Elend ist dem Menschenpack beizukommen«, empört sich ein gestresster Sachbearbeiter im fernen Ministerium für irdische Angelegenheiten.

Spätestens an den Pforten zum Jenseits werden Rechtsanwälte und Richter arbeitslos.

»Dumm gelaufen«, könnte der vermessene Mensch denken, wenn er einst nur fade Suppe löffeln kann. Jene »*Suppe*«, die er sich selber eingebrockt hat. Serviert wird stilgemäß in Fressnäpfen, die denen der Ärmsten auf Erden ähneln. Und er wird aus großer Distanz zusehen müssen, wie herzliche, unbelastete Seelen in Köstlichkeiten schwelgen.

Natürlich ist es unnatürlich, wenn wir Natürliches für Unnatürliches halten.

An alle: »Verdammt noch mal, mir platzt der Kragen!«
Das wollte er vorm Platzen schnell noch sagen.

Wer schräge Vögel füttert, dem pfeifen sie was.

Grabinschrift: Ein Leben genossen – das Pulver verschossen – auf Fortsetzung hoffend. Amen.

Vom Teller ist noch nichts gesprungen; aus dem Magen doch so manches.

Mit Werbung fängt man Leute, mit Speck die Mäuse.

Verteilte man vor entscheidenden Fußballspielen die geladene Pistole an jeden Fan, käme kaum jemand unversehrt aus dem Stadion heraus.

Huch – wie werden selbst finstere Geister geschockt sein, wenn ehemals eingefleischte menschliche Ungeheuer in ihren Gefilden auftauchen!

Eine Riesenschnautze, aber ein winziges Gehirn – Sachen gibts!

Wer seinen Kopf zu lange in eine Plastiktüte einschnürt, erstickt. Und wer gewaltvoll eine Gummiwärmflasche aufbläst, dessen Lunge platzt, theoretisch! Aber wer macht das schon? Viele Probleme sind eben theoretischer Natur, und wir machen uns unnötige Sorgen; dies ist die abgeleitete Erkenntnis daraus.

Design-Harmonie: Der ergonomische Stahlrohr-Federstuhl war von einer graziösen Dame belegt und das grazile Beistelltischchen schien ihr zu flüstern: »Mich darfst du auch ...«

»Sag mir keiner, dass alle Affen auch nur Menschen sind, da werde ich wütend!«, schrie der Schimpanse.

Genug gespielt, auf dieser Erde; kehr' zurück zu deiner Herde!

Lebensmotto: Sei des Guten treuer Diener.

In eigener Sache

Als selbstverlegender Autor nimmt man gern jede Möglichkeit wahr, um seine Werke dem geschätzten Publikum vorstellen. Deshalb erlaube ich mir hier, auf weitere Bücher aufmerksam zu machen, welche kurz vor ihren »Stapellauf« stehen und hoffentlich schon bald verfügbar sein werden. Es sind ungewöhnliche Bände, gewidmet ungewöhnlichen Menschen.

Ein »Denkerband«, der schier grenzenlos breit und ratgebend gefächert zu sein scheint. Vorrangig geht es aber darum, Antworten auf viele drängende offene Gewissensfragen zu finden, sowie auch unseren Daseinszweck zu beleuchten, als auch zuverlässige Navigationshilfe ins Lichtreich zu bieten. Inneres Gleichgewicht, mehr Zuversicht und bessere Lebensqualität sind der Lohn! Kommen Sie mit auf eine spannende Gedankenreise? Durch Gefilde von Weltanschauung, Psychologie, Theorien und Erfahrungen bis zum Ziel nützlicher Erkenntnisse.

In Kürze verfügbar

»Wunderliche Geschichten zum Lachen und Weinen« – ein vergnügliches Buch, das es faustdick in sich hat! Allerlei ungewöhnliche Erzählungen, Anekdoten und Kurzgeschichten sorgen für reines Lesevergnügen, auch wenn's manchmal weh tut ...

Verfügbar als
gedrucktes Buch – ISBN-Nr. 9789403669533

E-Book – ISBN-Nr. 9789403669571

»Verflixter Lernkäfig!«, betitelt der Autor seine Internatserlebnisse von 1953-59. Vieles gleicht einer abenteuerlichen Reise in eine fremde Welt. Dort herrscht weder Mangel an Unfug und Schadenfreude, noch an skurrilen Gestalten, die mit himmelschreienden Profilen dem einstigen Schüler unvergesslich geblieben sind. Höchste Zeit also, zum Kopfschütteln!

Verfügbar als
gedrucktes Buch – ISBN-Nr. 9789403670461

E-Book – ISBN-Nr. 9789403670478

Mit Lyrik nichts am Hut – dennoch fand's der Autor gut, es zu probier'n;
er sagt sich: Probieren geht über das Studieren!
Respekt den Lesern – viele Grüße! Man fragt sich, ob er es besser ließe?

Aber hallo! Nur Ihre Neugierde kann das beantworten; jedenfalls wird Ihnen die Entscheidung nicht leicht gemacht, versprochen!

In Kürze verfügbar

Weitere Infos befinden sich auf meiner Autorenwebseite: www.oppelweb.de.